Border Studies.
Cultures, Spaces, Orders

herausgegeben von

Prof. Dr. Astrid Fellner, Universität des Saarlandes

Prof. Dr. Konstanze Jungbluth, Europa-Universität Viadrina Frankfurt (Oder)

Prof. Dr. Hannes Krämer, Universität Duisburg-Essen

Dr. Christian Wille, Universität Luxemburg

Band 9

Emma-Katharina David

Die Politik der Mehrsprachigkeit in der Europäischen Union

Regionen als Brücke zwischenstaatlicher Zusammenarbeit

Nomos

Diese Arbeit wurde durch ein Begabtenstipendium der Hanns-Seidel-Stiftung aus Mitteln des Bundesministeriums für Bildung und Forschung (BMBF) gefördert.

Die Deutsche Nationalbibliothek verzeichnet diese Publikation in der Deutschen Nationalbibliografie; detaillierte bibliografische Daten sind im Internet über http://dnb.d-nb.de abrufbar.

Zugl.: Magdeburg, Univ., Diss., 2022

ISBN 978-3-7560-1359-3 (Print)

ISBN 978-3-7489-1887-5 (ePDF)

Onlineversion
Nomos eLibrary

1. Auflage 2024

Inhaltsverzeichnis

Abbildungsverzeichnis

1. Einleitung: Sprachenpolitik und Mehrsprachigkeit in der EU[1]

In Vielfalt geeint – das Motto der Europäischen Union (EU) wurde im Jahr 2000 zu den Symbolen der EU hinzugefügt, zusammen mit der Flagge mit zwölf goldenen Sternen, der Europahymne *An die Freude* basierend auf dem Hauptthema des letzten Satzes der 9. Sinfonie von Ludwig van Beethoven und der gemeinsamen Währung, dem Euro (vgl. ABI. C 202/355 vom 07.06.2016). Die Mehrsprachigkeit ist ein weiterer Bestandteil dieser gemeinsamen europäischen Identitätsbildung geworden. Mit 27 Mitgliedsstaaten und 24 anerkannten Amtssprachen sowie drei Alphabeten ist die Europäische Union eine mehrsprachige Organisation wie keine andere auf der Welt.

Die Sprache nimmt eine zentrale Stellung sowohl in der Identität der Bevölkerungen als auch in der Bestimmung der kulturellen Vielfalt der EU ein. So lässt sich heute von den meisten Staatennamen gleichzeitig auf deren Amtssprache schließen. Der Sprache wird somit eine bedeutende Rolle insbesondere bei der Entstehung des Nationalstaates zugeschrieben, weil die Sprache gleichzeitig auch die Identität und das Zusammengehörigkeitsgefühl der Nation bestimmen kann. Dies zeigt den Kern der Debatte um die Kompetenzen im Bereich der Sprachen- und Minderheitenpolitik auf supranationaler Ebene im Kontext der Mehrsprachigkeit sowie die Stellung der Mitgliedsstaaten im Zusammenhang mit ihrer regionalen Vielfalt sowie den regionalen und lokalen Verwaltungsmodellen. Mit der Entstehung der Europäischen Union ist es dazu gekommen, dass die Sprachen eine immer wichtigere Rolle auch auf supranationaler Ebene spielen, gleichzeitig ist aber der Handlungsrahmen der Mehrsprachigkeit auf den innerstaatlichen Ebenen unterschiedlich ausgestaltet.

Die Sprachen sind nicht nur Identitätsmerkmale der Individuen und Gesellschaften, sondern sind auch Kapital für beide und für die Staaten. Die Sprache ist somit nicht nur Kommunikationsmittel, sondern kann je nach ihren Feinheiten wie Akzent, Grammatik, Aussprache und Stil einen

1 *Literaturquellen werden in der jeweiligen Originalsprache zitiert, gefolgt von einer deutschsprachigen Übersetzung in rechteckigen Klammern (außer englischsprachige Quellen, die nicht übersetzt werden).*

wesentlichen Faktor bei der sozialen Mobilität der Personen darstellen (vgl. Bourdieu 1991, S. 61 f.).

Unter der Politik der Mehrsprachigkeit können mehrere Aspekte verstanden werden, die sich im Laufe der Zeit sowohl auf europäischer als auch auf den nationalstaatlichen Ebenen weiterentwickelt haben. Darunter fallen wirtschaftliche oder auch soziale Aspekte wie die Schulbildung oder [Fremd-]sprachenbildung; das lebenslange Lernen sowie die interkulturelle Kommunikation; die Kultur und Sprachen im Allgemeinen betrachtet; der Schutz der ethnischen und sprachlichen Minderheiten sowie der regionalen und Minderheitensprachen und nicht zuletzt die Perspektiven der Staaten und ihrer mehrsprachigen Regionen. Die Mehrsprachigkeit ist deshalb nicht ohne Grund als Querschnittsbereich zu betrachten (vgl. European Commission o. D., European Education Area[2]).[3]

Obwohl die Europäische Union anfangs hauptsächlich ein wirtschaftlicher und sicherheitspolitischer Zusammenschluss darstellte, ist insbesondere ab den 1970er-Jahren klar geworden, dass man unter einer europäischen Gesellschaft auch andere Aspekte der Zusammengehörigkeit versteht, die sich aus der kulturellen und sprachlichen Vielfalt heraus ergeben können. So hat die Europäische Union Initiativen u. a. zur Harmonisierung der allgemeinen und beruflichen Bildung eingeführt und das Ziel des Lernens von mindestens zwei Fremdsprachen erarbeitet. Diese Initiativen haben sich mit der Zeit weiterentwickelt, sodass das Konzept der Mehrsprachigkeit entstanden ist, das 2007 zum Leitmotiv in der EU wurde (vgl. Rindler-Schjerve/Vetter 2012, S. 10 ff.). Dieses Konzept wurde nur zwischen 2007 und 2010 mit einem eigenen Ressort in der Europäischen Kommission gewürdigt.

Trotzdem werden dank der EU-Integration und u. a. ihres Binnenmarktkonzeptes Aspekte der Mehrsprachigkeit verfolgt, die die Komplexität des Politikbereichs verdeutlichen und eine nähere Untersuchung auf den zwischenstaatlichen, nationalen, regionalen und lokalen Ebenen notwendig machen. So werde ich mich in der vorliegenden Arbeit mit folgenden Fragestellungen beschäftigen: Welche Erfahrungen haben Mitgliedsstaaten mit ihrer sprachlichen und kulturellen Vielfalt gemacht und wie sieht die heuti-

---

2 ec.europa.eu/education/policies/multilingualism/about-multilingualism-policy_en [03.02.2023]

3 *Eine weitere interessante Fragestellung ist, ob und wie Migrantinnen und Migranten aus Drittstaaten sprachlich und ethnisch in der EU integriert werden können, weil ihre Rechte nicht Gegenstand der europäischen Verträge zum Schutz der Sprachen und Minderheiten sind.*

ge Situation in den jeweiligen regionalen und lokalen Gebieten aus? Wie kann man die unterschiedlichen innen- und zwischenstaatlichen Erfahrungen im EU-Mehrebenensystem würdigen? In meiner Dissertation werde ich mich auf die Thematik regionaler Beispielmodelle und regionaler sowie lokaler Vielfalt in ausgewählten Staaten konzentrieren. Dabei werde ich die These vertreten, dass die europäische Mehrsprachigkeit ihren normativen Wert trotz des Misserfolgs des Ressorts in der EU-Kommission weiterhin fortgeführt hat. Diese Entwicklungen lassen sich in den folgenden Fallstudien nachverfolgen, die sich bereits vor der europäischen Integration mit Fragen der Mehrsprachigkeit auseinandergesetzt haben.

Die politischen Bewegungen der letzten Jahre, die vielfach Auseinandersetzungen sprachlicher und kultureller Art darstellten z. B. in Katalonien (Spanien), in Nordirland (Vereinigtes Königreich) oder in Siebenbürgen (Rumänien), zeigen, wie wichtig eine gute Zusammenarbeit und eine richtig funktionierende EU-Koordinierung sind. Sie zeigen aber auch, wie die nationale Politik diese Sprachenvielfalt für ihre eigenen Ziele missbrauchen und somit im Endeffekt die europäische Integration gefährden kann. Der Schlüssel im Umgang mit solchen Auseinandersetzungen liegt dabei nicht nur bei den Mitgliedsstaaten, sondern auch bei der supranationalen Ebene und ihrer normativen Rolle als Integrationsorganisation. In diesem Werk wird die Komplexität dieser verschiedenen Sprachen- und Minderheitenpolitiken anhand von drei Fallstudien dargestellt.

Im ersten Kapitel werde ich einen kurzen geschichtlichen Rückblick der Sprachenentwicklungen in Europa geben. In diesem Kontext wird der Begriff der Mehrsprachigkeit und ihr Weg in der politikwissenschaftlichen Debatte bis zur Etablierung als Politikbereich erläutert. Es werden auch weitere Begriffe wie Sprache, Dialekt, Muttersprache(n), *lingua franca* und Sprachminderheit, die auch im Laufe der Arbeit benutzt werden, näher definiert. Darauffolgend werden die Vertragsgrundlage des Europarates wegen seiner Vorreiterrolle im Bereich der Sprachen- und Minderheitenrechte sowie auch die Vertragsgrundlage der Europäischen Union thematisiert. In diesem Kapitel sollen auch die Zuständigkeiten der EU und der Mitgliedsstaaten im Bereich der Kultur und Sprachen eingeführt werden.

Im zweiten Kapitel werden die theoretische und methodische Vorgehensweise der Arbeit dargestellt. Der Ansatz des Funktionalismus nach Mitrany 1943 sowie die aktuelle Herausarbeitung der funktionalistischen Thesen im akteurszentrierten Institutionalismus nach Mayntz/Scharpf 1995 dienen als Grundlage für die Betrachtung der Mehrsprachigkeit als mögliche Integrationsfunktion in den untersuchten Fallstudien. Dabei stehen die Erläuterungen des akteurszentrierten Institutionalismus zu den Akteurskonstellationen sowie zu den *enabling* und *structuring* Funktionen im EU-Mehrebenensystem im Fokus. Die Konzepte der Ansätze *Multi-Level-Governance* und *Cross-Border Governance* sollen dazu beitragen, die verschiedenen Interaktionsebenen der Europäischen Union zu beleuchten, in denen die Sprachen- und Minderheitenpolitiken der Mitgliedsstaaten interagieren und so die EU-Politik ihrerseits prägen. Die zwei Ansätze dienen auch der Darstellung des multidisziplinären Verständnisses von *Grenze* und sollen zugleich die Frage beantworten, wie die Errichtung der grenzüberschreitenden Zusammenarbeit die Grenzforschung geprägt haben. In diesem Kontext ist es wichtig, das Wechselverhältnis zwischen den räumlich-territorialen und den sozial-identitären Aspekten der Grenze bei den Fallstudien zu beachten (vgl. Hermann/Vasilache 2021, S. 70 ff.; Kriesi 1988, S. 165 ff.).

Die Grundlage für die Operationalisierung der Hypothese sind folgende Fallstudien: Rumänien–Ungarn, Italien–Österreich und Deutschland–Dänemark. Diese zwischenstaatlichen Beziehungen basieren vor allem auf grenzüberschreitenden, mehrsprachigen Gemeinschaften sowie je nach innerstaatlichen Verwaltungsmodellen auf Grenzregionen oder Landkreisen, die über Jahrzehnte aufgrund ihrer multikulturellen Prägung und den Beziehungen zum Nachbarstaat besondere Rechte erhalten haben. Die Wahl fiel auf die oben genannten EU-Mitgliedsstaaten aufgrund verschiedener Kriterien, so etwa der geographischen Verteilung, der grenzüberschreitenden Relevanz und der Existenz autochthoner Minderheiten. Diese Kriterien werden in Kapitel 2.3 näher vorgestellt.

Im dritten Kapitel werden die einzelnen Fallstudien empirisch erfasst und analysiert. Anhand der *bottom-up* Vorgehensweise soll konkret der Frage nachgegangen werden, inwiefern die regionalen und lokalen Erfahrungen einem Austausch auf zwischenstaatlicher Ebene dienen und wie diese Erkenntnisse auf supranationaler Ebene koordiniert werden können. Hinsichtlich der Analyse habe ich mich am Ansatz des Mehrebenensystems orientiert, sodass die Fallbeispiele auf den nationalen und zwischenstaatlichen sowie regionalen und lokalen Ebenen untersucht werden. Dabei spielen die heutigen gesetzlichen Rahmenbedingungen und die aktuelle Situation auf regionaler und lokaler Ebene ebenso eine Rolle wie die historischen Entwicklungen. Jede der Fallstudien konzentriert sich dabei hauptsächlich auf diejenige Region oder auf dasjenige Gebiet, das im Mittelpunkt der Beziehungen steht: Bei der Fallstudie Rumänien–Ungarn geht es um die historische Region Siebenbürgen, bei Italien–Österreich um die Autonome Region Trentino-Südtirol und bei Deutschland–Dänemark um die

Gebiete auf beiden Seiten der gemeinsamen Grenze, also um das deutsche Bundesland Schleswig-Holstein sowie die dänische Region Syddanmark (vgl. Gerst/Krämer 2021, S. 13; Ulrich/Scott 2021, S. 159; Höder/Krämer [im Druck]).

Die europäischen Entwicklungen der letzten Jahre zeigen, dass das Mehrebenensystem eine Vernetzung aller Ebenen nach sich zieht, die dazu führt, dass trotz fehlender Kompetenzen auf supranationaler Ebene im Bereich der Sprachen und Kultur viel Europapolitik im Kontext der Mehrsprachigkeit mitschwingt. Deshalb sollen in den nächsten Kapiteln die möglichen Wege oder Instrumente aufgezeigt werden, anhand derer die supranationale Ebene die Zusammenarbeit der Staaten systematischer begleiten kann.

Im vierten Kapitel werden die herausgearbeiteten Daten und Informationen aus dem dritten Kapitel gegenübergestellt und miteinander verglichen. Dabei konnte festgestellt werden, dass für jede der Fallstudien bestimmte Konfliktlinien im Laufe ihrer Geschichte prägend gewesen sind, sodass diese näher betrachtet werden. Darauffolgend werden die Entwicklungen der zwischenstaatlichen Beziehungen anhand eines ausgearbeiteten historischen Modells und Zeitverlaufs dargestellt. Ziel ist die Feststellung, ob, wann und wie die betreffenden Staaten ihre Konflikte überwunden haben und inwieweit dabei internationale Regelungssysteme wie die EU oder andere eine Rolle gespielt haben. Das letzte Unterkapitel des vierten Kapitels dient schließlich der Betrachtung der Entwicklungen seit den 1990er-Jahren, als der Ost-West-Konflikt zu Ende ging und die Europäische Union offiziell mit dem Vertrag von Maastricht 1992 gegründet wurde. Dabei stehen die Methoden des akteurszentrierten Institutionalismus und die detaillierte Darstellung internationaler Organisationen wie des Europarates, der Organisation für Sicherheit und Zusammenarbeit in Europa (OSZE) sowie der EU und ihrer Regelungssysteme im Mittelpunkt. Diese Organisationen haben eine bedeutsame Rolle für die Herausarbeitung von internationalen Standards im Bereich der Menschenrechte und anderen Vermittlungsroutinen gespielt.

Das letzte Kapitel stellt die Zusammenfassung der Ergebnisse dar, welche die Handlungsspielräume und Vermittlungsmöglichkeiten der EU näher spezifizieren. Zugleich gibt das Kapitel auch einen Ausblick für weitere Forschungsansätze. In diesem Zusammenhang werden auch konkrete Fälle genannt, in denen die supranationale Ebene mit ihren aktuellen Politikbereichen einen indirekten Einfluss auch auf die Mehrsprachigkeit ausübt oder in denen sie weitere Unterstützung leisten könnte.

Ziel der Forschung ist weniger die Bewertung von Vorgehensweisen in den einzelnen EU-Mitgliedsstaaten. Vielmehr geht es mir um eine vergleichende Darstellung zwischenstaatlicher Beziehungen im komplexen Rahmen des EU-Mehrebenensystems. Dabei werden primär die Erfahrungen der Mitgliedsstaaten vor und nach dem Beitritt in die EU beleuchtet. Da es Regionen oder Gebiete gibt, die hinsichtlich der Sozialisation anderssprachig sind, liegt es auch im Interesse der EU, diese Entwicklungen auf den lokalen und regionalen Ebenen zu beobachten, um im Falle von Auseinandersetzungen zeitnah mit den vorhandenen Kompetenzen sowie möglichen weiteren Instrumenten gegensteuern zu können.

Wie die heutige soziale Praxis zeigt, sind die meisten Personen mehrsprachig aufgewachsen oder werden mehrsprachig im Laufe ihres Lebens. Die Einsprachigkeit ist eine Seltenheit geworden. Diese war in der wissenschaftlichen Debatte aber lange die Norm, während die Zweisprachigkeit erst ab den 1970er-Jahren mit den Ausarbeitungen u. a. von Grosjean 1982 thematisiert wurde. Bilingualismus gilt als eine Form der Mehrsprachigkeit und wird oft auch als Synonym zur Mehrsprachigkeit benutzt. Für die vorliegende Arbeit sollen deshalb folgende Erläuterungen zur Klarheit beitragen:

- Gesellschaftlich betrachtet stellt die Mehrsprachigkeit die Koexistenz mehrerer Sprachen innerhalb einer (staatlich) organisierten Gesellschaft dar
- Individuell betrachtet ist die Mehrsprachigkeit die Fähigkeit, mehrere Sprachen zu sprechen (vgl. Roche/Terrasi-Haufe 2018)

Ab dem Wendepunkt der 1970er-Jahre in der wissenschaftlichen Debatte macht sich auch in der damaligen Europäischen Gemeinschaft eine wachsende Tendenz zur Auseinandersetzung mit den Sprachen und Kulturen der Mitgliedsstaaten bemerkbar. Seit dem Vertrag von Maastricht 1992 und der Gründung der Europäischen Union wurden viele Programme auf den Weg gebracht, wie z. B. *Muttersprache+2 2002*, *Erasmus 1987* oder der *Europäische Tag der Sprachen 2001* (vgl. Saramandu/Nevaci 2009, S. 15).

Die vorliegende Arbeit stützt sich auf die vorhandene Literatur zum Thema der Mehrsprachigkeit in der Europäischen Union, die sich erst in jüngster Zeit entwickelt hat. Dabei handelt es sich meistens um sprachwissenschaftliche Aspekte der Konzeptionierung einer gemeinsamen Sprachlernstrategie oder verschiedener Methoden, um die Mehrsprachigkeit früh im Leben eines Kindes zu entwickeln. Die Politikwissenschaft dagegen behandelt die Mehrsprachigkeit in Bezug auf Staaten und deren Gemeinschaften oder in Bezug auf die offiziellen EU-Verträge, Europaratsverträge und nationale sowie zwischenstaatliche Vereinbarungen. Die Forschung kann dabei in vier große Themenbereiche eingeteilt werden:

1. Das Verhältnis zwischen dem jeweiligen Staat und dessen Sprachen in geschichtlicher Perspektive (Hermann/Vasilache 2011; Schreiner 2006)
2. Mehrsprachigkeit sowie mehrsprachige Regionen als Hindernis oder Brückenbilder zwischen den Kulturen in Europa (Yndigegn 2020; Wille et al. [im Druck]; Gerst et al. 2011; Schreiner 2006; Höder/Krämer [im Druck])
3. Die EU-Praxisbezogenheit, also die Mehrsprachigkeit in den supranationalen Institutionen und die dadurch entstandenen Herausforderungen in Politik und Verwaltung (Ulrich/Scott 2011; Lopez 2010)
4. Die Diskussionen zu verschiedenen Möglichkeiten, Herausforderungen und Zukunftsvisionen für die EU durch individuelle Sprachkompetenzen (Behrens 2016; Fischer 2007; Gerhards 2008)

Diesem Forschungsspektrum soll sich diese Arbeit anschließen und einen Beitrag zur wissenschaftlichen Debatte im Bereich der Mehrsprachigkeit leisten, indem der Fokus auf die Zusammenwirkung der nationalen, regionalen und lokalen sowie zwischenstaatlichen Ebenen gesetzt wird.

1.1 Sprachen und Minderheiten in Europa: ein historischer Rückblick

Primäres Ziel der Europäischen Union ist die Erhaltung des Friedens und des allgemeinen Wohlstands ihrer Bürgerinnen und Bürger. Die 27 Mitgliedsstaaten haben eine vielfältige Vergangenheit sowohl aus politologischer als auch aus sozial- und sprachwissenschaftlicher Sicht. Mehrsprachigkeit war nicht immer eine Normalität gewesen, obwohl die Elite in jeder Gesellschaft immer schon mehrere Sprachen gepflegt hatte (vgl. Schreiner 2006, S. 48 und S. 58). Angesichts der zwei verheerenden Weltkriege wurde die Notwendigkeit für Frieden zwischen den Völkern Europas umso deutlicher. Ursprünglich als eine Europäische Gemeinschaft für Kohle und Stahl (EGKS) 1951 gegründet, entwickelte sich die heutige EU schrittweise in Bereichen wie der Wirtschaft, der Außen- und Sicherheitspolitik sowie der Innenpolitik weiter, sodass auch Aspekte wie solche der Kultur und Sprachen und der Umgang mit diesen in den Gremien der Organisation zum Vorschein kamen.

Daher ist es nicht überraschend, dass das erste Dokument der damaligen Europäischen Wirtschaftsgemeinschaft (1957-1992) die Amts- und Arbeitssprachen in der Organisation festlegte. Dieses Dokument gilt auch heute noch als Richtmarke für jede neue Mitgliedschaft, sodass es aktuell 24 Amtssprachen vorsieht (vgl. Vlaeminck 2004, S. 33; Official Journal No. 017 vom 06.10.1958; Krämer et al. 2011).

Die heutigen Regelungen sowie die politische Komplexität der Europäischen Union sind das Ergebnis einer jahrhundertelangen Entwicklung in ganz Europa. Um die heutige Situation besser verstehen zu können, werden nachfolgend die geschichtlichen Entwicklungen der Minderheiten und ihrer Sprachen näher betrachtet. Dabei ist festzuhalten, dass manche Völker- bzw. Sprachgruppen in verschiedenen Epochen und in unterschiedlichen Gebieten zugunsten anderer unterdrückt wurden, sodass sich die Sprachen je nach zugrundeliegenden Machtverhältnissen unterschiedlich entwickelt hatten.

In der Antike erlebten die eroberten Gebiete der Griechen und Römer einen multikulturellen Kontakt dank der verschiedenen Völker, die in diesen Gebieten lebten. Während der Zeit, in der die Römer auch im Osten herrschten, wurde Latein außerhalb der Armee und des Gerichts auch als einheitliche Verwaltungssprache eingeführt. Man musste also diese Sprache sprechen können, um gute Mobilitäts- und professionelle Aufstiegschancen zu haben. Dies führte mit der Zeit unvermeidbar zum Verlust mancher alten nichtlateinischen und nichtgriechischen Sprachen (vgl. Zimmer 2002, S. 102 ff.). Im Mittelalter wurde Latein zur *lingua franca*, d. h. zur Schrift- und Verkehrssprache. Dies lag auch darin begründet, dass mit der Errichtung der ersten Universitäten eine gemeinsame Sprache benötigt wurde. Dies zeigt aber auch, dass die lateinische Sprache nur in Elitekreisen benutzt wurde, wobei die ärmere Bevölkerung ihre Dialekte und Volkssprachen pflegte (vgl. Berchem 2004, S. 23 f.). Bis zur Entstehung der modernen Nationalstaaten und des Nationalstaatenbewusstseins waren Sprachen eher ein Mittel zur Verständigung und der Verwaltung, danach traten aber auch politische und ideologische Aspekte hinzu. Erst mit dem 19. Jahrhundert wurden moderne Sprachen als Disziplinen in den Universitäten eingeführt neben den antiken Sprachen Griechisch und Lateinisch, die ihren Status noch lange aufrechterhalten konnten.

Beginnend mit dem 16. Jahrhundert und der europäischen Eroberung neuer Gebiete ist auch das Bewusstsein über die eigene Sprache in eine neue Phase getreten. Dies führte dazu, dass die Kolonialmächte ihre Sprachen in den eroberten Gebieten auf Kosten der indigenen Sprachen verbreiteten (vgl. Schreiner 2006, S. 13).

Das 18. Jahrhundert ist durch die Französische Revolution sowie die Bildung des Nations- und Nationalstaatsbewusstseins gekennzeichnet. Als Folge wurde die lateinische von der französischen Sprache als *lingua franca* abgelöst. Ein besonderes Merkmal dieser Wende in Richtung Nationalstaatsbewusstsein war die Tatsache, dass jeder Nationalstaat eine bestimmte Sprache als Identitätsmerkmal einführte (vgl. Schreiner 2006, S. 37 f.; Zimmer 2002, S. 104). Beginnend mit den Auseinandersetzungen um die Entstehung der Nationalstaaten rückte auch das Thema der Sprachminderheiten in den Fokus, die in den Vielvölkerstaaten auch den Wunsch nach eigenen Nationalstaaten zu äußern begannen (vgl. Eichinger 1991, S. 95 ff.).

So entstanden in den großen Monarchien soziale Bewegungen, die vielfach das Modell der Französischen Revolution thematisierten. Diese Bewegungen führten zu Reformen, wie z. B. zum Ausgleich im Habsburgerreich bzw. zur Gründung der Doppelmonarchie Österreich-Ungarn (vgl. Cichon 2008, S. 22 und S. 24 ff.). Die Überlegungen zu diesem Nationalstaatsbewusstsein, die ihren Anfang im 18. Jahrhundert hatten, erreichten nun auch die Völker des Habsburgerreiches, die sich somit durch die eigenen Muttersprachen nicht mehr an dieses Reich gebunden fühlten. So kam es z. B. nach dem Ausgleich Österreich-Ungarns 1867 zu einer verschärften Assimilationspolitik in Transleithanien, d. h. in der ungarischen Reichshälfte rund um die rumänisch- und die polnischsprachige Bevölkerung (vgl. Hutterer 1991). Die sozialen Bewegungen des 18. und des 19. Jahrhunderts fanden ihren Höhepunkt in der ersten Hälfte des 20. Jahrhunderts, besonders in der Zeit des Ersten Weltkrieges, als die Monarchien in Nationalstaaten aufgingen.

Die Vorreiterrolle der französischen Sprache wurde ab dem 20. Jahrhundert von der englischen Sprache übernommen (vgl. Berchem 2004, S. 25 f.). Bedingt durch das Ergebnis der beiden Weltkriege und die danach einsetzende Globalisierung hat die englische Sprache die Rolle einer globalen Verkehrssprache übernommen, sodass englischsprachige Kenntnisse heute sehr wichtig in Arbeits-, Weiterbildungs- und auch Reisekontexten geworden sind. Zugleich wurde die Stellung der Minderheiten durch die Entwicklung internationaler Rechte und Standards verbessert und sie rücken in den Vordergrund politischer und sozialer Debatten unter dem Stichwort *Multikulturalismus*. Der Begriff besagt, dass die Gesellschaften *per se* aus verschiedenen Kulturen bestehen (vgl. Gerhards 2010, S. 8). Mit der Gründung neuer Staaten nach dem Ersten Weltkrieg sind auch die Sprachgruppen in neue politische Konstellationen geraten. Die internationalen Organisationen, die nach dem Zweiten Weltkrieg entstanden sind, wie etwa der Europarat oder die Konferenz über Sicherheit und Zusammenarbeit in Europa (später in Organisation für Sicherheit und Zusammenarbeit in Europa OSZE umbenannt) haben sich u. a. mit dem Thema der kulturellen und sprachlichen Vielfalt auseinandergesetzt.

Aus diesem kurzen Einblick in die Geschichte der Sprachen und Minderheiten in Europa kann geschlussfolgert werden, dass es eine Unterscheidung zwischen elitärer und bürgerlicher Mehrsprachigkeit gibt. Früher waren Teil der Elite Diplomaten, Priester oder Wissenschaftler. Heute wird auch über eine *europäische Elite* gesprochen, die sich aber als eine multilinguale Leistungsgesellschaft durch intensives Studium und die Weiterentwicklung der sprachlichen und fachlichen Kompetenzen auszeichnet:

> „*the new European elite is mobile, moneyed and multilingual.*“ (Carson 2003, S. 13)

In Europa gibt es aber auch Arbeitsmigrantinnen und Arbeitsmigranten und Flüchtlinge, die wegen den Schwierigkeiten und weiteren persönlichen Gegebenheiten eine mehrsprachige Fähigkeit entwickeln mussten und nur in seltenen Fällen im Sinne des obigen Zitats „*moneyed*“, also wohlhabend sind.

Für die vorliegende Arbeit lässt sich aus den oben dargestellten Ereignissen ein wichtiger Grundsatz ziehen: Die Identitäten, Kulturen sowie Sprachen aller Mitgliedsstaaten haben sich die heutige Gleichheit in der Europäischen Union erkämpft (vgl. Schreiner 2006, S. 41 f.). Denn letztendlich wird:

> „*mit der Anerkennung einer Sprache [...] nicht die Sprache >an sich< anerkannt. Vielmehr geht es um die Anerkennung einer Sprachgemeinschaft und letztlich der einzelnen Sprecher.*“ (Kraus 2004, S. 102)

Dank all dieser geschichtlichen Ereignisse, aber auch der spannungsreichen Erfahrungen hat sich die komplexe Gestalt der heutigen EU entwickelt. Die Gleichheit der Mitgliedsstaaten und ihrer Kulturen sowie Sprachen ist damit der Kern der europäischen Integration zusammen mit dem allgemeinen Wohlstand der Bürgerinnen und Bürger und der Wettbewerbsfähigkeit der Union in der Welt. Dadurch versucht die supranationale Ebene, einerseits ihre Anwesenheit und ihre Entscheidungsmechanismen zu legitimieren und andererseits die Bürger näher und effektiver an die Entscheidungsprozesse zu bringen (vgl. Ross 2003, S. 9).

In Vielfalt geeint spiegelt dieses Ziel gut wider – und zwar durch die Vereinigung der Mitgliedsstaaten ein friedliches und vielfältiges Europa zu gestalten, in dem die Ereignisse der beiden Weltkriege nicht wiederholt werden sollten. Im Kontext der europäischen Vielfalt der Nationen ist die Tatsache zu beachten, dass diese Vielfalt weit über die Nationalsprachen hinausgeht und auch Regional- und Minderheitensprachen umfasst. Darüber wird intensiv in der Gesellschaft und in der Wissenschaft diskutiert. So wird z. B. erwogen, inwieweit und ob die Europäische Union tatsächlich diese sprachliche Vielfalt beachtet, da sie den Nationalsprachen einen Amtssprachenstatus gewährt, aber die über 60 Regional- und Minderheitensprachen lediglich anerkennt (vgl. Ross 2003, S. 10 f.). Dies wird in Bezug auf die Kompetenzen thematisiert und stellt einen wichtigen Punkt für die mehrsprachigen Gemeinschaften dar, die sich somit auf der supranationalen Ebene durchsetzen möchten.

Die Praxis in den supranationalen Institutionen, sowie im alltäglichen Leben der Bürgerinnen und Bürger Europas gestaltet sich bezüglich der Mehrsprachigkeit unterschiedlich. Die englische Sprache hat mehr oder weniger die Rolle einer *lingua franca* auf supranationaler Ebene übernommen. Die Wissenschaft, aber auch der Inhalt im Internet sowie die Kommunikation zwischen Menschen verschiedener Sprachen werden von der englischen Sprache dominiert. Diese Tatsache hat sich auch bei verschiedenen EU geleiteten Projekten wie dem *Europäischen Jahr der Sprachen* 2001 oder bei Programmen wie *LINGUA* 1990 erwiesen (vgl. Bliesener 2002, S. 210 ff.). So ist es offensichtlich, dass die englische Sprache auch nach dem Brexit ihren Status als Arbeitssprache auf supranationaler Ebene nicht verlieren wird. Sie ist weltweit die meistverbreitete Fremdsprache neben Hindu und Chinesisch. Dieser Stellenwert wird konsequenterweise weiterhin einen Einfluss auf die Europäische Union haben (vgl. Nelde 2006, S. 424 ff.).

1.2 Begriffserklärungen und EU-Sprachenpolitik

In diesem Kapitel konzentriere ich mich zunächst auf Begriffserklärungen und die Debatte um die Mehrsprachigkeit als Forschungs- und Politikbereich in der Europäischen Union. Um das Konzept der Mehrsprachigkeit besser zu verstehen, werden folgende Begriffe definiert: Sprache, Dialekt, Muttersprache(n), *lingua franca* und Minderheit. Diese Begriffe haben oft unterschiedliche Bedeutungen in verschiedenen Sprachen, weshalb auch die Diskussion rund um Sprachen in der Politik so verschiedenartig ist.

Der Begriff der *Minderheit* ist umstritten, was auch dazu führt, dass es keine einheitliche Definition nach allgemeingültigen politischen Kriterien gibt. Beispielsweise hat der Europarat im Rahmenübereinkommen zum Schutz nationaler Minderheiten es den Mitgliedsstaaten überlassen, ihre Minderheiten zu definieren und einzuordnen (vgl. Humanrights.ch 2016). Daher kann es bei der Auslegung der Rechte im Rahmen der national anerkannten Minderheiten dazu kommen, dass Staaten wie z. B. Rumänien die Minderheiten auf ethnischer Basis (vgl. Council of Europe ACFC/SR (99) 11, vom 24.06.1999) und Staaten wie Italien die Minderheiten auf sprachlicher Basis definieren (vgl. Council of Europe ACFC/SR(1999)007 vom 03.05.1999). Diese Vorgehensweise kann des Weiteren problematisch sein, als dass sie die Gesellschaft nach kulturellen Kriterien ordnet und, sobald Vorurteile geschürt werden, auch polarisieren kann.

Die Begriffe *Sprache* und *Dialekt* haben eine abwechslungsreiche Beziehung zueinander. Als soziale Konstrukte und Gegensätze sind sie mit dem nationalstaatlichen Bewusstsein des 18. und 19. Jahrhunderts in den Vordergrund treten. Die Sprache spielt dabei eine überregionale oder sogar staatliche Rolle, während dem Dialekt eine regionale oder lokale und daher untergeordnete Rolle gegenüber der (National-)Sprache zukommt (vgl. Carson 2003, S. 23 f.).

Die *Muttersprache* nimmt eine identitätsstiftende Rolle ein, denn sie kann einerseits die erste erlernte Sprache, andererseits aber auch eine Sprache sein, mit der sich eine Person identifiziert und die nicht notwendigerweise die erste erlernte Sprache sein muss. Die Staatsbürgerschaft und die kulturelle oder sprachliche Abstammung müssen dabei nicht immer mit der Muttersprache übereinstimmen. Daneben gibt es auch zweite Sprache(n), wenn z. B. eine Person aus Siebenbürgen (Rumänien) als erste Sprache Ungarisch oder Deutsch in der Familie und als zweite Rumänisch im Freundeskreis sowie in der Schule erlernt. *Fremdsprachen* sind dagegen die, die in der eigenen Gemeinschaft nicht gesprochen werden, aber an Schulen und Universitäten erlernt werden. Anlehnend an das eben genannte Beispiel kann die aus Siebenbürgen stammende Person somit Englisch, Französisch, Russisch usw. an der Schule lernen (vgl. Carson 2003, S. 24 f.).

Unter *lingua franca* wird eine Verkehrssprache verstanden, die es den Menschen verschiedener Sprachgruppen ermöglicht, über Ländergrenzen hinweg gemeinsam zu kommunizieren. So wird heute in der Welt größtenteils Englisch als Verständigungssprache genutzt. Deshalb sind es Befürworter des Englischen auf der supranationalen Ebene, die diese Sprachen als *lingua franca* für die EU-Institutionen und für die allgemeinen Übersetzungen ermöglichen wollen (vgl. Carson 2003, S. 29).

Die Mehrsprachigkeit hat als politikwissenschaftlicher Begriff erst in den letzten Jahrzehnten an Aufmerksamkeit gewonnen. Sie wird als Oberbegriff für die Förderung des Sprachenlernens sowie der Fähigkeit der Individuen verstanden, verschiedene Sprachen zu beherrschen (vgl. Riehl 2014, S. 9 ff.). Dabei handelt es sich um einen Perspektivenwechsel sowohl in den Sprach- als auch in den Politikwissenschaften. Die sprachwissenschaftlichen Forschungen zum Bilingualismus in den 1960er-Jahre sind dafür prägend gewesen (vgl. Franceschini 2006, S. 33 f.). Die Mehrsprachigkeit wird seither sowohl als individuelle als auch als gemeinschaftliche Kompetenz verstanden und findet sich auf prominenter Stelle in den Sprachenpolitikansätzen der supranationalen Ebene. Während eine mehrsprachige Person mehrere Sprachen auf verschiedenen Niveaus sprechen kann, wird eine Gemeinschaft mehrsprachig genannt, wenn innerhalb dieser mindestens zwei Sprachen benutzt werden (vgl. Carson 2003, S. 27).

Trotzdem ist Mehrsprachigkeit schwer zu bestimmen, weil sie sich je nach Kontext und Politikebene unterscheidet. Es kann dabei zwischen einer Makro- und einer Mikro-Ebene differenziert werden. Bei der Makro-Ebene handelt es sich einerseits um die Gesellschaft eines Staates und andererseits um dessen Sprachenpolitiken sowie allgemein Politiken, die die Gesellschaft unmittelbar beeinflussen. So werden durch die Mehrsprachigkeit oft auch andere Politikbereiche berührt wie etwa die Wirtschaft, da jedes mehrsprachige Individuum zum Humankapital eines Landes gehört. Bei der Mikro-Ebene handelt es sich hingegen um die individuellen Sprachkompetenzen eines Menschen, die umso schwieriger zu messen sind, weil Selbsteinschätzung und tatsächliche Leistung in einer Sprache nicht notwendigerweise zusammenfallen (vgl. Carson 2003, S. 21 f.).

Plurilingualismus ist ein Synonym für Mehrsprachigkeit, das vom Europarat in den 1990er-Jahren thematisiert wurde: Die Mehrsprachigkeit wird als die Fähigkeit eines Individuums angesehen, mehrere Sprachen zu sprechen, oder wird als die Koexistenz mehrerer Sprachen auf einem Territorium wahrgenommen. *Plurilingualismus* bedeutet die Fähigkeit des Individuums, diese Sprachkenntnisse je nach Situation und kultureller Gegebenheit anzupassen. Maßgebend für diesen Begriff ist die Tatsache, dass die Personen die gesprochenen Sprachen nicht gleichermaßen beherrschen und diese auch nicht in separaten Bereichen ihres Bewusstseins abspeichern, sondern sie verknüpfen diese Kenntnisse vielmehr. Darin zeigt sich die individuelle Persönlichkeit jedes Individuums (vgl. Council of Europe 2020, S. 4).

Die Mehrsprachigkeitsdebatte ist Anfang der 1990er-Jahre zu einem normativen Ziel im Diskurs der supranationalen Ebene geworden. Sie wurde zum Leitmotiv der europäischen Integration und mit dem Ressort für Mehrsprachigkeit 2007 in der EU-Kommission etabliert. Diese Tatsache lässt sich im Rückblick auf die politischen Initiativen und die Entwicklungen im Sprachenbereich nachvollziehen: War am Anfang nur die Regelung der Nationalsprachen als Amtssprachen für die damalige Europäische Gemeinschaft für Kohle und Stahl (EGKS) wichtig, sind in der heutigen EU inzwischen mehrere bekannte Initiativen und Projekte zur Sprachförderung wie z. B. die Muttersprache+2, der europäische Indikator für Sprachenkompetenz oder die Programme *Sokrates*, *Leonardo* und *Erasmus* sowie *Erasmus Mundus* entstanden. Die Aufmerksamkeit wurde auf die Potenziale der Mehrsprachigkeit insbesondere dank der EU finanzierten Forschungsprogramme gelenkt (vgl. Rindler-Schjerve/Vetter 2012, S. 14). Dabei liegt in den Initiativen der Europäischen Union ein besonderer Fokus auf den Potenzialen der individuellen Mehrsprachigkeit der Bürgerinnen und Bürger.

Programme wie *Euromosaic I, II, III und IV* (vgl. Saramandu/Nevaci 2009, S. 15 f.) haben sich mit der Lage der Regional- und Minderheitensprachen in der Europäischen Union auseinandergesetzt, während das zwischen 2006–2010 in neun europäischen Universitäten durchgeführte Projekt *LINEE* (*Languages in a network of European excellence*) den Fokus auf die europäische Vielfalt und die Entwicklung des interdisziplinären Konzepts der Mehrsprachigkeit anhand vertikaler und horizontaler Aspekte der europäischen Integration legte. Mit dem Blick sowohl auf die supranationale als auch auf die nationalen und regionalen Ebenen war das Ziel dieses Projektes die Förderung der Mehrsprachigkeit in unterschiedlichen Kontexten. Das Projekt wurde in vier thematische Bereiche eingeteilt (Sprache, Identität, Kultur; Sprachpolitik und Planung; Mehrsprachigkeit und Bildung; Sprache und Politik) und konzentrierte sich hauptsächlich mittels qualitativer Forschung auf die Integration der Expertisen der Universitätspartner auf supranationaler Ebene. In diesem Projekt wurde auch herausgefunden, dass oft der Begriff der Mehrsprachigkeit wegen des unterschiedlichen Verständnisses in der Gesellschaft von Personen mit Skepsis angesehen wird. Die Mehrsprachigkeit vernachlässige wichtige Bestandteile der Konflikte zwischen Sprachgruppen und Staaten. Der Schwerpunkt lag aber auf der Untersuchung der Sprachenpolitiken von Standardsprachen, in seltenen Fällen wurden die autochthonen Minderheitensprachen miteinbezogen (vgl. European Commission 2019).

Spätestens seit Anfang der 1970er-Jahre wurde mit Schwerpunkt auf Fremdsprachenkenntnisse (vgl. Bulletin of the European Communities 1973 No. 12)[4] intensiver aber erst Anfang der 1990er-Jahre mit der Entstehung der heutigen Europäischen Union die Mehrsprachigkeit als Begriff in die Politikwissenschaft aufgenommen (vgl. Rindler-Schjerve/Vetter 2012, S. 17.). Mit dem Vertrag von Lissabon 2007 wurden außerdem Rechte jener Personen, die einer Sprachminderheit angehören, in Artikel 2 des Vertrags über die Europäische Union (EUV) offiziell anerkannt (vgl. ABI. C 202/01 vom 07.06.2016; Cichon 2005).

Mit der Fortentwicklung und der Komplexität des EU-Mehrebenensystems ist die Mehrsprachigkeit auch als Legitimationsquelle auf der supranationalen Ebene zu betrachten. Die supranationale Ebene sucht dabei durch die Förderung von Bildungsprogrammen und die Werbung zum Sprachenlernen die Legitimität und Nähe zu allen Bürgerinnen und Bürgern Europas. Wenn diese sich an die Union in ihrer Muttersprache richten und die für sie wichtigen Dokumente lesen und verstehen können, gewinnt die EU mehr Attraktivität auch auf den innerstaatlichen Ebenen. Die tatsächliche Durchsetzung dieser Politik hängt jedoch von den Mitgliedsstaaten ab.

Nichtdestotrotz sind interessante Entwicklungen in diesem Bereich zu sehen wie z. B. in den mehrsprachigen Regionen, die viele interregionale Kooperationen durchführen. Diese Entwicklungen sind durch die Stärkung der regionalen Identität und regionalen Verwaltung insbesondere im Westen Europas zu sehen. Infolgedessen werden auch die sprach- und politikwissenschaftlichen Forschungen beeinflusst. In der Europäischen Union sind dank des Binnenmarktes ursprünglich periphere Grenzregionen in den Mittelpunkt der zwischenstaatlichen Beziehungen gerückt. Aber auch Regionen innerhalb von Staaten, die keine direkte Angrenzung zu einem anderen Staat haben, werden einerseits durch die Europäisierung und andererseits durch die Verflechtung der Politikbereiche und -ebenen beeinflusst. Es kann dabei festgestellt werden, dass die Europäische Union einen bedeutsamen Beitrag zur Etablierung der Mehrsprachigkeitsforschung und der Diskussion um die Sprachenpolitik in Europa geleistet hat (vgl. Rindler-Schjerve/Vetter 2012, S. 11 f., 18 f., S. 53.; May 2011, S. 246).

---

4 Das erste erstellte Dokument mit Bezug zur europäischen Identität, welches die sprachliche und kulturelle Vielfalt anerkennt, ist „*The Declaration of European Identity 1973*".

1.3 Gesetzliche Rahmenbedingungen in der Europäischen Union und im Europarat

Mit dem Beginn der europäischen Zusammenarbeit nach dem Zweiten Weltkrieg wurde auch die Auseinandersetzung mit den verschiedenen Sprachen sowie Rechten von benachteiligten Sprachgruppen relevanter. Für die Mehrsprachigkeit sind gesetzlich betrachtet der Vertrag über die Europäische Union (*EUV*) und *der Vertrag über die Arbeitsweise der Europäischen Union* (*AEUV*) sowie die *Charta der Grundrechte der Europäischen Union* wegweisend. Daneben spielen aber auch die *Charta der Regional- und Minderheitensprachen* und das *Rahmenübereinkommen zum Schutz nationaler Minderheiten* des Europarates eine wichtige Rolle für die Gesetzgebung. Diese Tatsache hat damit zu tun, dass der Europarat von Anfang an politisch ausgestaltet wurde und sich somit mit Problemen sprachlicher und kultureller Art auseinandersetzte, während die heutige EU anfangs als wirtschaftlicher Bund europäischer Staaten konzipiert worden war.

Der EUV bestimmt die allgemeinen Ziele und Grundsätze der Europäischen Union. Der AEUV setzt dahingegen die spezifischen Zuständigkeitsbereiche und Kompetenzen der supranationalen Ebene sowie der Institutionen und der Mitgliedsstaaten hinsichtlich verschiedener Politikbereiche (so auch für die Sprachenvielfalt und die Sprachenpolitik) fest. Die EU-Grundrechtecharta bestimmt die Grund- und Menschenrechte in der Europäischen Union unter Berücksichtigung der Menschenrechtskonvention und der Europäischen Sozialcharta (vgl. ABI. C 364/1 vom 18.12.2000). Die heutige Europäische Union gründet ihre Existenz auf der Gleichheit ihrer Mitgliedsstaaten und die Achtung der Menschenwürde, der Freiheit und der Demokratie (Artikel 2 EUV, vgl. ABI. C 202/01 vom 07.06.2016). Dieser Gleichheit wird in beiden Verträgen der Europäischen Union sowie in der Charta der Grundrechte der EU (Artikel 22) eine wichtige Rolle zugeordnet. Damit ist nicht nur die Unantastbarkeit der staatlichen Souveränität gemeint, sondern auch die Gleichheit der Identität, Kultur und Sprache(n) der Mitgliedsstaaten, wie diese in Artikel 3 Absatz 3 Satz 5 EUV verdeutlicht werden:

> *„Sie [die EU] wahrt den Reichtum ihrer kulturellen und sprachlichen Vielfalt und sorgt für den Schutz und die Entwicklung des kulturellen Erbes Europas."*

Mit Hinblick auf die Gleichheit der Sprachen ist an erster Stelle das Recht der EU-Bürgerinnen und Bürger zu betonen, sich in ihrer eigenen Sprache an die Organe der Union zu wenden und Antwort in dieser Sprache zu bekommen. Dies wird in Artikel 24 AEUV festgelegt und deutet ferner auf die in der Europäischen Union anerkannten Amtssprachen hin, deren Wortlaut in Artikel 55 Absatz 1 EUV festgelegt sind:

> *„wobei jeder Wortlaut gleichermaßen verbindlich ist."*

Die Anzahl der Amtssprachen der Europäischen Union beträgt heute insgesamt 24 Amtssprachen.

Gemäß Artikel 6 AEUV und Artikel 165 AEUV steht die Zuständigkeit im Bereich der Kultur und Bildung in der ausschließlichen Kompetenz der Mitgliedsstaaten. Die EU kann die Mitgliedsstaaten in ihren Handlungen unterstützen, koordinieren oder ergänzen. Zu bemerken ist auch Artikel 167 des AEUV zur regionalen Vielfalt sowie auch die in Artikel 165 Absatz 2 genannte Zielsetzung der EU:

> *„Entwicklung der europäischen Dimension im Bildungswesen, insbesondere durch Erlernen und Verbreitung der Sprachen der Mitgliedsstaaten."*

Die Regelung der Sprachen in den Organen der EU wird in Artikel 342 AEUV erwähnt:

> *„Die Regelung der Sprachenfrage für die Organe der Union wird unbeschadet der Satzung des Gerichtshofs der Europäischen Union vom Rat einstimmig durch Verordnungen getroffen."*

Die Amtssprachen, also die Sprachen der Mitgliedsstaaten, werden in der 1958 erlassenen Verordnung 1/1958 geregelt (vgl. Official Journal Nr. 017 vom 06.10.1958, ABI. L 156/3 vom 13.06.2005; ABI. L 363/1 vom 20.11.2006). Diese Verordnung wird bei jedem neuen Beitritt mit der neu hinzukommenden Sprache geändert. Auf Artikel 342 des AEUV und die Verordnung Nr. 1 stützen sich somit die Geschäftsordnungen der Institutionen in der Europäischen Union. Alle offiziellen Dokumente werden in allen Amtssprachen der Union übersetzt und es wird bei Sitzungen in allen Amtssprachen gedolmetscht. Zur Erleichterung der institutionellen Zusammenarbeit aber werden hauptsächlich drei Sprachen verwendet: Englisch, Französisch und Deutsch. In der Geschäftsordnung des Europäischen Parlaments z. B. ist die Verwendung der Sprachen in Artikel 158 geregelt. Dieser Artikel steht unter dem Primat der Mehrsprachigkeit, d. h. Mitglieder des Parlaments können in jeder von ihnen gewählten Amtssprache das Plenum ansprechen, weil das Dolmetschen simultan zu den Sitzungen durchgeführt wird.

In den Sitzungen der Ausschüsse ist jedoch die Sprachregelung anders, d. h. oft wird eine der Arbeitssprachen Englisch, Deutsch oder Französisch gewählt (vgl. Europäisches Parlament Januar 2017). In der Europäischen Zentralbank wiederum ist die Arbeitssprache Englisch, wichtige Dokumente werden aber in allen EU-Sprachen veröffentlicht (vgl. European Central Bank o. D., What is the official language of the ECB?).[5]

Die EU-Grundrechtecharta erwähnt ferner die EU-Sprachen in Artikel 21 (Nichtdiskriminierung), Artikel 22 (Achtung der Vielfalt) und Artikel 41 Absatz 4 (Recht auf Verwaltung in eigener Sprache) (vgl. ABI. C 202/01 vom 07.06.2016, S. 398 ff.).

2007 hat die Europäische Kommission die Errichtung eines Ressorts für Mehrsprachigkeit veranlasst. Zum Kommissar für Mehrsprachigkeit wurde ein Vertreter aus dem damals neu beigetretenen Rumänien ernannt (vgl. European Commission vom 16.02.2010). Die Position und die damit verbundenen Tätigkeiten wurden mehrfach kritisiert u. a., weil das Ressort keine wirklichen Kompetenzen bekam (siehe Artikel 6 AEUV). Deshalb wurde es 2010 mit der Errichtung der neuen Kommission aufgelöst und die Mehrsprachigkeit wurde in das Ressort für Bildung und Kultur zurückversetzt. Dies zeigt wiederum, wie umstritten das Thema der Sprachen und Minderheiten in Europa und speziell in der Europäischen Union ist. Nach wie vor haben die Mitgliedsstaaten die ausschließliche Kompetenz in diesem Bereich und somit kann die supranationale Ebene keine Entscheidungen in diesem Gebiet ohne die Zustimmung der Mitgliedsstaaten treffen.

In der Europäischen Union gibt es heute 24 Amtssprachen, die zusammen auf supranationaler Ebene in mehr als 100 Sprachkombinationen vorkommen können. Deshalb werden die Kosten für den Übersetzungs- und Dolmetscherdienst als Vorwand zur Vereinfachung der EU- Sprachregelungen benutzt, d. h. um letztendlich eine *lingua franca* einzuführen (vgl. Ross 2003, S. 91). Diese Kosten betragen aber lediglich 1% des EU-Haushaltes, also ca. 2 Euro pro Kopf (vgl. Europäische Kommission o. D., Faktencheck zum EU-Haushalt).[6]

Zwar hat die Europäische Union die Wichtigkeit des Sprachenlernens festgelegt und somit die individuelle Mehrsprachigkeit durch verschiedene Programme und Initiativen beworben. Sprachenlernen ist aber nicht das

---

5 www.ecb.europa.eu/careers/faq/html/index.en.html [04.02.2023].

6 ec.europa.eu/info/strategy/eu-budget/eu-budget-added-value/fact-check_de#howmuchisspentintranslationandwhy [04.02.2023].

einzige Thema, welches für mehrsprachige Gemeinschaften von Bedeutung ist. Das Ganze zeigt eine komplexe Dynamik zwischen Minderheiten- und Sprachenrechten in den Mitgliedsstaaten gekoppelt mit dem Durchsetzungsvermögen der lokalen und regionalen Ebenen sowie den Auseinandersetzungen in der zwischenstaatlichen Zusammenarbeit (vgl. Wille et al. [im Druck]). Die Initiativen der supranationalen Ebene können allerdings keine breite Resonanz finden, wenn diese von der *bottom-up* – also von den lokalen und regionalen Ebenen – nicht aufgenommen werden:

> *„Aber, und dies ist meine Erfahrung: diese top-down-Angebote bewirken nur etwas, wenn sie von bottom-up gewollt und aufgegriffen werden."* (Raasch 2003, S. 259)

Das bedeutet auch, dass die Europäische Union keine vorhandenen Systeme ersetzt, sondern vielmehr mit ihnen koexistiert und es so zu neuen Verflechtungen im Mehrebenensystem kommt.

Umso schwieriger ist es, das kritisierte EU-Demokratiedefizit zu erklären, wenn die Werte auf die sich die Europäische Union stützt, durch ihr dynamisches Mehrebenensystem in Wechselwirkung mit Regelungen der Mitgliedsstaaten konstant ausgebaut wird (vgl. Ross 2003, S. 96). Die Thematik der Legitimation und des Demokratiedefizits in der Europäischen Union ist ein komplexes Thema und je nach Politikbereich und -ebene sowie Sichtweise verschieden. In diesem Kontext ist es wichtig zu beachten, dass die Mehrsprachigkeit als Politikbereich ausschließlich zu den Kompetenzen der Mitgliedsstaaten gehört und somit jede sprachenpolitische Handlung auf supranationaler Ebene ihre Legitimation aus den mitgliedsstaatlichen Politiken und Regelungen schöpft.

Wichtig für die vorhandene Diskussion sind deshalb auch die *Europäische Charta der Regional- und Minderheitensprachen* und das *Rahmenübereinkommen zum Schutz nationaler Minderheiten* des Europarates, die als internationale Standards von den meisten EU-Mitgliedsstaaten unterschrieben und ratifiziert wurden. Auf diesen bauen hauptsächlich die innenpolitischen Maßnahmen der Mitgliedsstaaten im Hinblick auf Sprachen- und Minderheitenpolitik auf. Die Situation der im Rahmen beider Verträge anerkannten Sprachen und Minderheiten werden außerdem vom Europarat in verbindlichen Staatenberichten nachverfolgt, zu denen der Europarat schließlich Empfehlungen formuliert. Somit sind die Sprachencharta und das Rahmenübereinkommen des Europarats neben der Gesetzgebung der Europäischen Union richtungsweisend für die Mehrsprachigkeit in ganz Europa.

Die Sprachencharta gibt den Unterzeichnerstaaten einen Definitions- und Handlungsraum für die Förderung der Sprachen in Europa und somit auch für die Mitgliedsstaaten in der Europäischen Union. In diesem Sinne bestimmt die Sprachencharta folgendes unter Artikel 1:

> *„Im Sinne dieser Charta:*
>
> *a. bezeichnet der Ausdruck 'Regional- oder Minderheitensprachen' Sprachen,*
>
> *i. die herkömmlicherweise in einem bestimmten Gebiet eines Staates von Angehörigen dieses Staates gebraucht werden, die eine Gruppe bilden, deren Zahl kleiner ist als die der übrigen Bevölkerung des Staates, und*
>
> *ii. die sich von der (den) Amtssprache(n) dieses Staates unterscheiden;*
>
> *er umfasst weder Dialekte der Amtssprache(n) des Staates noch die Sprachen von Zuwanderern."* (Europarat 1992 SEV 148 vom 05.11.1992)

Teil III der Sprachencharta berichtet näher über die Möglichkeit zur Förderung dieser Sprachen in den Vertragsstaaten und verpflichtet die Staaten sogar zu grenzüberschreitenden Übereinkünften. Die Staaten müssen nicht zuletzt regelmäßige Berichterstattungen über den Stand der Förderung der anerkannten Sprachen durchführen (Teil IV). Die Sprachencharta verpflichtet die Staaten nicht zur Anerkennung bestimmter Sprachen, sondern gesteht die Auswahl der Sprachen den Vertragsstaaten selbst zu.

Das Rahmenübereinkommen zum Schutz nationaler Minderheiten bietet im Unterschied zur Sprachencharta keinen Definitionsrahmen für nationale Minderheiten. Die Auswahl der anerkannten Minderheiten wird den Staaten selbst überlassen. Das Rahmenübereinkommen ist ein multilateraler Vertrag, der individuelle und kollektive Minderheitenrechte festlegt (vgl. Council of Europe (o. D.), About the Framework Convention for the protection of National Minorities).[7]

7 www.coe.int/en/web/minorities/at-a-glance#{%2279030665%22:[1]} [03.02.2023].

2. Theoretische Ansätze und methodische Vorgehensweise

Gemäß Artikel 55 EUV gibt es derzeit 24 Amtssprachen in der Europäischen Union. Artikel 2 EUV betont die Wichtigkeit der Minderheitensprachen in Europa, die auf mehr als 100 Sprachen geschätzt werden (vgl. Deutsche Welle vom 09.03.2012). In dieser Forschungsarbeit wird deshalb die Frage untersucht, wie sich die Mehrsprachigkeitsdebatte im Allgemeinen entwickelt hat und inwiefern sich die Mitgliedsstaaten mit dieser auf den innen- und zwischenstaatlichen Ebenen auseinandersetzen. Dazu werden für die im nächsten Unterkapitel aufgeführten Fallbeispiele zunächst die historischen Gegebenheiten sowie die institutionellen und gesetzlichen Rahmenbedingungen ermittelt.

Eine wirksame *top-down* Politik kann ohne die Anerkennung und die Unterstützung der *bottom-up* Ebene nicht funktionieren. Es sollen wichtige Erkenntnisse für die EU und die europäische Mehrsprachigkeit aus den Erfahrungen der Mitgliedsstaaten mit deren Sprachgruppen herausgearbeitet werden. Deshalb werden die Aussagen des Funktionalismus mit denen des akteurszentrierten Institutionalismus verknüpft, um die Rolle der Mehrsprachigkeit im System der EU ermitteln zu können. Die Konzepte *Multi-level* und *Cross-Border Governance* werden für die Darstellung des EU-Mehrebenensystems und dessen Netzwerk an Kooperationen insbesondere bei den grenzüberschreitenden Beziehungen herangezogen.

Der Funktionalismus bietet den Analysekontext für die Mehrsprachigkeit als möglichen Integrationsfaktor. Dabei ist es wichtig aufzuzeigen, wie sich die Mehrsprachigkeit in den zwischenstaatlichen Beziehungen sowie im Kontext der europäischen regionalen Ebene gestaltet. Die Behauptungen des Funktionalismus sollen zusammen mit denen des akteurszentrierten Institutionalismus und dessen Begriff der *Akteurskonstellationen* zur Operationalisierung der Mehrsprachigkeit angewandt werden. In europäischen Kontext sind Akteure und ihre Interaktionen wichtig, weil sie direkt oder indirekt die politische Praxis prägen können.

Die Ansätze *Multi-level* und *Cross-Border Governance* werden als Grundlage dafür benutzt, die politischen Ebenen der Europäischen Union anhand der Fallstudien zu veranschaulichen und das verflochtene System der EU darzustellen. Anhand der Grenzforschung und des multidisziplinären Verständnisses der *Grenze* werden die Verflechtungen im EU-System nicht nur vertikal betrachtet (lokal, regional, national, supranational), sondern auch horizontal, insbesondere dort, wo transnationale Kooperationen entstehen.

Die Sprachenpolitiken der Mitgliedsstaaten werden somit auf den nationalen, regionalen und lokalen Ebenen untersucht. Darauf aufbauend werden die zwischenstaatlichen Beziehungen und der Einfluss der supranationalen Ebene auf diese Kooperationen betrachtet. Bei den Fallstudien handelt es sich um Regionen/Gebiete und Sprachgruppen, die für die entsprechenden Beziehungen von Bedeutung waren oder immer noch sind:

> *„Mehrsprachige Individuen und Gruppen, früher als periphere Minderheitengruppen, als Randgruppen oder Ausnahmefälle angesehen, kommen somit in positiver Weise und zentral ins Blickfeld. Sie werden zu Trägern europäischer Kommunikationsfähigkeit und können Brückenbauer einer europäischen pluriellen Identität sein, welche regional verankert ist und sich international ausrichtet.“* (Franceschini 2006, S. 37)

Zunächst werden die erwähnten Ansätze mit Hinblick auf das angestrebte Forschungsziel diskutiert. Anschließend sollen die ausgewählten Fallstudien und die dahinterstehenden Auswahlkriterien vorgestellt werden.

2.1 Funktionalismus und akteurszentrierter Institutionalismus im 21. Jahrhundert

Der Funktionalismus

Als der Ansatz des Funktionalismus in den späten 1940er-Jahren entwickelt wurde, hatte Europa die Erfahrung zweier Weltkriege gemacht. Man war sich deshalb bewusst, dass ein Umdenkprozess auf der internationalen Ebene notwendig ist, wenn der Frieden und Wohlstand erhalten werden sollen. Dabei gab es mehrere politikwissenschaftliche Strömungen, die sich an diesem Prozess beteiligten – so auch der funktionalistische Ansatz.

Vom britischen Politikwissenschaftler rumänischer Herkunft David Mitrany erarbeitet, bezieht sich der Ansatz auf die Betonung der sozialen, wirtschaftlichen sowie weiteren Interdependenzen der internationalen Beziehungen. Wenn im 19. Jahrhundert die Kodifizierung der Rechte der Bürgerinnen und Bürger wegen des Aufstiegs des Nationalismus wichtig war, seien im 20. Jahrhundert das rasche Handeln und die Entstehung von Kooperationen nach sogenannten *Funktionen* wichtig (vgl. Mitrany 1943, S. 9 f.). Die Organisationen, so Mitrany, können je nach Region und/oder

Kontinent unterteilt werden, um die kulturellen, wirtschaftlichen und sozialen Unterschiede zu beachten (vgl. Mitrany 1975, S. 88 f. und 100 f.). Die Notwendigkeit nach rascher Handlung wurde auch dank der technischen und wirtschaftlichen Fortschritte sichtbar. Es gehe nicht mehr darum, einen „*balance of power*" zu erhalten, sondern vielmehr darum, die Funktionen, die durch zwischenstaatliche oder universale Kooperationen entstehen und in Wechselwirkung treten, logisch zu verknüpfen. Die Gleichheit der Staaten und ihrer Bürgerinnen und Bürger seien dabei in den Mittelpunkt zu stellen. An den entstandenen internationalen Kooperationen sollen möglichst alle Staaten, die ein Interesse an bestimmten politischen oder wirtschaftlichen Bereichen haben, teilhaben können (Mitrany 1943, S. 32; Mitrany 1975, S. 46 und S. 91 f.).

Mitrany war kein Anhänger des Föderalismuskonzepts. Er behauptete, dass die Regeln und der Handlungsrahmen einer Föderation zu strikt und rigide seien, um gezielt Änderungen hervorzurufen und dem schnellen sozialen Wandel in den internationalen Beziehungen gerecht werden zu können. Die Argumente, die für einen Föderalismus sprechen, so Mitrany, seien eher eine neue Version des Nationalismus. Der Funktionalismus könne dabei sowohl zusammen mit einer Föderation, als auch außerhalb dieser existieren, da er den Rahmen und die Souveränität eines Staates nicht berühre. Der Funktionalismus würde die Regeln insofern umgehen, als er kollektive Handlungen bestimmter politischer Inhalte auslöse, die zu dem gegebenen Zeitpunkt notwendig seien (vgl. Mitrany 1943, S. 352 ff.).

Mitrany war auch gegen die Idee regionaler Organisationen, die sich durch ihre Orientierung von anderen Teilen der Welt abschotten. Er vertrat die Meinung, dass solche Organisationen das ganze Projekt des Funktionalismus mit dessen globaler Ausrichtung gefährden würden, indem sie eine innere Identität einerseits und eine gemeinsame Außengefahr andererseits hervorbringen. Diese beiden Elemente würden im Nachhinein aber dazu führen, dass neue Konfliktkonstellationen entstehen, die man schließlich nach den Erfahrungen mit den beiden Weltkriegen nicht wieder erleben wollte. Deshalb war er Befürworter einer globalen Ausrichtung und der Beteiligung möglichst aller Staaten (vgl. Mitrany 1975, S. 152 f.).

Die Eigenschaften und die Entstehung dieser Art von Kooperationen hat Mitrany beobachtet und für den Funktionalismus erarbeitet. Diese Art von regionaler Kooperation sei die erste Ebene des Funktionalismus, in der die Verflechtung von Aufgaben und Ressourcen zwischen Regionen oder Städten stattfindet, ohne aber die Rahmenbedingungen der Staaten konstitutionell ändern zu müssen. Dadurch könne es mit der Zeit zu einer

Verflechtung von der nationalen hin zur zwischenstaatlichen Ebene kommen, sodass die Kooperationsressourcen ausgeschöpft werden können (vgl. Mitrany 1948, S. 355 f.)

Der Funktionalismus gewährleiste eine schnelle und effiziente Reaktion auf die Notwendigkeiten der Zeit, weil er sich auf eine effiziente administrative anstatt auf eine langwierige politische Lösung konzentriere. Die *Funktion*, die eine Aufgabenstellung oder ein gemeinsames Kooperationsvorhaben darstellt, bestimmt das Ziel und die Größe des Zusammenschlusses, der zugunsten aller Interessierten durchgeführt wird:

> „*In this approach it is not a matter of surrendering sovereignty, but merely of pooling so much of it as may be needed for the joint performance of the particular task.*" (Mitrany 1948, S. 358)

Um die Bündelung der Aufgaben an einem konkreten Beispiel zu verdeutlichen, stellte Mitrany die Möglichkeiten in der internationalen Schifffahrt vor. Die Aufgaben können wegen der verschiedenen Ozeane und der politischen Einstellung der Teilnehmerstaaten nicht gleich universal geltend gemacht werden. Die Kooperationen zwischen den funktionalen Organisationen aus unterschiedlichen Regionen der Welt müssen aber erhalten bleiben, damit die Schifffahrt weltweit gut durchgeführt werden kann. So können Unterschiede in der Beteiligung an der Zusammenarbeit entstehen, die vom Funktionalismus auch befürwortet werden. Kulturelle, kontinentale oder regionale Unterschiede werden anerkannt und durch die Übertragung spezifischer Selbstverwaltungsinstrumente auf die unteren Ebenen abgeglichen (vgl. Mitrany 1948, S. 33). Das Gesamtgefüge der Organisation, in diesem Falle der Schifffahrt, soll gleiche Rahmenbedingungen für alle daran beteiligten Akteure haben, damit gleiche Entwicklungschancen gegeben sind:

> „*[...] to proceed by a natural organic selection, binding together those interests which are common, where they are common, and to the extent to which they are common.*" (Mitrany 1975, S. 115)

Die Übertragung administrativer Freiheiten an untere Ebenen, von Mitrany als *devolution* bezeichnet, hat er als unerlässlich für die Erhaltung des Friedens in seinem funktionalistischen Ansatz betrachtet (vgl. Mitrany 1975, S. 103 f.). Mit seinem Konzept der Dezentralisierung (*devolution*) ist die Hauptrolle der funktionalen Organisation verknüpft. Diese soll je nach Kontinent, Region, Kultur usw. bestimmte Kompetenzen für die Aufgabenteilung an die unteren Ebenen abgeben, um den erteilten Auftrag auf diesen

Ebenen zu gestalten. Die Staaten könnten überzeugt werden, sich solchen Organisationen anzuschließen, wenn sie den Nutzen der gegenseitigen Kooperationen sehen. Mitrany war es wichtig, die Denkweise in der Gestaltung dieser funktionalen Organisationen auf die globale Ebene zu richten. Dabei ist für ihn eine politische Autorität nicht wichtig und auch nicht zwingend erforderlich. Die funktionalen Organisationen können die Aufgaben und Probleme ohne bürokratische oder politische Hürden lösen (vgl. Mitrany 1943, S. 109). Es kann somit behauptet werden, dass Mitrany durch den Funktionalismus die Globalisierung und die stufenweise Entwicklung von Interdependenzen in der Welt vorausgesehen hat.

Obwohl der Ansatz keine Vorschriften zur Gestaltung der funktionalen Organisationen vorschreibt, können einige mögliche Variationen vorgesehen werden, die zu einer vielseitigen Integration führen können. Die natürliche Entfaltung der Kooperation sollte dabei gewährleistet bleiben. Die Ressourcen müssen des Weiteren für alle Interessenten zusammen mit dem freien Zugang zu den Organisationen verfügbar sein.

> „*The function, one might say, determines the political instrument suitable for its proper activity, and by the same mean provides for its reform at every stage.*“ (Mitrany 1975, S. 118)

Mitrany stellt drei plausible Entwicklungsmöglichkeiten vor. Diese sollen als Richtlinien zur Entfaltung der Kooperation betrachtet werden:

1. Die erste Ebene der Kooperation ist mit der Entstehung einer bestimmten funktionalen Organisation anhand der identifizierten Zielsetzung zu verstehen (z. B. die Schifffahrt, Kommunikation, Transport usw.)
2. Auf der zweiten Ebene spricht Mitrany über eine Zusammenarbeit mehrerer Organisationen, in der Funktionen ähnlicher Gruppen für technische Zwecke oder für eine umfangreichere Integration koordiniert werden sollen (z. B. die Verknüpfung der Schifffahrt mit der Kommunikation)
3. Die nächste Ebene könnte in der Koordinierung verschiedenartiger funktionaler Gruppen liegen, wenn dies erwünscht ist (z. B. Kommunikationsorganisationen sollten nicht allein Lösungen für die Schifffahrt erarbeiten, sondern in Kontakt mit den Schifffahrtsorganisationen soll zur optimalen Gestaltung auch der Landverkehr mitbeteiligt werden)
4. Diese vierte Entwicklungsebene würde die mögliche, aber nicht notwendige Koordination solcher funktionalen Organisationen auf der globalen Ebene durch eine Vertretung vorsehen. Eine solche Agentur habe Koor-

dinations-, Leit- und Hilfseigenschaften als Aufgabe. Diese Etappe würde am meisten Sinn ergeben, wenn die Funktionen auf internationaler Ebene verknüpft werden, um Ergebnisse in der ganzen Welt zu entfalten und somit den alltäglichen Lebensbedürfnissen gerecht zu werden (z. B. die internationalen Organisationen für Kommunikation würden in dieser Etappe die Aufgaben und Lösungsvorschläge mit den regionalen und lokalen Kommunikationsorganisationen für die Schifffahrt und dem Landverkehr koordinieren)

5. Die höchste Etappe in der funktionalen Organisation könnte eine politische Autorität sein, die aber beim Funktionalismus keine ideale Finalität darstellt (vgl. Mitrany 1943, S. 35 ff.)

Aktuell durchläuft die Europäische Union eine Diskussion über ihre Zukunft, die von zwei großen Lösungsvorschlägen dominiert wird. Zum einen gibt es einen intergouvernementalen Lösungsvorschlag, der besagt, dass die Mitgliedsstaaten mehr Kompetenzen beibehalten sollten. Zum anderen sehen Befürworter der supranationalen Integration genau in der Vertiefung der europäischen Integration die Lösung für die Zukunft der EU-Politik. Obwohl die Herausarbeitung des Funktionalismus mehr als fünfzig Jahre zuvor stattgefunden hat, sind seine Ideen immer noch aktuell:

> „*We are favoured by the need and habit of material co-operation, we are hampered by the general clinging to political segregation. How to reconcile these two trends, both of them natural and both of them active, is the main problem of political architecture at present.*" (Mitrany 1943, S. 351)

Der akteurszentrierte Institutionalismus

Der akteurszentrierte Institutionalismus gehört wie auch der Funktionalismus zu den Theorien des Institutionalismus in den internationalen Beziehungen. Er ist Teil des Neo-Institutionalismus, der sich in den 1980er-Jahren verbreitet hat. Während sich der Funktionalismus an einer bestimmten Problemstellung orientiert und durch eine globale Ausrichtung die Zusammenarbeit in verschiedenen Teilbereichen betont, beschäftigt sich der akteurszentrierte Institutionalismus mit den Wechselbeziehungen der Akteure in gegebenen institutionellen Rahmenbedingungen. Anknüpfend an das Verständnis des älteren Neo-Institutionalismus werden mit unter dem Begriff *Institution* bestimmte soziale Gebilde subsumiert, in denen Organisationsstrukturen eine wichtige Rolle spielen. Sie bestimmen nämlich einerseits Handlungsrestriktionen, eröffnen aber gleichzeitig Handlungsoptionen im gegebenen Rahmen, d. h. sie kombinieren die Funktionen des *enabling and structuring* (vgl. Scharpf 2000; Mayntz/Scharpf 1995, S. 42 f.).

Der Ansatz stützt sich auf einen engen Institutionsbegriff und betrachtet Institutionen sowohl als abhängige als auch unabhängige Variablen, die Handlungskontexte anregen, ermöglichen oder einschränken können. Der Ansatz heißt *akteurszentriert*, weil er auf die Interaktionen zwischen sogenannten korporativen Akteuren auf der Makro-Ebene blickt. Eine Handlung kann aber auch von Individuen auf der Mikro-Ebene mitbestimmt werden. Dabei wird die Perspektive des Mehrebenensystems miteinbezogen, in der der institutionelle Rahmen das Handeln dieser korporativen Akteure bestimmt, während die Akteure ihrerseits den institutionellen Rahmen für das Handeln ihrer Mitglieder festlegen. Damit werden sowohl staatliche als auch nichtstaatliche Akteure zur Analyse vorgezogen, die das Handeln in den Strukturen prägen (vgl. Mayntz/Scharpf 1995, S. 43 f.).

Wichtige Aspekte, die den Kern des akteurszentrierten Institutionalismus bilden, sind:

- der institutionelle Kontext
- die Akteure und ihre Handlungsorientierungen
- die Akteurskonstellationen

Der institutionelle Kontext stellt in diesem Fall Regelungsinhalte bereit, die definiert, praktiziert und sanktioniert werden und so soziales Handeln über die privaten Grenzen hinaus ermöglichen. Diese Regelungen erschaffen korporative Akteure, sie definieren die Motive für die Zusammenarbeit und ermöglichen die Räume für diese Interaktionen (vgl. Mayntz/Scharpf 1995, S. 47 f.).

Für den Ansatz relevante korporative Akteure sind Gruppen von Personen, die handlungsfähig und formal organisiert sind und über Ressourcen zum kollektiven Handeln verfügen (z. B. Organisationen wie die Europäische Union). Relevant ist in dieser Hinsicht die Tatsache, dass diese korporativen Akteure aus individuellen Akteuren zusammengesetzt sind, die ihrerseits nicht nur Teil dieser Organisationen sind, sondern Teil auch anderer Formen von Gruppierungen (Familien, Netzwerke usw.). Neben den korporativen Akteuren wird auch zwischen kollektiven Akteuren unterschieden, die jedoch nicht so fähig zum Handeln sind wie die korporativen Akteure. In diesem Ansatz wird nämlich nach dem Grad der Handlungsfähigkeit differenziert: Institutionen, Verbände, Clubs, soziale Bewegungen, Koalitionen (am meisten handlungsfähig bis hin zu am wenigsten handlungsfähig, vgl. Treib 2015, S. 279 ff.; Mayntz/Scharpf 1995, S. 49 f.).

Die Handlungsorientierungen der Akteure sind bedeutend, denn sie treten neben institutionellen Regelungen in den Vordergrund. Die Orientierungen werden teilweise durch institutionelle Gegebenheiten beeinflusst, sie sind aber teilweise auch individuell und kontextabhängig bestimmt. Diese Orientierungen lassen sich in kognitive, motivationale und relationale Aspekte unterteilen. Kognitive Orientierungen haben mit der Wahrnehmung der Handlungssituation, der verfügbaren Optionen und der zu erwartenden Ergebnisse zu tun, während die motivationalen Orientierungen mit den persönlichen Antriebsfaktoren bei der Wahl zusammenhängen. Die relationalen Aspekte stehen mit den Interaktionsorientierungen der Akteure in Zusammenhang, also mit Formen der feindlichen, kompetitiven, egoistisch-rationalen oder kooperativen Beziehungen. Die Akteure handeln immer in konkreten Situationen, die eine Relevanz haben, wenn also Handlungschancen oder drohende Verluste auftreten (vgl. Mayntz/Scharpf 1995, S. 52 ff.).

Das Handeln oder die Zusammenarbeit an einer Aufgabe wird meist in einer Interaktion zwischen verschiedenen Akteuren durchgeführt, also in sogenannten Akteurskonstellationen. Für den akteurszentrierten Institutionalismus sind solche Konstellationen von großer Bedeutung. Die Ergebnisse einer Verhandlung werden typischerweise nicht nur einem Akteur zugeschrieben, sondern sind

> *„[...] ein Aggregateffekt einer Mehrzahl unverbundener Einzelhandlungen."* (Mayntz/Scharpf 1995, S. 60)

Diese Einzelhandlungen stehen in komplexen Interdependenzen zueinander. Abstrahiert spricht der akteurszentrierte Institutionalismus von folgenden Handlungskoordinationen, die nach dem Grad der individuellen Autonomie oder kollektiven Handlungsfähigkeit eingeteilt werden: einseitige oder wechselseitige Anpassung, Verhandlung, Abstimmung und hierarchische Entscheidung, wobei die kollektive Handlungsfähigkeit ihr bestes Ergebnis in der hierarchischen Entscheidung erzielt. Diese Formen in sich reichen jedoch nicht aus, um Entscheidungen in Organisationen wie der Europäischen Union zu beschreiben, weil die politische Wirklichkeit viel komplexer ist (Wille et al. [im Druck]). Im Falle der EU sind die Politikbereiche z. T. sehr verflochten. Die Kategorisierungen sind aber hinsichtlich der Strategiewahlerkennung der Akteure wichtig (vgl. Mayntz/Scharpf 1995, S. 60 ff.).

Die Art der Interaktionen wird mithilfe der spieltheoretischen Instrumente veranschaulicht, die sich nach dem Grad des Kooperationswillens richten. Das einseitige Handeln enthält keine gemeinsame Entscheidungsfindung und ist deshalb beschränkt konfliktbearbeitungsfähig. Bei der Verhandlung werden aufgrund einstimmiger Entscheidungen gemeinsame Abkommen getroffen. Die Mehrheitsentscheidung setzt auch als Ziel ein Abkommen, jedoch gebraucht es dafür lediglich die Stimmen der Mehrheit und nicht aller Beteiligten. Das Konfliktbearbeitungspotenzial ist deutlich höher, jedoch müssen hier genaue Regeln festgeschrieben werden und institutionelle Strukturen vorhanden sein. Bei der hierarchischen Steuerung wiederum kann ein Akteur eine Entscheidung treffen, ohne die Zustimmung anderer haben zu müssen. Hierbei müssen solche Entscheidungsmöglichkeiten von allen Akteuren anerkannt werden, und es muss sichergestellt sein, dass der Entscheidungsträger auch laut dem Gemeinwohl handelt (vgl. Treib 2015, S. 287 ff.).

Da auch beim akteurszentrierten Institutionalismus die unterschiedlichen Typen sozialer Handlungskoordinationen im Mittelpunkt stehen, verweist der Ansatz auf Ähnlichkeiten zum *Multi-level* und *Cross-Border Governance*, die auch unterschiedliche Interaktionsformen in der *Governance* der EU untersuchen. Diese zwei *Governance* Konzepte werde ich nun näher betrachten.

2.2 Multi-level Governance und Cross-Border Governance

Die Europäische Union stellt eine besondere Art internationaler Organisation dar, weil ihr System sich inzwischen sowohl auf Druck der supranationalen Institutionen als auch wegen der Entwicklungen der andauernden Integration erweitert hat, sodass sie viele Politikbereiche und Akteure auf verschiedenen politischen Ebenen umfasst. Die unterschiedlichen Politikbereiche, das Thema der Souveränität sowie die *sui generis* Eigenschaft der Europäischen Union als Mehrebenensystem sind deshalb in ihren Wechselwirkungen zu betrachten. Seit dem Vertrag von Lissabon 2009 wurde die Drei-Säulen-Struktur der Europäischen Union formell aufgelöst. Vor der Europäischen Union war die Europäische Gemeinschaft supranational aktiv. Neben der supranationalen Ebene der Europäischen Gemeinschaft waren intergouvernemental die polizeiliche und justizielle Zusammenarbeit in Strafsachen sowie die Gemeinsame Außen- und Sicherheitspolitik verankert.

Der Begriff *Governance* wurde in den 1990er-Jahren als eine alternative Organisationsart im Zuge der Prozesse der Transnationalisierung und Globalisierung thematisiert, um ein dezentrales Regieren durch nichthierarchische Netzwerke zu bezeichnen. Je nach Disziplin stehen verschiedene Arten des Regierens im Fokus: in der Außen- und Sicherheitspolitik spricht man von *Border/Security Governance*, im internationalen Mehrebenensystem spricht man von *Multi-level Governance* und im Bereich der grenzüberschreitenden Zusammenarbeit von *Cross-Border Governance* (vgl. Ulrich/Scott 2021, S. 156). Im Folgenden werden die Aussagen des *Multi-level Governance* und des *Cross-Border Governance* für die vorliegende Arbeit näher betrachtet.

Multi-level Governance begreift sich in den Europastudien als Modell zur Analyse und zur Beschreibung von Politik- und Entscheidungsprozessen in der Europäischen Union (vgl. Ulrich/Scott 2021, S. 157 ff.). Laut dem Begriff *Multi-level Governance* gibt es eine Gleichzeitigkeit von Elementen in den verschiedenen Säulen des Regierens, sodass die seit 2009 geänderte Europäische Union näher an diesen Ansatz gerückt ist (vgl. Jachtenfuchs/Kohler-Koch 2003, S. 16). Das Interessante daran ist, dass die Zuständigkeit und somit auch die Gestalt der EU je nach Politikbereich verschieden sind. Die Mitgliedsstaaten haben volle Kompetenzen im Bereich der Sprach- und Kulturpolitik, während die supranationale Ebene die Währungspolitik betreibt. Der Ansatz ist auch deswegen als wichtig zu betrachten, weil er das Zusammenspiel der verschiedenen Ebenen wie der intergouvernementalen, aber auch der subnationalen Ebenen (regional und lokal) erkennt und die Verflechtung der politischen Akteurshandlungen sowie -entscheidungen thematisiert (vgl. Ulrich/Scott, S. 21 f.).

Dieses Mehrebenensystem wird als eine Anordnung verstanden, in der eine Vielzahl von privaten und öffentlichen Akteuren wie auch etliche Entscheidungsmechanismen eingebunden werden (vgl. Schmitter 2002, S. 6). Dabei unterscheidet der Ansatz dank des Prinzips der Subsidiarität zwischen intergouvernementalen und supranationalen Ebenen. In diesen können sowohl nichtstaatliche Akteure als auch transnationale oder Nichtregierungsorganisationen das Regieren beeinflussen. Die Entscheidungsebenen sind miteinander verflochten, aber nicht verschachtelt. So sind auch die nationalen und supranationalen Ebenen oft verflochten, weil die Akteure aus diesen Ebenen gleichzeitig auch in der jeweils benachbarten Ebene tätig sind (vgl. Knodt/Große-Hüttmann 2006, S. 229). Als postmodernes Regierungssystem hat die Europäische Union das Mehrebenensystem/*Multi-level Governance* 2001 im Weißbuch *Europäisches Regieren* thematisiert, sodass die europäische Integration die Eigenschaft des klassischen nationalen Regierens umgeformt hat (vgl. ABl. C 287 vom 12.10.2001).

Das im Ansatz beschriebene System ist durch die Einteilung in funktionale Ebenen gekennzeichnet, die sich derart überlappen, dass sie nicht wie zwischenstaatliche Systeme getrennt betrachtet werden können. Die Entscheidungsprozesse sind von den Politiken und den dabei berührten nationalen oder internationalen Ebenen immer verschieden, sodass die Europäische Union keinem klassischen Entscheidungszentrum entspricht, sondern vielmehr einem Netzwerk von Entscheidungszentren, in denen die Akteure kollektiv agieren (vgl. Jachtenfuchs/Kohler-Koch 1996, S. 9 f.). Dieses System wird dabei durch eine Mehrebenenverflechtung gekennzeichnet, in der die Verhandlungen als *mixed-motive-games* bezeichnet werden. Diese Verflechtung kommt zustande, wenn Akteure aus unterschiedlichen politischen Ebenen in Kontakt treten (vgl. Benz 2003, S. 319 f.). Je nach Politikbereich ändern sich jeweils auch die Interessen und Strategien der involvierten Akteure. Diese Verhandlungen werden als *Null-Summen-Spiele* beschrieben. Die Akteure sind keinen starren Fronten ausgesetzt und sind schneller zu Kompromissen bereit, wenn sie einen Vorteil erkennen. Diese Flexibilität kann auch als Nachteil betrachtet werden, wenn sich die Position eines Akteurs dank der erkannten Vorteile schnell und unvorhersehbar ändert (vgl. Benz 2003, S. 322).

Für den Ansatz ist auch von Bedeutung, dass die Politik und das Regieren sich konstant ändern. Das Regieren wird nicht nur durch die EU-Verträge und die darin enthaltenen Befugnisse gestaltet, sondern auch in der alltäglichen Praxis durch informelle Regeln und Normen:

> *„Unsere These ist, dass die Verfassungswirklichkeit nicht ausschließlich durch konstitutionelle Politik in zwischenstaatlichen Konferenzen geprägt wird, sondern auch durch inkrementelle Veränderungen in der Praxis des Regierens.“* (Jachtenfuchs/Kohler-Koch 2003, S. 28)

Während im Ansatz des Mehrebenensystems die Gestaltung der EU-Politik im Zusammenspiel mit den nationalen Ebenen im Mittelpunkt steht, lässt sich durch einen näheren Blick auf die transnationale Politik und die verschiedenen Arten von Grenzen und Grenzregionen in der EU der *Cross-Border Governance* verdeutlichen.

Der Begriff der *Grenze* ist in der Politikwissenschaft eng mit dem der Staatlichkeit verbunden, weil Grenzen als physische Trennlinien das Bestehen des politischen Innenraumes von Staaten gegenüber den Nachbarländern erhalten. Grenzen haben auch bei der Bildung von Identitäten eine prägende Funktion, denn eine Nation wird erst durch die Abgrenzung von Anderen konstituiert (vgl. Herrmann/Vasilache 2021, S. 68 f.). Der Begriff der politischen Grenze ist ein komplexes Phänomen, welches nicht nur die physischen Aspekte der Konstituierung der territorialen Abgrenzungen beinhaltet, sondern auch soziale und politisch-institutionelle Aspekte der innerstaatlichen Ordnungsbildung sowie im (post-)modernen Sinne der transnationalen Grenzbeziehungen erfasst (vgl. Hermann/Vasilache 2021, S. 70 ff.). Grenzen sind multidimensionale Gebilde, wo z. B. räumliche Identitäten zwischen lokalen, regionalen, nationalen, europäischen und globalen Bezügen erschaffen werden. Grenzen und Grenzprozesse sind aber nicht nur räumlich-territoriale Gebilde, sondern auch zeitliche und soziale Phänomene, die nicht nur auf politische Prozesse verweisen, sondern auch zeitliche und soziale Unterschiede sichtbar machen (vgl. Schiffauer et al. 2018, S. 5 und Unterkapitel 4.1 in dieser Arbeit). Die vielfältigen Erfahrungen, Grenzziehungen und Sichtweisen der Grenzen bilden den Gegenstand und die Komplexität sowie Interdisziplinarität der Grenzforschung (vgl. Gerst et al. 2021, S. 9 f.).

Die Grenzforschung fragt deshalb nach den Bedingungen, Erscheinungsformen, Wirkweisen sowie Phänomenen der Grenzen und ihren Prozessen. Die Analyse der Grenze ist eine Ordnungsanalyse, in der die Ordnungsformationen auf ihren nationalen, supranationalen sowie globalen Ebenen untersucht werden und Themen der Sicherheit oder der Identität im Mittelpunkt stehen. So ist Ordnungsbildung konstitutiv abhängig von den Grenzziehungen und umgekehrt (vgl. Gerst/Krämer 2021, S. 125). In der Politikwissenschaft werden Staatsgrenzen als Gebilde zur Ermöglichung sowie Begrenzung der Spielräume verstanden und sind im Spannungsfeld von Territorium, Identitäten und politischen Ordnungen zu betrachten. Die Grenzforschung hat sich in den 1980er- und 1990er-Jahren konstituiert, als einerseits der Globalisierungsdiskurs die Thematik der Grenzauflösungen und andererseits das Ende des Sozialismus im Osten Europas neue Grenzziehungen hervorbrachten. Diese Tendenz intensivierte sich ab den 1990er-Jahren speziell bei Prozessen der Europäisierung und Regionalisierung, die auf neu aufgebrachte Konflikte ethnischer und territorialer Art in den ehemaligen sozialistischen Staaten trafen (vgl. Gerst et al. 2021). So rückt mit der Europäischen Union und dem Interesse an dem Mehrebenensystem auch die grenzüberschreitende Dimension der *Cross-Border Governance* in den Vordergrund, um die Zunahme an Kooperationsprozessen in der EU über Grenzen hinweg zu thematisieren (vgl. Gerst/Krämer 2021, S. 13; Ulrich/Scott 2021, S. 159).

Bedingt durch die innereuropäischen Entwicklungen und im Zuge der EU-Unterstützung grenzüberschreitender Projekte z. B. im Rahmen der INTERREG-Initiativen[8] (Höder/Krämer [im Druck]) und dem Europäischen Verbund Territorialer Zusammenarbeit (EVTZ)[9] hat sich die Anzahl der grenzüberschreitenden Kooperationen in den 1990er-Jahren vervielfacht. Politisch sind diese Zusammenarbeiten im Rahmen von staatlichen Absichtserklärungen entstanden, die institutionell dann *Euroregionen*, *Euregios* usw. genannt wurden. Die Notwendigkeit, diese Prozesse sowie ihre Planung und Steuerung über nationale Grenzen hinweg zu beobachten und zu theoretisieren, haben zu *Governance*-Strukturen und somit auch zur Herausbildung der *Cross-Border Governance* als theoretisches Analysemodell geführt.

Dieser Ansatz untersucht im Vergleich zum *Multi-level Governance* speziell die Strukturen und Prozesse des kollaborativen Regierens auf der subnationalen Ebene und der Akteure auf unterschiedlichen administrativen Ebenen, die über mindestens eine nationale Grenze hinweg gebildet sind. Diese Prozesse entstehen von *bottom-up*, also aus der praktischen Notwendigkeit in alltäglichen Kontexten. Der Ansatz ist deshalb meist schwierig von dem des *Multi-level Governance* zu trennen, da beide Ansätze die Prozesse der Verflechtung im EU-System betrachten. Ein wesentlicher Unterschied zwischen den beiden Ansätzen ist aber die Tatsache, dass der *Cross-Border Governance* einen klaren räumlich-territorialen Bezug hat und die politische Steuerung über Grenzen hinweg untersucht (vgl. Ulrich/Scott 2021, S. 160 ff.).

Dieses grenzüberschreitende Merkmal ist für diesen Ansatz von Bedeutung, weil die Grenze in der Ordnungsanalyse neben einer trennenden auch eine verbindende Eigenschaft haben kann. So stehen im Mittelpunkt die verschiedenen Kooperationsformen und Institutionalisierungen, die in einer stetig fortentwickelnden und vernetzten Welt stattfinden. Diese Per-

8 Interreg ist ein interregionales Konzept der EU, welches es benachbarten Regionen in und außerhalb der EU erlaubt wirtschaftliche, soziale und kulturelle Kohäsion zu entwickeln (vgl. www.interregeurope.eu/what-is-interreg-europe [03.02.2023]).

9 Ein EVTZ stellt in der EU einen Zusammenschluss mit juristischer Persönlichkeit dar, der das Ziel hat, die interregionale, grenzüberschreitende und transnationale Zusammenarbeit in der EU zu ermöglichen. Dies kann zwischen regionalen, lokalen Behörden aus verschiedenen Mitgliedsstaaten, aber auch zwischen öffentlichen Unternehmen geschehen; all diese müssen von den betroffenen Regierungen der Mitgliedsstaaten genehmigt werden (vgl. Gouardères 2022, www.europarl.europa.eu/factsheets/de/sheet/94/europaische-verbunde-fur-territoriale-zusammenarbeit-evtz-, [26.01.2023]).

spektive geht von einem „*methodologischen Transnationalismus*" aus. Sie verleugnet nicht die Relevanz der Nationalstaaten, sondern analysiert ihre Bedeutung in einem größeren Kontext (vgl. Ulrich/Scott 2021, S. 127).

Im Zuge der anfänglichen Globalisierungsdebatten in den 1990er-Jahren hatte sich die Sicht durchgesetzt, dass diese Entwicklung eine Entgrenzung mit sich bringen würde. Jedoch wird mittlerweile in der Grenzforschung darüber gesprochen, dass die Prozesse der Globalisierung und der Regionalisierung vielmehr zu einer neuen Anordnung und den Wandel politischer Grenzen und nicht, wie anfangs vermutet, zu ihrer Entgrenzung führen. Diese Prozesse sind als Effekte der Transnationalisierung zu betrachten. So werden insbesondere Phänomene der Wieder- und Neubegrenzung einerseits und die Errichtung souveräner Grenzpolitiken u.a. auch in der EU andererseits feststellbar (vgl. Herrmann/Vasilache 2021, S. 82 f.).

Diese Phänomene können auf allen Ebenen im EU-Mehrebenensystem nachverfolgt werden, weil das komplexe EU-System nicht nur die Neugestaltung der innerstaatlichen Ordnung, sondern auch die transnationalen Beziehungen beeinflusst und somit den nationalen Grenzen neue Symbolik verleiht. Sie prägt auch die Grenzen der verschiedenen Politikbereiche wie z. B. der Innen- und Außenpolitik, der Bildungspolitik oder sogar der Sprachen- und Minderheitenpolitik der Mitgliedsstaaten. Ein Ergebnis solcher Phänomene der Neugestaltung der Ordnung sowie Fortentwicklung der transnationalen Beziehungen innerhalb der EU sind somit auch die Grenzkooperationen sowie -regionen und ihre Institutionen.

Grenzkooperationen können als mehr oder weniger institutionalisierte Formen der Zusammenarbeit zwischen angrenzenden subnationalen Gebietskörperschaften über nationale Grenzen hinweg angesehen werden. Zur Operationalisierung und zur Analyse dieser Art von Kooperationen definiert Perkmann vier Kriterien:

a) *Öffentliche Agenturen*: Teilnehmer dieser Kooperationen sind immer nationale öffentliche Behörden
b) *„Low politics" Bereich*: Die Zusammenarbeit findet immer zwischen subnationalen Behörden statt
c) *Administrative Zusammenarbeit*: Ziel dieser Zusammenschlüsse ist die praktische Lösung von administrativen Problemen im Rahmen der Grenzkooperation
d) *Institutionalisierungsgrad*: Die grenzüberschreitende Zusammenarbeit stabilisiert und institutionalisiert sich über die Zeit hinweg (vgl. Perkmann 2003, S. 156)

Grenzregionen werden dementsprechend als begrenzte Gebietseinheiten definiert, die sich aus den Gebieten der an einer solchen Initiative beteiligten Behörden zusammensetzt. Diese Regionen werden nicht nur als funktionale Einheiten verstanden, also als Gebiete mit inhärenten Gemeinsamkeiten, sondern auch als sozio-territoriale Einheiten, die sich strategisch organisieren können (vgl. Perkmann 2003, S. 156 f.).

Die Tatsache, dass der *Multi-level Governance* Ansatz die Verflechtung des Mehrebenensystems und die konstante Änderung des Regierens auch durch die tägliche Praxis beschreibt, ist zusammen mit den Aussagen des *Cross-Border Governance* über die physischen und symbolischen Grenzen und die Herausbildung von Grenzkooperationen wichtig für die vorliegende Arbeit. Der Funktionalismus seinerseits hat die Änderungen durch die von ihm erläuterten Funktionen auf den politischen Ebenen nicht endgültig beschrieben; die Vermutung liegt aber nahe, dass gerade die im Sinne dieses Ansatzes genannten Funktionen in der täglichen Praxis zu Verflechtungen und Änderungen auf den politischen Ebenen der EU führen können. Hierzu kommt nicht zuletzt der akteurszentrierte Institutionalismus, der sich der theoretischen Grundlage mit seiner Expertise anschließt und anhand der Akteurskonstellationen die Interaktionen im Mehrebenensystem der Europäischen Union nachverfolgt.

2.3 Die Fallstudien und Fokusregionen

Wenn 2007 die beworbene sprachliche und ethnische Vielfalt der Europäischen Union ihren Höhepunkt im Ressort für Mehrsprachigkeit fand, hat sich dieses Ressort als kurzlebig herausgestellt. Mit der neuen Kommission Barroso II 2010 (vgl. European Commission vom 16.02.2010) wurde es in das Ressort für Bildung zurückverlegt und mit der Kommission Juncker ab 2014 hat die Mehrsprachigkeit ihren Platz in den Ressorts der Kommission namentlich verloren. Somit besteht keine konkrete Zielsetzung einer Politik der Mehrsprachigkeit mehr.

Dadurch wird klar, dass einerseits die Zielsetzungen 2007 des Mehrsprachigkeitskommissars nicht klar genug formuliert und somit von der Öffentlichkeit nicht wahrgenommen werden konnten. Andererseits liegt die Kompetenz für Bildung und Kultur und damit implizit auch für die Sprachenpolitik nach wie vor bei den einzelnen Mitgliedsstaaten. In der von der Leyen Kommission 2019 grenzten manche Themen wie soziale Gleichheit und Vielfalt oder Themen bildungspolitischer und kultureller

Art zwar an die Mehrsprachigkeit, sie selbst stand aber nicht im Fokus des Vorhabens der Kommission.

Die Erfahrungen der Mitgliedsstaaten mit Grenzverschiebungen in den beiden Weltkriegen haben auf beiden Seiten der nationalstaatlichen Grenzen neue Gemeinschaften erschafft, die hinsichtlich der Sozialisation anderssprachig sind. Dadurch sind Forderungen nach mehr Anerkennung entstanden, die heute in der Europäischen Union eine Stimme gefunden haben. Durch das teilweise Verwischen der Grenzen im politischen System der EU sind Forderungen von Gemeinschaften zu mehr Autonomie oder sogar Sezession laut geworden. Diese Erfahrungen sind folglich als wichtig und sind im Kontext der Europäischen Union zu thematisieren, um die regionalen und lokalen Geschehnisse auch im Zusammenhang mit der europäischen Integration zu verstehen.

In der vorliegenden Analyse werde ich ausgewählte Länderbeispiele auf den lokalen, regionalen, nationalen und zwischenstaatlichen Ebenen untersuchen. Es gibt in Europa viele solche Beispiele, die über wertvolle Erfahrungen im Bereich der Mehrsprachigkeit verfügen. Jedoch wird in dieser Forschungsarbeit der Fokus auf drei Fallstudien gerichtet. Kriterien, die zur Auswahl der Fallbeispiele geführt haben, sind folgende:

- *ausschließlich grenzüberschreitende Beziehungen*: Demnach sollen solche Beziehungen analysiert werden, die im Kontext der Europäischen Union zwei Nachbarstaaten berühren. Rein innerstaatliche Sprachgruppen werden nicht berücksichtigt. In diesem Kontext geht es um die Wechselwirkungen in Grenzregionen, die im Zuge der europäischen Integration an Bedeutung gewonnen haben
- *regionale Verteilung*: Sowohl west- als auch osteuropäische Sprachgemeinschaften in der EU sollen berücksichtigt werden, um möglichst erfahrungsgesättigte Schlussfolgerungen zum Einfluss der europäischen Integration ziehen zu können und dennoch die geschichtlichen Unterschiede bei Konfliktlösungen zu berücksichtigen
- *unterschiedliche Qualität von Beziehungen* (angespannte oder gute Beziehungen): Anknüpfend an das vorige Kriterium wurden solche zwischenstaatlichen Beziehungen berücksichtigt, die heute entweder als Erfolgsmodelle gelten, oder aber ihre zwischenstaatlichen Spannungen trotz der EU-Mitgliedschaft noch nicht gelöst haben
- *autochthone Minderheiten und Sprachen:* Der Fokus der Arbeit liegt hiermit auf autochthonen Sprachgruppen und ihrer Förderung nach den Vorgaben des Europarats (vgl. Europarat 1998, SEV 157 vom 01.02.1998)

So ist die Auswahl auf insgesamt drei zwischenstaatliche sowie grenzregionale Beziehungen gefallen:

1. Ostmitteleuropa: Ungarn–Rumänien (Fokus Siebenbürgen)
2. Südeuropa: Italien–Österreich (Fokus *Trentino-Südtirol)*
3. Nordeuropa: Deutschland–Dänemark (Fokus *Schleswig-Holstein und Syddanmark*)

Die Bewohnerinnen und Bewohner in allen drei Fallstudien haben Erfahrungen in beiden Weltkriegen gesammelt und mussten sich mit den Grenzverschiebungen abfinden. Während die Fallstudie Ungarn–Rumänien eine Zeit lang dem sozialistischen Block angehört hat, sind die beiden anderen Fallstudien Italien–Österreich und Deutschland–Dänemark schon seit dem Ende des Zweiten Weltkrieges demokratisch ausgerichtet. Die deutsch-dänischen Beziehungen gelten heute als beispielhaft für zwischenstaatliche Beziehungen und die Grenzregion ist seit 2019 Teil des immateriellen UNESCO Weltkulturerbes. Die Autonome Region Trentino-Südtirol gehört als wichtigster Ansatzpunkt zu den wechselseitigen Beziehungen zwischen Italien und Österreich. Die ungarisch-rumänischen Beziehungen in Ostmitteleuropa lassen sich seit dem Vertrag von Trianon 1920 lebendig gestalten, nicht zuletzt auch wegen den gemeinsamen Erfahrungen im Ostblock und der ungarischen Außenpolitik, die die Geschehnisse nach der Entscheidung im Vertrag von Trianon 1920 bestreitet.

3. Die Mehrsprachigkeit in den EU-Fallstudien

Die Mehrsprachigkeit tritt unter verschiedenen Auffassungen auf, wie in den folgenden Beispielen zu sehen ist. Dies hängt damit zusammen, dass die geschichtlichen Erfahrungen und die Entwicklungen der letzten Jahre auch die Sprachgruppen geprägt haben. Die internationalen Standards der Menschenrechte und der Einfluss internationaler Organisationen, wie der Europarat, die Europäischen Union oder die Organisation für Sicherheit und Zusammenarbeit in Europa (OSZE), haben auch zu den Entwicklungen im Bereich der Mehrsprachigkeit beigetragen.

Die Wechselwirkungen zwischen den Fallstudien stehen in diesem Kapitel im Vordergrund, denn es geht darum, die Sprachenpolitiken der Mitgliedsstaaten im Sinne einer integrativen Funktion auf zwischenstaatlicher Ebene zu analysieren. Bevor diese im Einzelnen dargestellt werden, möchte ich zunächst kurz auf die Arten von Sprachenpolitiken und auf Minderheitenrechte eingehen, damit diese dann während der Analyse wieder erkannt werden können.

In demokratischen Systemen ist die Gestaltung der Sprachenpolitik angesichts der Minderheitenrechte ein neuer Analysegegenstand. Erst nach dem Ersten Weltkrieg wurden durch die territorialen Veränderungen und noch intensiver nach dem Ende des Zweiten Weltkrieges sprach- und minderheitenrechtliche Aspekte auf die Agenda der internationalen Organisationen und Staaten gebracht. Heute wird grundsätzlich zwischen zwei Prinzipien der Sprachpolitikgestaltung je nach Staatssystem (föderal oder zentral) unterschieden. Es werden Sprachenrechte nach dem *Territorialitätsprinzip* und nach dem *Persönlichkeitsprinzip* differenziert. Beim Territorialitätsprinzip werden Rechte in Gebieten anerkannt, in denen eine bestimmte Minderheit seit langer Zeit traditionell ansässig ist. Beim Persönlichkeitsprinzip hingegen gibt es keine territorialen Einschränkungen (vgl. Horváth 2008, S. 204 f.).

Aus diesen zwei Prinzipien ergeben sich drei Arten von Minderheiten- und Sprachenpolitiken in den jeweiligen Staaten. Die erste Art ist die sogenannte *restriktive Politik*. Damit wird eine Politik verstanden, in der die Amtssprache des Staates eine hegemoniale Stelle einnimmt und somit keine weiteren Sprachen im öffentlichen Leben gefördert werden. Diese werden in die private Sphäre gedrängt. Die zweite Kategorie ist die sogenannte Politik der *sprachlichen Akkommodation*, d. h., dass einer oder mehreren Sprachen bestimmte öffentliche Funktionen eingeräumt werden, aber die meisten wichtigen Funktionen bleiben der offiziellen Staatssprache zugesprochen. Die dritte Art, die der *proaktiven* Politik, sieht eine aktive Förderung der Sprachen entweder nach dem Territorialitäts- oder dem Persönlichkeitsprinzip vor (vgl. Horváth 2008, S. 205 f.).

Des Weiteren spielt in der Außenpolitik der Staaten das Begriffspaar *kin-state vs. host-state* eine immer größere Rolle. Diese beiden Begrifflichkeiten sind problematisch und müssen kritisch betrachtet werden, wenn der *kin-state* („verwandte" Staat) sich in die inneren Angelegenheiten des *host-state* („Gastgeber"-Staat) einmischt, obwohl die betreffenden Minderheiten volle staatsbürgerliche Rechte des sogenannten *host-state* genießen. Die Benennung in Verwandter- und Gastgeber-Staat stellt das grundlegende Problem dar (vgl. Sheffer o. D., Kin-Group and Kin-State)[10]. Diese Ungleichmäßigkeiten, in der eine Sprachgruppe als Minderheit in einem Staat angesehen wird, sind durch die historischen Ereignisse entstanden und haben heute verschiedene Ausbreitungen. Tatsache ist, dass die Personen, die den Sprachgruppen aus den nachfolgenden Beispielen angehören, Staatsbürgerinnen und Staatsbürger mit vollen Rechten, Pflichten sowie Freiheiten und somit auch Teil der jeweiligen Rechtsordnung sind.

Die folgenden drei Unterkapitel folgen dem gleichen Muster: Zuerst werden ein historischer Rückblick und die Erfahrungen der Minderheiten sowie die Bestandteile der jeweiligen Sprachenpolitik dargestellt. In einem zweiten Schritt werden für jeden Nationalstaat die aktuellen gesetzlichen Rahmenbedingungen jeweils nach dem Grundsatz des Mehrebenensystems diskutiert. Zum Schluss wird dargestellt, inwieweit die Mehrsprachigkeit in den EU-Institutionen des Parlamentes und des Ausschusses der Regionen zu Meinungsaustausch geführt haben. Es werden hauptsächlich diese beiden Institutionen behandelt, weil hier direkt entsandte Vertreter der regionalen und lokalen Ebenen tätig sind und somit auch Vertreter der Minderheiten selbst zu Wort kommen können.

3.1 Rumänien–Ungarn

Im Fokus dieser Fallstudie steht die historische Region Siebenbürgen/Transsylvanien, die von Ungarn im Vertrag von Trianon 1920 nach

10 pesd.princeton.edu/node/506 [31.01.2023].

Ende des Ersten Weltkrieges an Rumänien abgetreten werden musste. In der Region wohnt eine große Anzahl an ungarischsprachigen Personen. Beide Staaten sind Mitglieder der Europäischen Union und haben eine abwechslungsreiche Kooperation. Diese Perspektive soll nun näher betrachtet werden.

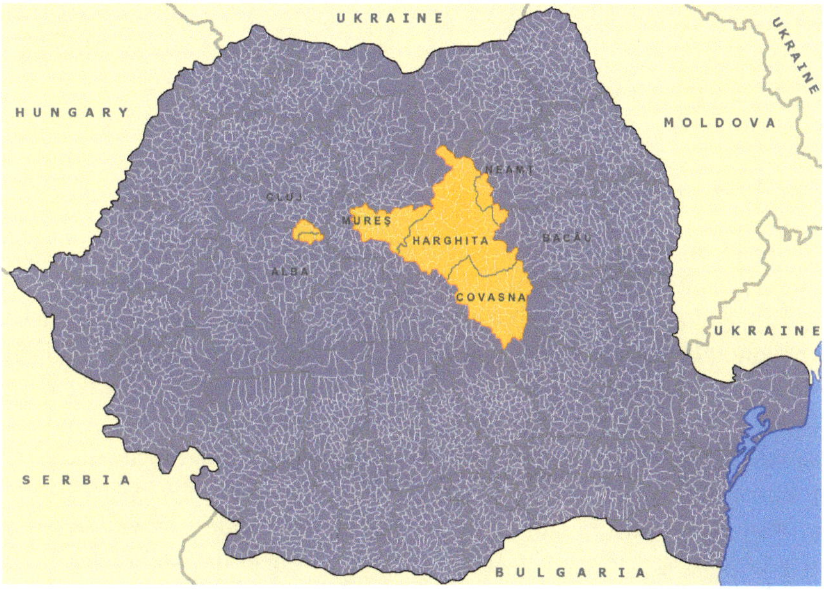

Abbildung 1: Die historischen Szekler–Stühle im heutigen Rumänien

Quelle: Wikimedia Commons 2008

In diesem Unterkapitel werde ich mich in einem ersten Schritt mit der Darstellung der Beziehungen im historischen Kontext beschäftigen, woraus auch die gegebenen Anspannungen sichtbar werden. Diese spiegeln sich in den Forderungen nach territorialer Autonomie im historischen Gebiet der ungarischsprachigen Minderheit der Szekler wider (siehe Abbildung 1). Im nächsten Schritt wird die Sprachenpolitik Ungarns und Rumäniens auf den nationalen Ebenen dargestellt, gefolgt von der zwischenstaatlichen Ebene. Darauffolgend werden die regionalen und lokalen Ebenen in beiden Staaten präsentiert. Hier ist es vor allem interessant herauszufinden, ob die Sprachenpolitik beider Länder eine Auswirkung auf die regionalen und lokalen Forderungen der Sprachgruppen haben oder ob umgekehrt diese Ebenen einen Einfluss auf die nationalen Politiken ausüben. Im letzten

Schritt werden diese Auseinandersetzungen und die diplomatischen Beziehungen im Allgemeinen im Lichte der supranationalen Ebene diskutiert. Dabei stehen supranationale Institutionen wie das Europäische Parlament und der Ausschuss der Regionen im Mittelpunkt der Diskussionen. Es soll analysiert werden, inwieweit Vertreter aus beiden Staaten die Forderungen und die Lage der Minderheiten auf die Agenda der Institutionen gebracht haben und ob die zwischenstaatlichen Beziehungen um die präsentierten Sprachgruppen und die Fokusregion Siebenbürgen ein wiederkehrendes Thema auf der supranationalen Ebene sind.

3.1.1 Historischer Rückblick

Die heutigen rumänisch-ungarischen Beziehungen lassen sich hauptsächlich um die Region Siebenbürgen und die ungarischsprachige Bevölkerung aus dieser Region zusammenfassen. Beim historischen Szeklerland (siehe Abbildung 1) handelt es sich um ein Gebiet, das mit wenigen Ausnahmen bis ins 19. Jahrhundert aus sogenannten Stühlen (Gerichts- und Gebietskörperschaften der Szekler) mit weitreichenden Autonomiebefugnissen zusammengefasst war. Die heutigen Bestrebungen der ungarischsprachigen politischen Vertreter beziehen sich auf diese historischen Aspekte als Argument für ein neues autonomes Gebiet in Siebenbürgen, das Teile aus drei Landkreisen in Rumänien umfasst und in dem die Mehrheit der in Rumänien lebenden ungarischsprachigen Bevölkerung ansässig ist. Diese drei Kreise sind, wie in Abbildung 1 zu sehen, Harghita, Covasna und Mureş. Ungarischsprachige Gemeinschaften gibt es jedoch verteilt in ganz Siebenbürgen sowie auch in anderen Teilen des Landes (siehe Abbildung 2) (vgl. Brădăţeanu 2017).

Die rumänisch-ungarischen Beziehungen reichen bis ins 14. Jahrhundert zurück und sind ein seit mehr als 100 Jahre prägnanter Teil ihrer jeweiligen Außenpolitik. Dank des gemeinsamen Feindes im Osmanischen Reich waren die damaligen rumänischen Staaten Walachei und die Moldau in engen Beziehungen mit dem ungarischen Reich, welches im 14. Jahrhundert auch Siebenbürgen beinhaltete. Das ungarische Reich wurde beim Kampf in Mohács 1526 besiegt und in mehrere Teile aufgeteilt (vgl. Sassu 1973, S. 16). Siebenbürgen wurde infolgedessen in ein autonomes Fürstentum gewandelt. Diese Teilung hatte die Zusammenarbeit der Völker nicht behindert, so z. B. auch dann nicht, als Michael der Tapfere (Mihai Viteazul) gegen die Osmanen 1595 bis 1599 gekämpft hatte. Ihm hatten sich Truppen nicht nur aus der Walachei und der Moldau, sondern auch aus Siebenbürgen angeschlossen. Dieser Kampf endete in einem großen Sieg für ihn und auch der ersten kurzen Vereinigung 1600 der drei Gebiete des heutigen Rumäniens (vgl. Giurescu/Giurescu 1980, S. 121 ff. und S. 156 ff.).

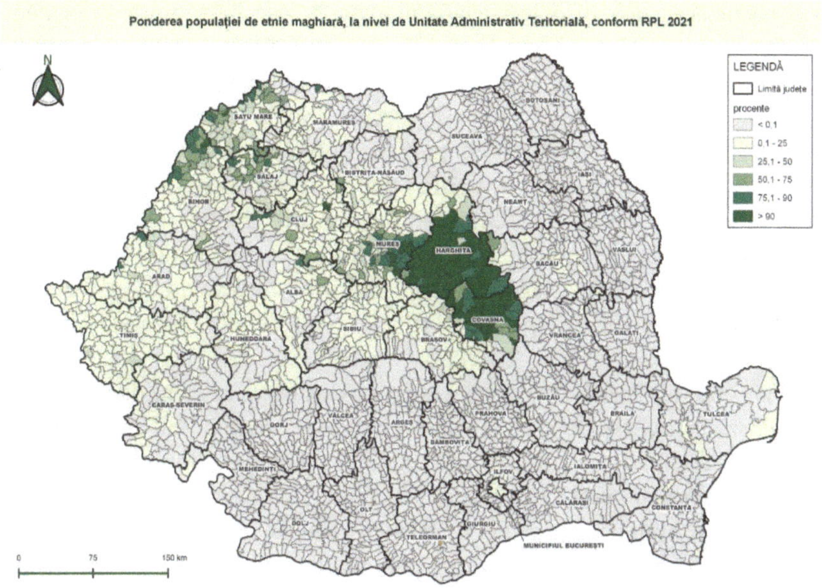

Abbildung 2: Der Anteil der ungarischen Minderheit in Rumänien – 2021

Quelle: Recensământul populației și locuințelor 2021 – Hărți

Österreich-Ungarn erkannte im 19. Jahrhundert die Souveränität Rumäniens 1877 an, das damals aus der Walachei und der Moldau zusammengesetzt war. Darauf folgte die Eröffnung einer ersten rumänischen Botschaft in Wien. Dies wurde damit begründet, dass Österreich-Ungarn die Unabhängigkeitskämpfe der unter dem osmanischen Einfluss stehenden Staaten unterstützt hatte. Die behandelten Themen in der Botschaft hatten aber auch Bezug zu den im Reich lebenden Sprachgruppen, so auch zu der rumänischsprachigen Gemeinschaft in den ungarischen Gebieten. Die Personen dieser Herkunft waren in den ungarischen Gebieten meist sehr arm und unterprivilegiert im Vergleich zu der ungarischsprachigen Bevölkerung, weshalb die rumänische Regierung sich für ihre Rechte einsetzen wollte (vgl. Giurescu/Giurescu 1980, S. 187 ff.). Jedoch sind die 1880er-Jahre als eine Periode der Assimilation gekennzeichnet. Die ungarischsprachige Politik im östlichen Teil Österreich-Ungarns hat versucht, die ungarische Sprache auf allen Lernniveaus obligatorisch einzuführen und die Sprachen der Minderheiten zu verdrängen (vgl. Franckx 2012, S 102 f.).

Die Folgen des Ersten Weltkrieges dominieren die heutige Situation der zwischenstaatlichen Beziehungen immer noch. Zur Bestimmung der neuen Grenzen für Ungarn wurde der Vertrag von Trianon 1920 verhandelt. Darin verlor Ungarn u. a. die Region Siebenbürgen an Rumänien (vgl. Giurescu/Giurescu 1980, S. 357). Es verlor ebenfalls andere Teile seines Gebietes und somit auch einen großen Teil seiner ungarischsprachigen Bevölkerung. Heute wird am meisten der Verlust Siebenbürgens bedauert (vgl. Popa-Lisseanu 2003, S. 28). Der Vertrag von Trianon, auf dessen Basis diese Entwicklungen stattgefunden haben, hat auch den Schutz der Sprachgemeinschaften vorgeschrieben, die als Minderheiten in den neu entstandenen Territorien galten (Artikel 54–60 des Friedensvertrags von Trianon 1920).

Während des Zweiten Weltkrieges ist es Ungarn gelungen, dank des nationalsozialistischen Deutschlands und des faschistischen Italiens im Zweiten Wiener Schiedsspruch 1940 für eine kurze Zeit den Norden und Osten Siebenbürgens zu besetzen (vgl. Franckx 2012, S. 34 und S. 104). Nach Ende des Zweiten Weltkrieges stand Rumänien jedoch an der Seite der Sieger im Gegensatz zu Ungarn und Rumänien wurde deshalb mit der Rückgabe Nord- und Ost-Siebenbürgens belohnt. Dabei darf die Tatsache nicht vergessen werden, dass sowohl Ungarn als auch Rumänien danach unter sowjetischen Einfluss fielen und daher gute nachbarschaftliche Beziehungen unterhalten mussten. Als Zeichen dafür hat 1945 die rumänische Regierung einen Minister für Nationalitäten ernannt und einen Minderheitenstatut erarbeitet sowie die ungarische Universität Bolyai in Cluj-Napoca eröffnet (vgl. Monitorul Oficial Nr. 30 vom 06.02.1945).[11] 1952 wurde die ungarische autonome Region mit der ungarischen Sprache als zweite offizielle Sprache ausgerufen. Nach der 1956 stillgelegten Revolution in Ungarn hat Rumänien jedoch die Rechte der ungarischsprachigen Minderheit in Rumänien eingeschränkt u. a. durch die Vereinigung der ungarischen Universität Bolyai mit der rumänischen Babeş in Cluj-Napoca. 1968 wurde die ungarische autonome Region aufgelöst und die ungarischsprachigen Schulen sowie

11 Das Minderheitenstatut garantierte u. a. die freie Benutzung der Muttersprache in der Bildung, Verwaltung und vor dem Gericht in den Gebieten, wo die jeweilige Minderheit mehr als 30% der Gesamtbevölkerung darstellte.

Institutionen und religiösen Einrichtungen wurden verboten (vgl. Franckx 2012, S. 36 ff. und S. 105).[12]

Die danach folgende Periode wurde für die ungarisch-rumänischen Beziehungen trotz der Verbindungen als kommunistische Brüder und Nachbarstaaten nicht besser. Während vor der Ceaușescu Ära die Beziehungen friedlich und stabil verliefen, zeigten sich diese unter der Diktatur Ceaușescus in Rumänien und der Diktatur Kádárs in Ungarn als kalt und konfliktbeladen. Der des öfteren genutzte Einzelweg Rumäniens im Ostblock sowie seine mehrheitlich wirtschaftlich geprägten Interessen im Gegensatz zu den kulturell betonten in Ungarn haben die nachbarschaftlichen Beziehungen nicht verbessert. Diese gehörten zu den Staaten im Ostblock, die am wenigsten gemeinsame Projekte durchgeführt haben (vgl. Avram 2014).

Innerstaatlich betrachtet war die Situation der Minderheiten in beiden Staaten nicht einfach. In Ungarn wurden insbesondere die deutschen und slawischen Minderheiten wegen ihren Verbindungen zum Nationalsozialismus bzw. den Sympathien gegenüber Jugoslawien verfolgt. In Rumänien wurden die Minderheiten zwar nicht wegen solcher Umstände verfolgt, hatten aber Schwierigkeiten damit, ungarischsprachige Bücher sowie Fernsehsendungen zu importieren, und sie wurden auch in der Bildung durch die Kürzung materieller und sprachlicher Ressourcen eingeschränkt (vgl. Toso 2006, S. 372 und S. 438).

Die Periode kurz nach der Wende 1989 und dem Ende des Sozialismus in Osteuropa ist durch die Verschärfung der nationalen Sentiments gekennzeichnet. Es kam u. a. zu einem interethnischen Konflikt in Târgu-Mureș (Landkreis Mureș, Siebenbürgen) im Frühjahr 1990. Die ungarischsprachige Gemeinschaft wollte ihr Recht auf Unterricht in ungarischer Sprache und ihr Recht auf ein ungarisches Gymnasium bekommen. Diese Botschaften wurden zum Teil missbraucht, um die rumänische Bevölkerung dazu zu bewegen, nach Târgu-Mureș zu fahren und mit den Ungarischsprachigen den Kampf aufzunehmen (vgl. Franckx 2012, S. 89 f.). Der Konflikt sowie im Allgemeinen die Ressentiments gegenüber Bürgerinnen und Bürger anderer ethnischer oder sprachlicher Herkunft und die gegebene Unsicherheit in dem entstandenen Vakuum kurz nach der Wende wurden von den damaligen Politikern in den ersten demokratischen Wahlen instrumentalisiert

12 Alle diese Maßnahmen wurden vom Diktator Ceaușescu durch das Dekret Nr. 307 1971 durchgeführt. Solche Maßnahmen waren als Entschädigung für die Unzufriedenheit der Bevölkerung gedacht und führten zur Wiederbelebung des Nationalismus.

(vgl. Badea 2018). Sowohl Ungarn als auch Rumänien sind in den 1990ern demokratisch geworden und haben sich den transatlantischen Kooperationen sowie der EU angeschlossen.

Das Dokument, welches die Basis der heutigen rumänisch-ungarischen Beziehungen bildet, wurde im September 1996 in Timişoara unterzeichnet. Der *Vertrag von Timişoara über Verständigung, Zusammenarbeit und gute Nachbarschaft 1996* (vgl. Monitorul Oficial Nr. 250 vom 16.10.1996) sollte die vergangenen Streitigkeiten überwinden und den Weg in eine friedliche Zukunft ermöglichen. Der Vertrag basiert auf der gemeinsamen Unterstützung im Zuge der Mitgliedschaft in die westlichen Organisationen der *North Atlantic Treaty Organization* (NATO) und der Europäischen Union. Durch die Wiedereröffnung des ungarischen Konsulats 1997 in Cluj-Napoca, den ersten offiziellen Besuch des damaligen ungarischen Präsidenten Árpád Göncz im gleichen Jahr und nicht zuletzt durch den Beitritt beider Staaten in die NATO und die EU haben sich die diplomatischen Beziehungen deutlich verbessert. Daneben wurde am 29. November 2002 eine strategische Partnerschaft für das Europa des 21. Jahrhunderts unterschrieben. Unter den Zielen stehen auch die Unterstützung und Förderung der Identität von Personen, die einer nationalen Minderheit angehören (vgl. Ministerul Afacerilor Externe vom März 2021).

Im Jahr 2001 wurde von der damals gewählten ungarischen Regierung ein sogenanntes Gesetz über die in den Nachbarstaaten lebenden Ungarn (vgl. Magyar Közlöny Nr. 77 vom 07.07.2001) verabschiedet, welches eine besondere Stellung für die außerhalb der ungarischen Grenzen lebenden ungarischsprachigen Personen einräumte. Obwohl dies nach den ausgebrochenen Kontroversen 2003 geändert wurde, ist es für die ungarische Regierung auch heute von Bedeutung. Dieses Gesetz gewährt u. a. finanzielle Unterstützung für die in den Nachbarländern ansässigen ungarischsprachigen Gemeinschaften (vgl. BBC News vom 24.06.2003; Küpper 2007).

Siebenbürgen und seine Erstbesiedlung sowie sein besonderer Status während der Geschichte, aber auch der Ausgleich von Österreich-Ungarn sind Themen, die den Diskurs der zwischenstaatlichen Beziehungen dominieren (vgl. Ganescu 2005, S. 62). Dies führt auch dazu, dass die Situation der ungarischsprachigen Gemeinschaft besonders auf politischer Ebene instrumentalisiert wird. Dabei stehen Personen im Mittelpunkt, die eine Gemeinschaft im Herzen Siebenbürgens bilden und auch mehrsprachig sind. Wie die Mehrsprachigkeit innerstaatlich und auch in Bezug zu Ungarn geregelt wird, soll im Folgenden näher betrachtet werden.

3.1.2 Nationale und zwischenstaatliche Ebenen

Die gesetzlichen Rahmenbedingungen sowie die ungarischsprachige Bevölkerung in Rumänien und die rumänischsprachige in Ungarn stellen den Schwerpunkt dieses Unterkapitels dar. Ich werde die Gesetze und Maßnahmen präsentieren, die die Sprachen und Minderheiten angehen. In diesem ersten Schritt soll ein Überblick aller autochthonen Minderheiten in den zwei Staaten gegeben werden. Dabei werden Bereiche wie die Bildung, Verwaltung, Kultur und die Massenmedien betrachtet. Darauffolgend werde ich auf der zwischenstaatlichen Ebene speziell auf die zwischenstaatliche Sprachen-, Minderheiten- und Kulturförderung eingehen.

Rumänien

Rumänien ist ein demokratischer Nationalstaat mit zentralisiert geregelter Verwaltungsgliederung. Die Förderung der Sprachgruppen ist nicht einheitlich geklärt, sondern ist auf mehrere Gesetze je nach Politikfeld aufgeteilt. Es gibt auch kein Minderheitengesetz, 2005 wurde ein Gesetzesprojekt ins Parlament eingereicht, aber ist bis heute weder angenommen noch abgelehnt worden (vgl. Camera deputaților vom 25.09.2012; Sallanz 2007, S. 309 ff.). Diese Entwicklungen werden deshalb durch die Bestimmungen in der Verfassung Rumäniens ausgeglichen, in der geschrieben steht, dass das internationale Recht Vorrang über das nationale hat, wenn es um die Konkretisierung von diesen Rechten geht (Artikel 20 Absatz 2 Verfassung Rumäniens, vgl. Monitorul Oficial Nr. 767 vom 31.10.2003). Die Verfassung Rumäniens sieht in Artikel 13 die rumänische Sprache als einzige Amtssprache vor. Artikel 6 Absatz 1 sieht das Recht zur Erhaltung der kulturellen, sprachlichen und religiösen Identität der nationalen Minderheiten vor.

Der Gebrauch der rumänischen Sprache wird näher im Gesetz Nr. 500/2004 über die Verwendung der rumänischen Sprache in öffentlichen Plätzen und Institutionen erörtert. Dieses Gesetz ist auch im Hinblick auf andere Sprachen richtungsweisend. Es enthält Bestimmungen, wie, wann und wo Sprachen benutzt werden dürfen und wie die Texte in diesen Sprachen gleichzeitig in die rumänische Sprache übersetzt sein sollen. Das Gesetz enthält aber keine konkreten Hinweise auf einen möglichen Missbrauch oder Strafmöglichkeiten (vgl. Monitorul Oficial Teil I Nr. 1067 vom 17.11.2004; Horváth 2012, S. 178 f.). Daneben gelten auch die zwei internationalen Verträge, die Rumänien unterschrieben und ratifiziert hat, und zwar das Rahmenübereinkommen zum Schutz nationaler Minderheiten

(1998 ratifiziert) und die Europäische Charta der Regional- und Minderheitensprachen (2007 ratifiziert). Dadurch verpflichtet sich Rumänien, die Gleichheit der Sprachen zu fördern und die freie Entfaltung der Identität der Minderheiten zu ermöglichen.

In Rumänien werden die albanische, armenische, bulgarische, deutsche, griechische, jüdische, kroatische, lipowanische, makedonische, polnische, Roma, russinische, serbische, slowakische, tatarische, tschechische, türkische, ukrainische, sowie die ungarische Minderheit anerkannt (vgl. Departamentul pentru relații interetnice o. D., Organizațiile minorităților naționale [Organisationen der nationalen Minderheiten]).[13] Im Rahmen der Europäischen Charta der Regional- und Minderheitensprachen werden folgende Sprachen gefördert: Albanisch, Armenisch, Bulgarisch, Deutsch, Griechisch, Italienisch, Jiddisch, Kroatisch, Makedonisch, Polnisch, Romani, Russinisch, Russisch, Serbisch, Slowakisch, Tatarisch, Tschechisch, Türkisch, Ukrainisch und Ungarisch (vgl. Consiliul Europei MIN-LANG/PR (2010) 11 vom 26.10.2020).

Die Volkszählung aus dem Jahr 2021 zeigt konkret, welche Sprachgruppen auf dem Territorium Rumäniens neben der mehrheitlich rumänischsprachigen Bevölkerung (79,53%) ansässig sind: ungarischsprachige (5,45%), Romani (1,04%), deutschsprachige (0,08%) sowie ukrainischsprachige (0,21%) (vgl. Institutul Național de Statistică 2021). Die Volkszählung bezieht sich auf die Staatsbürgerschaft, die ethnische Zugehörigkeit und die Muttersprache. Da die Angaben zur Muttersprache freiwillige und anonyme Angaben sind, sollten diese Daten nur begrenzt richtungsweisend für die Entwicklungen der Minderheiten oder derer Sprachen betrachtet werden.

Auf nationaler Ebene ist die Abteilung für interethnische Beziehungen für die Minderheiten und auch ihre Zusammenarbeit untereinander zuständig. Diese ist direkt dem Premierminister und dem Staatssekretär untergeordnet und soll bei der Ausarbeitung und Weiterentwicklung von Initiativen für Minderheiten helfen und den Dialog zwischen den Sprachgruppen gewährleisten. Die Abteilung koordiniert einen Rat für nationale Minderheiten, gebildet aus Repräsentanten der Minderheiten in Rumänien, der die Regierung in ethnischen und sprachlichen Fragen berät. Die Arbeit des Rates wird in Fachausschüssen durchgeführt und hat zum Ziel die Erarbeitung von Empfehlungen und Vorschlägen für die Regierung. Neben der ungarischsprachigen Organisation gibt es auch andere Vertretungen

13 dri.gov.ro/w/lista-organizatiilor-cmn [04.02.2023].

von Sprachgruppen in Rumänien, die mehr oder weniger zahlenmäßig von Bedeutung sind, so z. B. die der jüdischen oder der deutschsprachigen Gemeinschaft (vgl. Departamentul pentru relații interetnice o. D. Organizațiile minorităților naționale [Organisationen der nationalen Minderheiten]).[14]

Im Jahr 2001 wurde durch die Verordnung 121/2000 der Regierung das Rumänische Institut zur Forschung der Probleme von nationalen Minderheiten erschaffen. Das Institut hat den Sitz in Cluj-Napoca und fungiert öffentlich als juristische Persönlichkeit. Zu den Zielesetzungen des Institutes gehören die inter- und multidisziplinäre Untersuchung und Erforschung der Bewahrung, Entwicklung und des Ausdrucks ethnischer Identität sowie soziologischer, historischer, kultureller, sprachlicher, religiöser oder anderer Aspekte nationaler Minderheiten und anderer ethnischer Gemeinschaften in Rumänien. (vgl. Institutul pentru studierea problemelor minorităților naționale o. D., Drepturile lingvistice și situația sociolingvistică a minorităților etnolingivstice din România [Die sprachlichen Rechte und die soziolinguistische Situation der etnolinguistischen Minderheiten in Rumänien]).[15] Dadurch sieht das Institut seine Rolle in der Überwachung der korrekten Durchsetzung der internationalen und nationalen Vereinbarungen.

Das Recht zum Unterricht in der Muttersprache regelt das Gesetz Nr. 1 aus 2011 über die nationale Bildung (zuletzt 2018 aktualisiert) in Artikel 45 bis Artikel 48. In Artikel 46 Absatz 1 steht geschrieben, dass der Muttersprachenunterricht für jede Klasse gewährleistet werden soll. Nicht betroffen sind die rumänische Sprache und Literatur, die für jede Klasse und jede Sprachgruppe Pflichtfächer sind. Die Schulbücher zur rumänischen Sprache und Literatur sollen dabei speziell für Nicht-Muttersprachler entwickelt werden. Das Gesetz erlaubt auch unabhängige Schulinstitutionen in den Sprachen der nationalen Minderheiten neben den staatlichen Institutionen in rumänischer Sprache (vgl. Monitorul Oficial Teil I Nr. 18 vom 13.08.2018). Für den Unterricht in der eigenen Muttersprache kann zwischen Armenisch, Bulgarisch, Deutsch, Italienisch, Polnisch, Romani, Russisch, Serbisch, Slowakisch, Tschechisch, Türkisch, Ukrainisch und Ungarisch gewählt werden (vgl. Ministerul Educației Naționale vom 16.11.2016).

Für den Unterricht in ungarischer Sprache sind folgende Bildungs- sowie religiöse Einrichtungen in Rumänien bekannt: die ungarische ka-

14 dri.gov.ro/w/lista-organizatiilor-cmn [04.02.2023].

15 ispmn.gov.ro/node/drepturile-lingvistice-i-situaia-sociolingvistic-a-minoritilor-etnolingvistice-din-romnia [04.02.2023].

tholische Schule in Târgu-Mureş sowie private Einrichtungen wie die *Waldorf*-Schule in Cluj-Napoca; der *Waldorf*-Kindergarten in Târgu-Mureş; öffentliche Kindergärten in den Städten mit einer großen Anzahl an ungarischsprachigen Bürgerinnen und Bürger wie in Sfântu Gheorghe, Miercurea-Ciuc oder Târgu-Mureş; Grundschulen und Gymnasien in Miercurea-Ciuc, Târgu-Mureş, sowie nicht zuletzt zweisprachige Abteilungen (Rumänisch–Deutsch, Rumänisch–Ungarisch usw.) in rumänischen Schulen in Târgu-Mureş und in Bukarest.

Im Bereich des Fremdsprachenunterrichtes werden theoretisch viele Sprachen zur Auswahl gestellt, in der Praxis hängt der Unterricht jedoch von den Lehrkapazitäten der Schulen ab. Die Frage, welche Fremdsprachen dabei bevorzugt werden, kann aus den Fachausschüssen des Bildungsministeriums abgeleitet werden: Chinesisch, Deutsch, Englisch, Französisch, Japanisch, sowie Russisch. Die ungarische Sprachgruppe so wie auch die anderen anerkannten Sprachgruppen in Rumänien haben dank ihres Rechts zur Bildung in eigener Muttersprache auch die Gelegenheit, sogenannte Olympiaden und Schulwettbewerbe in ihrer Muttersprache zu organisieren (vgl. Ministerul Educaţiei Naţionale vom 14.09.2017).

Der universitäre Bereich wird durch Artikel 135 des Gesetzes Nr. 1 aus 2011 (2018 aktualisiert) geregelt. Danach haben die nationalen Minderheiten das Recht auf Unterricht in ihrer Muttersprache auch an Universitäten. Dafür können Fakultäten, Studiengänge, Studienprogramme oder gar multikulturelle und mehrsprachige Institutionen in den Sprachen der anerkannten Minderheiten in Rumänien errichtet werden. Artikel 161 regelt auch die Möglichkeit der Promotion in der Sprache einer der anerkannten Gruppen vor (vgl. Monitorul Oficial Teil I Nr. 18 vom 13.08.2016). Multikulturelle und mehrsprachige Universitäten haben außerdem die Pflicht, mindestens eine Prorektorin oder einen Prorektor für Minderheitenstudiengänge auf Vorschlag der Professorinnen und Professoren zu wählen (Artikel 211 Absatz 2). Im universitären Bereich gibt es neben privaten Universitäten, wie z. B. die ungarische Universität *Sapientia* mit Instituten in Târgu-Mureş und Miercurea Ciuc und die in Oradea gegründete ungarischsprachige christliche Universität *Partium* außerdem Studiengänge in öffentlichen Einrichtungen. So gibt es neben Deutsch oder Ungarisch seit kurzem auch Studienangebote auf Englisch und Französisch an der *Babes-Bolyai* Universität in Cluj-Napoca, an der Universität für Kunst in Târgu-Mureş oder an der medizinischen und pharmazeutischen Universität in Târgu-Mureş (Artikel 363) (vgl. Saramandu/Nevaci 2009, S. 83).

Diskussionen um die Errichtung von Universitäten für die ungarischsprachigen Studentinnen und Studenten sind allgegenwärtige Themen der politischen Parteien. So gab es die Initiative der medizinischen und pharmazeutischen Universität aus Târgu-Mureş, eine englischsprachige Fakultät mit einem Studienprogramm in Hamburg zu eröffnen. Dieses wurde von den Dozentinnen und Dozenten der ungarischsprachigen Abteilung kritisiert. Sie wollten nämlich eine separate Fakultät für den Unterricht in ungarischer Sprache errichten, ihr Antrag blieb jedoch unbeachtet. Solche Auseinandersetzungen werden oft zur Positionierung der Regierung gegenüber den Oppositionen in Rumänien benutzt (vgl. MTI vom 16.01.2019)[16].

Für die Vorbereitung der Lehrkräfte der Schulen, Vorschulen und Kindergärten und der Erziehenden sind spezielle Einrichtungen in der jeweiligen Muttersprache vorhanden. Mehrere Beispiele werden auch im Bericht Rumäniens an den Europarat vorgezeigt (vgl. Guvernul României vom 02.03.2016, S. 162). Die Studiengänge in der Muttersprache der Minderheiten bieten jedoch nicht die Gelegenheit, jede Ausbildung einzugehen. Davon sind z. B. die MINT-Fächer (Mathematik, Informatik, Naturwissenschaften und Technik) betroffen. Laut dem Bildungsgesetz werden drei Universitäten in Rumänien als multikulturell und mehrsprachig angesehen, weil sie rumänische, ungarische und zum Teil auch deutsche Abteilungen pflegen: die Universität für Kunst in Târgu-Mureş sowie die medizinische und pharmazeutische Universität in Târgu-Mureş sowie die Babes-Bolyai Universität in Cluj-Napoca (vgl. Guvernul României vom 02.03.2016, S. 21).

Eine positive Diskriminierung der Sprachgruppen lässt sich im Parlament durch den erleichterten Zugang der Parteien der Minderheiten mit 5% der nötigen Stimmenanzahl finden. Die Parteien der Minderheiten gehören zu einer Fraktion für nationale Minderheiten. Besonders erwähnenswert für die politische Repräsentanz auf nationaler Ebene ist der Ungarische Demokratische Verband in Rumänien RMDSZ, der wegen seiner Stimmenzahl und der Mobilisierung innerhalb des politischen Spektrums im Mittelpunkt des politischen und kulturellen Lebens der ungarischen Bevölkerung in Rumänien steht und auch mehrmals seit 1990 an den Regierungen beteiligt war (vgl. Sallanz 2007, S. 318; Anghel 2013). Neben der RMDSZ gibt es noch zwei weitere ungarische Parteien. Diese sind die Partei der *Siebenbürgisch Ungarischen Menschen* (EMNP) und die

16 hirado.hu/2019/01/16/umf-targu-mures-va-infiinta-o-facultate-in-limba-engleza-spre nemultumirea-liniei-maghiare/?fbclid=IwAR2pUvJFDLGmvjW7hogITXYFSWghLw 6iDlpmCOt3XBIo0nlfDcrRWinlZEQ# [18.01.2023].

Ungarische Bürgerpartei (MPP). Die zwei letzteren haben Ende 2019 ihre Fusion bekanntgegeben, um die Interessen der ungarischen Gemeinschaft in Siebenbürgen besser und einheitlicher neben der RMDSZ zu vertreten (vgl. MTI vom 20.11.2019).[17]

Die kulturelle und sprachliche Repräsentanz der Ungarischsprachigen wird durch Vereine gewährleistet, die neben dem kulturellen und sprachlichen Rahmen auch Themen der Freizeit, Jugend oder Natur anbieten. Diese konzentrieren sich außer der Hauptstadt Bukarest hauptsächlich auf die Kreise Mureş, Harghita und Covasna sowie teilweise Cluj (vgl. Erdélyi Netkatalogus o. D., Ungarische Verbände in Rumänien;[18] Hermanik 2017, S. 295).

In der vierten Stellungnahme des Europarates vom 22. Juni 2017 bezüglich der Einhaltung der Bestimmungen der Rahmenkonvention zum Schutz nationaler Minderheiten wurde der Fortschritt Rumäniens im Bereich der nationalen Minderheiten gelobt, jedoch wurden auch weniger positive Entwicklungen diskutiert. Einerseits ging der Europarat darauf ein, dass aufgrund des Fehlens eines einheitlichen Minderheitengesetzes die Regelungen von den lokalen Gegebenheiten abhängen und ein Überblick auf nationaler Ebene nur schwer möglich ist. Die bestehende Abneigung gegenüber der oder sogar die Ausgrenzung der Roma Minderheit und die anti-ungarische Stimmung seien immer noch ein Problem, das sich auch in der Bildung widerspiegele. Die Tatsache, dass das Fach *Geschichte und Kultur der nationalen Minderheiten* nur ein optionales Fach für die rumänischsprachigen Schülerinnen und Schüler darstelle, verlange es von zu wenigen, sich mit den Minderheiten Rumäniens auseinanderzusetzen (vgl. Council of Europe ACFC/OP/IV(2017)005 vom 17.02.2018). Rumänien hat folgende Antwort auf diese Punkte im fünften Bericht 2019 geleistet. Die Tatsache, dass es keinen einheitlichen Gesetzesrahmen gäbe, würde die Entwicklungen nicht hindern:

> *„Regarding the need for a framework law on national minorities, the Romanian Government reiterates that there is no obligation under the Framework Convention to adopt such general legislation on the protection of the rights of persons belonging to national minorities. The Consultative Committee did not evaluate in its previous reports on Romania that the lack of a general law on the status of national minorities hampers the*

17 www.punctul.ro/partidul-civic-maghiar-si-partidul-popular-maghiar-din-transilvania-vor-incheia-o-alianta [18.01.2023].

18 netkatalogus.adatbank.transindex.ro/?q=87 [18.01.2023].

promotion and protection of the rights of persons belonging to national minorities in Romania (especially those considered as numerous in the total population)." (Council of Europe ACFC/SR/V(2019)013 vom 08.11.2019, S. 11).

Es wurden nichtdestotrotz Projekte wie INTERCULT durchgeführt, die im Rahmen des interkulturellen Verständnisses sowie der Förderung der Vielfalt und Kultur stattgefunden haben. Die komplette Liste der Projekte kann im zweiten Anhang des Berichtes eingesehen werden (vgl. Council of Europe ACFC/SR/V(2019)013 vom 08.11.2019, S. 3 ff.).

Die fehlende Bereitschaft ein einheitliches Minderheitengesetz in Rumänien zu erarbeiten, hängt wie auch im Falle der Ablehnung der Autonomiebestrebungen mit Sezessionsängsten zusammen, die sich u. a. aus den geschichtlichen Erfahrungen sowie der heutigen Außenpolitik ergeben.

Ungarn

Als Teil der österreichisch-ungarischen Monarchie wurde Ungarn als Vorreiter in Ostmitteleuropa für die Sprachenförderung angesehen. In Ungarn werden heute im Rahmenübereinkommen zum Schutz nationaler Minderheiten 13 Minderheiten gefördert (vgl. Council of Europe ACFC/SR/V(2019)005 vom 05.02.2019, S. 7). Diese sind die armenische, bulgarische, deutsche, griechische, kroatische, polnische, Roma, rumänische, russinische, serbische, slowakische, slowenische, sowie ukrainische Minderheiten. Diese machen insgesamt ca. 5,5% der Gesamtbevölkerung aus (vgl. Népszámlálás 2011). Im Rahmen der Sprachencharta werden anlehnend an die oben aufgeführten Minderheiten 13 Sprachen gefördert (vgl. Council of Europe MIN-LANG/PR (99) 6 vom 07.09.1999, S. 2).

Die ungarische Verfassung erkennt die sprachliche Vielfalt auf dem Territorium Ungarns durch Artikel XXIX und betont die freie Verwendung der Minderheitensprachen (vgl. Országgyűlés Hivatala vom 30.12.2011). Weiterhin befasst sich hauptsächlich *Gesetz CLXXIX über die Rechte der Nationalitäten* mit den auf dem Territorium Ungarns ansässigen autochthonen Minderheiten. Es enthält das Konzept der Selbstverwaltungsorganisationen (Artikel 50 f.). Diese Organisationen werden auf jeder politischen Ebene – sei es lokal, regional oder national – wiedergefunden und können über Minderheitenangelegenheiten wie die Bildung, die Sprachennutzung in öffentlichen Institutionen, in den Medien sowie ihre Kulturpflege, besonders ihre Traditionen entscheiden. Diese Organisationen wurden parallel zu den zentralen öffentlichen Institutionen errichtet. Nur diejenigen Personen können über die Strukturen ihrer Selbstverwaltungsorganisationen mitbestimmen und ihre Vertreterinnen und Vertreter wählen, die als Teil der jeweiligen Sprachgruppe anerkannt werden. Diese Personen müssen sich dabei registrieren lassen. Die zentralen Selbstverwaltungen der Minderheiten werden zu allen Sitzungen des Parlaments eingeladen, in denen Minderheitenfragen besprochen werden (vgl. Vajda 2017, S. 2 f.).

Das Gesetz entscheidet ferner auch über die Minderheitensprachen in:

- Artikel 5: das Recht auf Benutzung der Muttersprache vor Gericht, im Parlament und in Ortschaften, wo die Minderheit mindestens 20% der Bevölkerung ausmacht
- Artikel 6: amtliche Bekanntmachungen in der Minderheitensprache, bei der die registrierten Bewohner aus einem Gebiet mindestens 10% der Bevölkerung ausmachen
- Artikel 12: über das Recht zum Erlernen, zum Gebrauch und zum Unterricht in der eigenen Muttersprache
- Artikel 17 Absatz b): das Recht der Gemeinschaft, ihre Traditionen und Sprachen zu pflegen
- Art 22 Absatz 2: das Recht auf Bildung in der Muttersprache
- Artikel 22 Absatz 1: Sprachen, an die sich dieses Gesetz richtet, unter denen erstaunlicherweise auch die rumänische erwähnt wird (vgl. Magyar Közlöny Nr. 154 vom 19.12.2011)

Seit 2011 ist es möglich, als Nationalitätenvertreter ins Parlament gewählt zu werden, wenn man die Mindestquote der Stimmen erreicht. Dies ist angesichts der kleinen Anzahl der Mitglieder der Minderheiten in Ungarn fast unmöglich, deshalb gibt es die Möglichkeit, diejenige oder denjenigen, der die meisten Stimmen aus den Wahlen bekommen hat, als Vertreter ins Parlament – jedoch ohne Wahlkompetenzen – zu entsenden (vgl. Országgyűlés vom 19.12.2011). Im Jahr 2018 hat es zum ersten Mal seit der Wende in Ungarn ein Ungarndeutscher geschafft, ins Parlament gewählt zu werden (vgl. Ehm 2018).

Die Interessen der rumänischsprachigen Gemeinschaft werden von der sogenannten nationalen Selbstverwaltung der Rumänen in Ungarn vertreten. Neben der Vertretung der Rechte der rumänischen Gemeinschaft und der Förderung und Erhaltung der rumänischen Sprache beschäftigt sich die Organisation auch mit der Bildung der Kinder in rumänischer Sprache (vgl. Council of Europe MIN-LANG (2018) PR 4 vom 06.12.2017, S. 20). Es gibt Institutionen und Vereine auch auf nationaler Ebene, wie z. B. das ungarische Forschungsinstitut der Rumänen oder die ungarische Gemeinschaft der rumänischen Forscher und das kulturelle Institut Rumäniens in Budapest. Es gibt aber auch weitere Institute, die sich speziell mit der Forschung der Sprachen und der auf dem Territorium lebenden Sprachgruppen beschäftigen: das *Institut für Sprachwissenschaften der Ungarischen Akademie der Wissenschaften* und das *Institut für Minderheitenforschung der Ungarischen Akademie für Wissenschaften.*

Im Jahr 1995 wurde der Preis für Nationalitäten *Pro Cultura Minoritatum Hungariae* eingeführt, der jedes Jahr am 18. Dezember an Personen oder Organisationen vergeben wird, die einen hervorragenden Beitrag für ihre Gemeinschaft geleistet haben (vgl. Council of Europe MIN-LANG (2018) PR 4, S. 27 f.).

Genaue Angaben über die rumänischsprachige Gemeinschaft in Ungarn zeigen, dass der Gebrauch der rumänischen Sprache zurückgeht. Die bilingualen Personen, die die ungarische Sprache für die Integration in die Gesellschaft bevorzugen, sprechen immer weniger Rumänisch und dies auch nur privat (vgl. Borbély 2013, S. 69 ff.). Da die Unterstützung und das Interesse an der rumänischsprachigen Gemeinschaft in Ungarn durch Rumänien nicht so präsent sind wie im Falle Ungarns an der ungarischsprachigen Gemeinschaft in Rumänien, lässt sich die Erhaltung der rumänischen Sprache und Kultur in Ungarn je nach Generation und Situation anders erklären. Diese Tatsache offenbart sich auch in den Volkszählungen und in der Wahl des Rumänischen als Muttersprache.

Bei der Volkszählung 2011 hat die Zahl der rumänischen Sprache als Muttersprache deutlich an Gewicht verloren. Die rumänischen Sprachkenntnisse sind bei der alten Generation verbreitet, während sich die Jugendlichen eher anpassungsfähiger zeigen und öfter die ungarische Sprache bevorzugen (vgl. Borbély 2013, S. 19 ff.). Aus der gesamten Bevölkerung Ungarns von ca. 9,93 Mio. sind ca. 0,36% rumänischsprachig, wobei nur 0,14% die rumänische Sprache als Muttersprache pflegen. Hier ist ebenfalls festzuhalten, dass es sich um freiwillige Angaben in der Volkszählung handelt. Die meisten rumänischsprachigen Gemeinschaften in Ungarn konzentrieren sich traditionell auf die Gebiete entlang der östlichen und süd-östlichen Grenze Ungarns und um die Hauptstadt Budapest.

Zwischenstaatliche Ebene

Diese Ebene vereint nicht nur die Außenpolitik beider Staaten, sondern auch die transnationalen Kooperationen der Nichtregierungsorganisationen, der kulturellen Verbände, des Rundfunks und Fernsehens usw. Die rumänisch-ungarischen Beziehungen werden als eine strategische Partnerschaft bezeichnet. Das rumänische Ministerium für Außenpolitik ordnet diese Beziehung einer eigenen Kategorie bilateraler Beziehungen mit höherer Bedeutung zu. Im Rahmen dieser zwischenstaatlichen Kooperation gibt es auch einen rumänisch-ungarischen Fachausschuss für die Zusammenarbeit zur Problematik der nationalen Minderheiten (vgl. Ministerul Afacerilor Externe o. D., Parteneriate strategice și relații speciale [Strategische Partnerschaften und besondere Beziehungen]).[19]

Nach der politischen Wende 1989 haben sich die rumänisch-ungarischen Beziehungen dank der gemeinsamen internationalen Ziele und des Eintritts in die EU sowie in die NATO verbessert. Im Jahr 1996 haben beide Staaten den *Vertrag über Verständigung, Zusammenarbeit und gute Nachbarschaft zwischen Rumänien und der Ungarischen Republik* unterschrieben. Das Ziel bestand darin, die zukünftigen Interessen zu bündeln und der Zusammenarbeit dadurch einen geeigneten Rahmen zu geben.

Neben Perspektiven der friedlichen Gestaltung der Beziehungen und der Einhaltung internationaler Normen sind auch Faktoren wie der Respekt der gemeinsamen Grenzen und der territorialen Integrität (Artikel 1–4) Teil dieses Vertrages. Daneben werden auch die regionalen und lokalen Kooperationen in Bereichen wie der Umweltverschmutzung, des wirtschaftlichen Wachstums sowie die Zusammenarbeit mit anderen Staaten für die Ermöglichung der Donau-Schifffahrt befürwortet (Artikel 6–11). Der Vertrag unterstreicht des Weiteren:

- die Wichtigkeit der Kooperationsförderung im Bereich der Universitätsbildung und der kulturellen Einrichtungen (Artikel 12)
- die Erhaltung und die gegenseitige Anerkennung des kulturellen Erbes (Artikel 13)
- die Einhaltung der Regelungen des Europarates, insbesondere des Rahmenübereinkommens zum Schutz nationaler Minderheiten
- das Recht zur Benutzung der rumänischen Muttersprache Ungarn und der ungarischen Muttersprache in Rumänien (Artikel 15)

19 www.mae.ro/node/1861 [18.01.2023].

- die Zusammenarbeit im wirtschaftlichen und gesundheitlichen Bereich sowie in den Massenmedien (Artikel 16–21) (vgl. Monitorul Oficial Nr. 250 vom 16.10.1996)

Artikel 15 des Vertrages verdient eine nähere Betrachtung, da dieser sich mit den für beide Staaten wichtigen Minderheiten beschäftigt. Beide Minderheiten haben das Recht darauf, ihre Muttersprache privat und öffentlich zu benutzen, so die rumänische in Ungarn und die ungarische in Rumänien. Des Weiteren haben sie auch das Recht ihre Muttersprache in der Schule und an der Universität zu pflegen und im Kontakt zur lokalen Verwaltung sowie in Übereinstimmung mit dem jeweiligen nationalen Recht zu verwenden.

Im Jahr 2002 wurden diese zwischenstaatlichen Beziehungen zu einer strategischen Partnerschaft aufgewertet. Dies sollte zur Stärkung der im Vertrag von 1996 vereinbarten Ziele und der sich intensivierenden Beziehungen im Zuge auch der Beitritte in internationale Organisationen wie der Europäischen Union führen. Insbesondere die Zusammenarbeit zur Unterstützung der Bereiche der Minderheitenförderung auf regionaler und transnationaler Ebene wurden betont. Im Rahmen dieser Partnerschaft haben die auswärtigen Ämter Rumäniens und Ungarns Sitzungen in einer gemeinsamen Kommission durchgeführt.

Das 2001 erlassene ungarische Gesetz LXII für die in den Nachbarstaaten Ungarns ansässigen ungarischsprachigen Personen (vgl. Magyar Közlöny Nr. 77 vom 07.07.2001) hat zu Kontroversen in den Nachbarstaaten Ungarns, die ungarischsprachige Minderheiten haben – so in Rumänien und der Slowakei – geführt. Das Gesetz wurde schließlich am 23. Juni 2003 abgeändert und kurz darauf wurde am 23. September in Bukarest eine Vereinbarung zwischen Rumänien und Ungarn über die Bedingungen für die Umsetzung des Gesetzes unterschrieben. Die Vereinbarung beschließt u. a., dass rumänische Staatsbürgerinnen und Staatsbürger, die keine ungarische ethnische Herkunft haben, keine Vorteile und keine ungarischen Bescheinigungen im Sinne dieses Gesetzes bekommen (Artikel 1 der Vereinbarung) sowie dass diese Bescheinigungen nur auf dem ungarischen Territorium benutzt werden dürfen (Artikel 7). Ferner dürfen die von den ungarischsprachigen Gemeinschaften in Rumänien etablierten Nichtregierungsorganisationen keine Empfehlungen für die ungarischsprachige Minderheit in diesem Verfahren abgeben (Artikel 3). Schülerinnen und Schüler sowie Studentinnen und Studenten, die in ungarischer Sprache in Rumänien lernen, und Lehrerinnen und Lehrer, die in ungarischer Sprache in Rumänien lehren, dürfen auf dem ungarischen Territorium von bestimmten Vorteilen Gebrauch machen (Artikel 4 und Artikel 5). Nicht zuletzt sollen auch die rumänischsprachige Minderheit in Ungarn gleichermaßen wie die ungarischsprachige Minderheit in Rumänien in verschiedenen Projekten unterstützt werden (Artikel 9) (vgl. Ministerul Afacerilor Externe vom 23.09.2003).

Rumänien hat drei diplomatische Vertretungen in Ungarn: eine Botschaft in Budapest und zwei Konsulate in Gyula und Szeged. Ungarn verfügt im Vergleich zu Rumänien über sieben diplomatische Vertretungen in Rumänien: eine Botschaft in Bukarest, zwei Konsulate in Cluj-Napoca und Miercurea Ciuc und vier weitere Honorarkonsulate in Iaşi, Constanţa, Drobeta-Turnu Severin und Timişoara. Daneben haben beide Staaten kulturelle Vertretungen in dem jeweils anderen Land: Rumänien verfügt über das Rumänische kulturelle Institut in Budapest und Ungarn über das Ballasi Institut in Bukarest. Als Mitglieder im Netzwerk der kulturellen Einrichtungen *European Union National Institutes for Culture* (EUNIC) spielen beide Institute eine Rolle bei der Förderung ihrer jeweiligen Amtssprache.

Ungarn verspricht in Artikel D der ungarischen Verfassung den Schutz der ungarischen Gemeinschaft außerhalb ihrer Grenzen. Zu den ungarischen Organisationen, die sich mit der ungarischsprachigen Gemeinschaft in Siebenbürgen beschäftigen, gehören u. a. die 2006 gegründete Organisation der Vertreter der ungarischsprachigen Personen im Karpatenbogen (vgl. Hermanik 2017, S. 231). Ein anderer bereits im März 1988 gegründeter nichtstaatlicher Verein ist die *Allianz der Siebenbürger Ungarn*. Anfangs als ein Klub gegründet, da Vereine während des Sozialismus verboten waren, wurde dieser von Oppositionsparteien nicht positiv wahrgenommen. Diese Organisation wollte nämlich den Personen, die während des Sozialismus aus Siebenbürgen nach Ungarn geflüchtet waren einen offiziellen Repräsentationsrahmen gewährleisten (vgl. Hermanik 2017, S. 235 f.).

Beide Staaten arbeiten auch im Bereich der Forschung, hauptsächlich im Bereich nationaler Minderheiten miteinander, und haben dazu 2007 ein Protokoll vereinbart, das u. a. die gemeinsamen Strategien und die für die Forschung zugewiesenen Fonds vorschreibt (vgl. Monitorul Oficial Nr. 121 vom 14.11.2007).

Ein weiteres Beispiel im Bereich der zwischenstaatlichen Kooperation stellt die Pflege eine englischsprachige Website über Siebenbürgen namens *Transylvania Now*. Die *Bethlen Gábor* Stiftung aus Ungarn unterstützt seit 2018 die Entwicklung dieser Website zusammen mit der *Stiftung Eurotrans* aus Rumänien. Die Website soll um die Geschichte Siebenbürgens und der ungarischsprachigen Gemeinschaft in Siebenbürgen werben. Texterfasserinnen und Texterfasser sind unabhängige Journalistinnen und Journalisten sowie Bloggerinnen und Blogger, die ihre eigenen Meinungen darstellen. Die Texte werden laut der Website nicht zensiert. Im Jahr 2018 kam es zum hundertjährigen Jubiläum seit dem Ende des Ersten Weltkrieges. Die Website feierte dieses Jubiläum mit der Darstellung verschiedener Aspekte aus dem siebenbürgischen Alltag der ersten Hälfte des 20. Jahrhunderts (vgl. Péterfy 2018).

Auch regional und lokal betrachtet haben die Gebietskörperschaften und Schulen die Möglichkeit, sogenannte Städte- und Schulpartnerschaften zu gründen, von denen auch die ungarischsprachige Minderheit in Rumänien profitiert. Das *Mathias Corvinus* Kolleg mit Hauptsitz in Budapest ist ein Institut der Stiftung *Tihanyi*. Dieses hat eine Zweigniederlassung auch in Cluj-Napoca. Ziel des Kollegs ist die Unterstützung und Fortbildung von jungen Schülerinnen und Schüler sowie Studentinnen und Studenten mit besonderen Fähigkeiten. Außerdem bietet das Kolleg auch ein Programm namens „*Siebenbürgische politische Schule*" mit dem Ziel, Interessenten in Wochenendfortbildungen ein Fachwissen über Politik zu vermitteln. Eine andere Kooperationsart zwischen Universitäten aus Rumänien und Ungarn ist die multilaterale Initiative *Central European Exchange Program for University Studies* (CEEPUS). Diese Kooperation konzentriert sich auf Doppelabschlüsse für Promovierende in Mitteleuropa (vgl. CEEPUS).[20]

Eine Initiative, die jedes Jahr kontrovers diskutiert wird, ist die sogenannte *Bad Tuschnad Sommeruniversität* in Băile Tușnad (Rumänien). Dieses Sommercamp findet jährlich als Kultur- und Bildungswoche für Jugendliche aus Rumänien und Ungarn in Kooperation mit NGOs aus Rumänien und Ungarn statt. Die Sommeruniversität wird von der *Bethlen Gábor* Stiftung aus Ungarn und der ungarischen Regierung unterstützt. Der ungarische Premierminister Viktor Orbán hat an den Veranstaltungen mehrmals teilgenommen. Seine Anwesenheit nutzt er, um auf diesem Camp eine politische Rede zu halten, in der meist die ungarische Identität und die ungarischsprachige Bevölkerung Siebenbürgens angesprochen werden. Er spricht aber auch häufig über Aspekte der ungarischen Innenpolitik und übt Kritik an der rumänischen Regierung (vgl. Verseck 2023).

Weitere zwischenstaatliche Kooperationen zwischen beiden Staaten gibt es an erster Stelle in der Bildung dank verschiedener Austauschprogramme und Stipendien. Diese beinhalten sowohl die Erasmus Stipendien der

20 www.ceepus.info/default.aspx?CMSPage=65#nbb [18.01.2023].

Europäischen Union als auch die Kooperation zwischen bestimmten Universitäten. Beispielsweise unterstützt das rumänische Ministerium für Bildung die Bildung der rumänischsprachigen Bürgerinnen und Bürger aus Ungarn anhand von Studienstipendien, wenn sie in Rumänien studieren möchten (vgl. Ministerul Educației Naționale vom 26.06.2017).

Die Landkreise auf beiden Seiten der rumänisch-ungarischen Grenze beteiligen sich des Weiteren an zwei Euroregionen namens *Euroregion Donau-Kreisch-Marosch-Theiß* 1997 gegründet zwischen Ungarn, Rumänien und Serbien sowie an der *Euroregion Karpaten* 1993 gegründet zwischen Polen, Ungarn, der Ukraine und der Slowakei. Schwerpunkt der Kooperationen ist die wirtschaftliche, kulturelle und soziale Beteiligung der an der Grenze lebenden Gemeinschaften und die wirtschaftliche Entwicklung dieser Gebiete.

3.1.3 Regionale und lokale Ebenen

Dieses Unterkapitel thematisiert diejenigen Regionen und Ortschaften auf den regionalen und lokalen Ebenen Rumäniens und Ungarns, in denen die rumänischsprachigen bzw. ungarischsprachigen Minderheiten ansässig sind. In diesem Falle wird in Rumänien ein Schwerpunkt hauptsächlich auf die Gebiete in Siebenbürgen/Transsylvanien gesetzt, da diese Region im Mittelpunkt der ganzen Fallstudie steht. Obwohl die Mehrheit der rumänischsprachigen Minderheit in Ungarn an der Grenze zu Rumänien ansässig ist, stellt sie wegen ihrer geringen Gesamtanzahl keinen Schwerpunkt in diesem Unterkapitel dar.

Rumänien

Laut Artikel 3 Absatz 3 der rumänischen Verfassung ist das Gebiet Rumäniens in Kommunen, Städte und Landkreise sowie einige größere Städte eingeteilt, die den Rang eines Munizipiums erreichen. Rumänien hat somit keine autonomen Regionen mit administrativen Befugnissen. Es gibt lediglich sogenannte Entwicklungsregionen, die zur besseren Antragsstellung für die Einwerbung der EU-Fonds etabliert wurden. Diese Regionen wurden im Zuge des Beitritts Rumäniens in die Europäische Union konzipiert. Dabei wurden acht Entwicklungsregionen im Gesetz Nr. 151/1998 (mit konkreter Aufgabendefinition im Gesetz Nr. 315/2004) erschaffen (vgl. Monitorul Oficial Nr. 265 vom 16.07.1998). Diese Regionen haben keinen administrativen Charakter und sind somit keine Rechtspersönlichkeit (vgl. Schlüter 2014, S. 13). Die Regionalisierung wird oft im Hinblick auf die Einteilung und die Verteilung der EU-Finanzmittel kritisiert und bildet eine Grundlage auch zur Diskussion über die Sprachgruppen in Rumänien.

Eine Reise durch Siebenbürgen offenbart die offensichtliche Mehrsprachigkeit dieser Region nicht nur dank der Städteschilder, sondern auch dank der Architektur, die die Einflüsse der letzten Jahrhunderte beibehalten hat und nicht zuletzt auch dank der Personen, die hier wohnen und mehrere Sprachen pflegen. In Städten, in denen die Bevölkerungsanzahl einer Minderheit mindestens 20% der Gesamtbevölkerung des Gebietes ausmacht, sind Städte-, Straßen- und administrative Gebäudenamen zwei- oder dreisprachig ausgeschildert (Artikel 76. Gesetz 215/2001) (vgl. Monitorul Oficial Nr. 123 vom 20.02.2007). Die 20% Hürde wird nach der neuesten Volkszählung bestimmt, Abweichungen können sich aber trotzdem je nach der örtlichen Verwaltung oder der Geschichte des Gebietes ergeben. Zum Beispiel sind in der historisch deutschen Stadt Sighişoara (Schäßburg) im Landkreis Mureş von den insgesamt 23.927 ansässigen Personen ca. 13% ungarischsprachig und ca. 1% deutschsprachig. In der Stadt Târgu-Mureş sind es von der Gesamtbevölkerung von 116.033 Personen ca. 35% ungarischsprachig und ca. 0,10% deutschsprachig (vgl. Institutul naţional de statistică 2021). Trotzdem haben beide Städte ihre Namensschilder neben Rumänisch sowohl auf Ungarisch als auch auf Deutsch aufgestellt.

Die ungarischsprachige Minderheit ist offiziell die zahlreichste Minderheit in Rumänien sowie in ganz Siebenbürgen. Sie ist zum Teil auch in anderen Gebieten Rumäniens ansässig, wie auch aus Abbildung 2 hervorgeht. Es gibt jedoch drei historische Regionen, in denen ihre Konzentration am dichtesten ist: im Nord-Westen Rumäniens, dem sogenannten Partium Gebiet (um die Städte Oradea und Satu-Mare), im Zentrum Siebenbürgens (um die Stadt Cluj-Napoca) und im historischen Szekler-Gebiet in den Landkreisen Harghita, Covasna und Mureş, in dem die Mehrheit der ganzen ungarischsprachigen Gemeinschaft lebt (vgl. Marácz 2016, S. 66 f.; siehe auch Abbildung 2).

Durch das jahrhundertelange Zusammenleben der ungarisch-, rumänisch-, deutschsprachigen und weiterer Gemeinschaften gibt es in der rumänischen Bevölkerung heute Personen, die mehrsprachig sind. Dies belegt auch die Volkszählung, die die Bevölkerung u. a. auch nach der Muttersprache und Ethnie fragt: 5,26% der Personen aus der ca. 19 Mio. Gesamtbevölkerung spricht Ungarisch als Muttersprache. Von diesen 5,26%

ist die Mehrheit ungarischer Ethnie, also 97,54% der Personen. Es gibt aber auch Personen anderer Ethnien, die als Muttersprache Ungarisch angegeben haben, so haben z. B. ca. 0,17% Personen der insgesamt ca. 78% rumänischen Ethnie Ungarisch als Muttersprache angegeben; 5,63% Personen der insgesamt ca. 3% Roma Ethnie und ca. 17% Personen der insgesamt 0,12% deutschen Ethnie Ungarisch als Muttersprache angegeben.[21] Dieser Zensus spricht nur über die freiwillig angegebene Muttersprache, wenn aber der Bezug auch zur angegebenen Ethnie gemacht wird, lässt sich schlussfolgern, dass die Bevölkerung in Rumänien sehr oft mehrsprachig ist, da diese Personen sicherlich neben ihrer Muttersprache auch die offizielle rumänische Staatssprache sprechen und womöglich auch diejenige Sprache ihrer eigenen Ethnie (Sächsisch, Roma, Ukrainisch usw.) sowie auch weitere Fremdsprachen (vgl. Institutul național de statistică 2021; Council of Europe MIN-LANG (2016) PR 2 vom 02.03.2016). Wie auch andere Wissenschaftlerinnen und Wissenschaftler betonen, sind solche Statistiken mit Vorsicht zu behandeln, denn die Wahl einer Muttersprache setzt nicht unbedingt voraus, dass diejenige Person diese Sprache als erste gelernt hat oder dass sie diese am besten beherrscht. Vielmehr antworten die befragten Personen anhand individueller Faktoren, wie z. B. die erste erlernte Sprache oder die am besten beherrschte Sprache oder eine Sprache individueller Wahl. Dies ist insbesondere bei zwei- oder mehrsprachigen Personen des Öfteren der Fall (vgl. Horváth 2008, S. 7 f.).

Die Dynamik der ungarischen Sprache wird von Rumänien in seinem Bericht an den Europarat folgenderweise beschrieben: Obwohl die Anzahl der Bewohner, die sich der ungarischen Minderheit zuordnen, zurückgegangen ist, ist die Anzahl derjenigen, die die ungarische Sprache beherrschen, gestiegen (vgl. Guvernul României vom 02.03.2016). Hinsichtlich der Kenntnis weiterer Fremdsprachen deuten Forschungen in Rumänien daraufhin, dass diese nach Schulungsgrad und nicht wie oft erwartet nach Stadt-Dorf-Verhältnissen unterschiedlich ist. Das bedeutet, dass Befragte, die Studenten sind oder einen Universitätsabschluss haben, dazu tendieren, mindestens eine zweite Fremdsprache auf elementarer Basis zu sprechen. Im Vergleich wollen Personen, die einen gymnasialen Abschluss haben,

---

21 Diese Prozentsätze beruhen auf meinen eigenen Berechnungen anhand der veröffentlichten Ergebnisse der rumänischen Volkszählung aus dem Jahre 2021. Weitere Daten und allgemeine Informationen zur Volkszählung können hier eingesehen werden: www.recensamantromania.ro [10.09.2023].

oft keine oder keine zweite Fremdsprache erlernen (vgl. Horváth 2008, S. 22 ff.).

Betrachtet man die Sprachenpolitik Rumäniens nach den Kriterien, die in der Einleitung des dritten Kapitels definiert wurden, hat Rumänien aktuell eine Politik der sprachlichen Akkommodation, d. h. dass den Sprachen bestimmte öffentliche Funktionen anhand von Faktoren zugeordnet werden, die meisten Funktionen bleiben aber bei der rumänischen Staatssprache. Es gibt u. a. die erwähnte administrative Hürde, die Sprachen durch ihren 20% Anteil in den Gebieten zu bestimmen. Das bedeutet, dass in Gebieten Rumäniens, in denen die ungarischsprachige Gemeinschaft mehr als 20% ausmacht, die ungarische Sprache im Sprach- und Schriftverkehr mit den Institutionen der öffentlichen Verwaltung und vor dem Gericht benutzt werden darf. Auch administrative Angelegenheiten, wie z. B. Sitzungen in lokalen Verwaltungen, können in der Sprache der Minderheit stattfinden, wenn diese Hürde erreicht wird. Dies ist auch der Fall für die ungarische Sprache in Landkreisen wie Mureş, Alba, Covasna oder Harghita sowie Bihor sogar für Tschechisch oder Kroatisch (vgl. Horváth 2012, S. 184 f.). Dahingegen steht das Recht zum Gebrauch der eigenen Sprache bei öffentlichen Angelegenheiten auch in Artikel 120 Absatz 2 der rumänischen Verfassung. Um die Benutzung der eigenen Muttersprache zu gewährleisten, müssen die Lokalverwaltungen Personal ausbilden oder Personen mit mehrsprachigen Kenntnissen einstellen (vgl. Monitorul Oficial Nr. 767 vom 31.10.2003).

Die rumänische Politik wird maßgebend auch von der ungarischsprachigen Minderheit und ihren politischen Vertretern beeinflusst. Zu den Vertretern der ungarischen Sprachgruppe gehören aktuell drei politische Parteien. Die Ungarische Demokratische Union (RMDSZ) vertritt die Interessen der ungarischen Gemeinschaft auf lokaler, regionaler und auch nationaler Ebene. Aus ihrer Reihe hat sich 2008 die *Ungarische Bürgerpartei* (MPP) wegen Meinungsunterschieden über die Autonomie des historischen Szeklergebietes abgelöst. Daneben gibt es noch die Partei der ungarischen Menschen aus Siebenbürgen (EMNP). Während RMDSZ die größte Unterstützung der ungarischsprachigen Gemeinschaft erhält und sich auch an den Regierungen beteiligt hat, haben die MPP und EMNP als Schwerpunkt ihrer Programme die Szekler-Gemeinschaften und ihre Autonomiebestrebungen (vgl. Ionaşc/Dinu 2012).

Laut Artikel 62 Absatz 2 der rumänischen Verfassung haben die Organisationen der nationalen Minderheiten das Recht auf einen Abgeordnetensitz, wenn sie die benötigten Stimmen pro Partei nicht bekommen. Zurzeit hat RMDSZ eigene Vertreter im rumänischen Parlament, während die anderen nationalen Minderheiten in der parlamentarischen Gruppe der Minderheiten zusammengefügt sind und nur einen Vertreter pro Minderheit haben (vgl. Camera deputaților o. D., Grupul parlamentar al minorităților naționale [Parlamentarische Gruppe der nationalen Minderheiten]).[22]

Die Medien in ungarischer Sprache sind gut verbreitet, sowohl durch ungarischsprachige Medien in Rumänien als auch durch aus Ungarn stammende ungarischsprachige Sender, die auch in Rumänien empfangen werden können. Es gibt eine Reihe von spezifisch siebenbürgischen Tages-, Wochen- und Regionalzeitungen, die der ungarischsprachigen Gemeinschaft zur Verfügung stehen. Zu den bekanntesten gehören z. B. die Tageszeitung *Volksblatt* im Kreis Mureș, die Tageszeitung *Szekler Nachrichtenanzeige* oder die Wochenzeitung *Siebenbürgische Zeitung*. Es gibt aber auch eine Reihe von Fachzeitschriften und Magazinen in ungarischer Sprache. Der Siebenbürgische Internetkatalog stellt eine komplette Liste der Zeitungen neben weiteren Informationen über Medien und Organisationen zur Verfügung (vgl. Erdélyi Netkatalogus o. D., III. Nyilvánosság [Öffentlichkeit]).[23] Diese Website arbeitet zusammen mit dem rumänischen Institut für die Forschung nationaler Minderheiten und ist somit zu einer ausführlichen Datenbank hinsichtlich der Minderheiten in Rumänien geworden.

Audiovisuelle Medien werden in Artikel 82 des Gesetzes Nr. 504/2002 unter der Beibehaltung der 20% Klausel geregelt (vgl. Monitorul Oficial vom 11.07.2002). Neben den privaten und Auslandssendungen hat auch der rumänische nationale Fernsehsender TVR TV-Programme in den Sprachen der anerkannten Minderheiten. Rundfunk- und Fernsehangebote gibt es zahlreiche, darunter solche, die auch aus Ungarn stammen sowie andere, die in Siebenbürgen entstanden sind.

Kulturelle Einrichtungen, die sich speziell mit der ungarischen Sprache im Alltagsleben sowie in der Kultur auseinandersetzen, sind z. B. die ungarische Oper und das ungarische Nationaltheater in Cluj-Napoca oder das ungarische Nationaltheater in Târgu-Mureș neben anderen Städten in Siebenbürgen. Daneben gibt es auch andere kulturelle Ereignisse, die sich während des Jahres entwickelt haben, wie z. B. die Tage der ungarischen Sprache in verschiedenen Städten in Siebenbürgen. Diese werden von den NGOs der ungarischen Sprachgruppe organisiert. All diese Einrichtungen,

---

22 www.cdep.ro/pls/parlam/structura2015.gp?idl=1&idg=6 [03.02.2023].
23 netkatalogus.adatbank.transindex.ro/?#nyilvanossag [04.02.2023].

Medien sowie Möglichkeiten zur Nutzung der eigenen Sprache können und werden auch von den anderen in Rumänien ansässigen Sprachgruppen benutzt.

Das rumänische Institut für die Forschung nationaler Minderheiten hat eine Studie zur Lage der Fremdsprachenkenntnisse in Siebenbürgen durchgeführt. Interessanterweise findet sich Deutsch als Fremdsprache mehrheitlich unter den Ungarischsprachigen, während Französisch zwischen den Rumänischsprachigen bekannt ist. Englisch hingegen sei bei beiden Gemeinschaften gleichermaßen wichtig (vgl. Benő 2015, S. 28 ff.).

Ungarn

Im Vergleich zu Rumänien hat Ungarn 1993 ein Minderheitengesetz erarbeitet, welches die Rechte der anerkannten Minderheiten auf seinem Territorium vorschreibt, insbesondere das Recht auf eine Selbstverwaltungsorganisation auf lokaler, regionaler und nationaler Ebene. Auf lokaler Ebene hat die rumänischsprachige Minderheit z. B. mit Organisationen in Battonya oder Békéscsaba die Möglichkeit, über ihre Bildungsinstitute zu entscheiden und ihre kulturelle Autonomie zu stärken. Daneben werden die Minderheiten im Allgemeinen von einem Ombudsmann im Parlament vertreten, durch den sie ihre Anliegen im Parlament vorbringen können.

Die Minderheiten haben auch das Recht, sich in ihrer Muttersprache an ihre Lokalverwaltungen und an das Parlament zu wenden und Antwort in dieser Sprache zu bekommen. Des Weiteren werden in Ortschaften mit einem bestimmten Minderheitenanteil die Protokolle und andere öffentliche Dokumente auch in die Sprache der Minderheit übersetzt (vgl. Vajda 2017, S. 4; Hermanik 2017, S. 208). Die rumänischsprachige Gemeinschaft in Ungarn ist nicht so zahlreich wie die ungarischsprachige in Rumänien. Lediglich lassen sich an der Grenze zu Rumänien Gebiete finden, in denen die Bevölkerung Rumänisch spricht, oder Gebiete, die historisch als rumänischsprachig bekannt sind, wie z. B. Méhkerék, Kétegyháza und Gyula (vgl. Borbély 2013, S. 50 ff.), die durch bilinguale Namensschilder gekennzeichnet werden.

Die rumänischsprachige Medien- und Zeitschriftenpräsenz in Ungarn wird von Zeitungen wie *Das rumänische Blatt* oder *Die Chronik*, von der Radiosendung *Eine rumänische Stimme* und der Fernsehsendung *Unser*

Bildschirm gewährleistet (vgl. Ambasada României în Ungaria).[24] Bezüglich kultureller Einrichtungen sind *Die kulturelle Union der Rumänen aus Ungarn*, *Die kulturelle Gesellschaft der Rumänen aus Budapest* und auch Museen, wie das *Munkácsy Mihály* oder *Erkel Ferenc* Museum zu erwähnen. Schulen in rumänischer Sprache gibt es in größeren Ortschaften wie Gyula mit einer Grundschule und einem Gymnasium, aber auch in kleineren Ortschaften mit Grundschulen in Kétegyháza oder Méhkerék. Im universitären Bereich gibt es des Weiteren die Möglichkeit, in der rumänischen Abteilung an der Universität in Szeged zu studieren.

3.1.4 Supranationale Ebene

Rumänien und Ungarn haben sich nach der Wende 1989 der westlichen Welt sowie der Demokratie angeschlossen und sind Mitglieder der internationalen Organisationen wie der EU und der NATO geworden. Durch die Ratifizierung der beiden Verträge des Europarates, des Rahmenübereinkommens zum Schutz nationaler Minderheiten und der Charta der Regional- und Minderheitensprachen haben sie sich außerdem dafür engagiert, die auf ihren Gebieten ansässigen und von ihnen anerkannten Minderheiten und Sprachen zu fördern. Rumänien hat das Rahmenübereinkommen zum Schutz nationaler Minderheiten 1995 und die Charta der Regional- und Minderheitensprachen 2008 ratifiziert, während Ungarn beide Abkommen bereits 1995 ratifiziert hat. Beide Staaten kategorisieren die auf ihren Gebieten ansässigen und anerkannten Minderheiten laut beiden Verträgen nach ethnischen Kriterien.

Interessant sind auch die Entwicklungen beider Staaten seit ihrer Mitgliedschaft in der Europäischen Union. Während Ungarn 2004 der EU beigetreten ist, ist Rumänien 2007 zusammen mit Bulgarien beigetreten. Rumänien hatte damals als erstes Ressort in der Kommission das Ressort der Mehrsprachigkeit bekommen. Es mag eine kuriose Entwicklung gewesen sein, die Mehrsprachigkeit als eigenes Ressort aus dem Bildungs- und Kulturressort herauszunehmen. Im Nachhinein gesehen sollte es aber die Bedeutung der rumänischen Mitgliedschaft steigern, da die anderen Ressorts für die Periode bereits vergeben waren. Die Aufgabenzuteilung und die Kompetenzen des Kommissars für Mehrsprachigkeit waren jedoch begrenzt, da die EU keine Kompetenzen auf dem Gebiet der Kultur und

24 budapesta.mae.ro/node/804 [20.01.2023].

Sprachen hatte, sodass im Endeffekt wenig durchgeführt werden konnte. Mit der nächsten Kommission 2010 wurde deshalb die Eigenständigkeit des Ressorts der Mehrsprachigkeit aufgegeben und die Inhalte wurden wieder im Ressort für Bildung und Kultur verhandelt. Viele Stimmen sagten dabei, dass ein Kommissar für die Mehrsprachigkeit unnötig sei, obwohl sich jeder der EU-Sprachenvielfalt bewusst war. Zwischen 2014 und November 2019 war ein ungarischer Kommissar für das *Ressort Bildung, Kultur, Jugend und Sport* verantwortlich gewesen.

Die aktuellen Entwicklungen in den Mitgliedsstaaten zeigen aber, dass ein bewusster Umgang mit dem Thema Sprachen und Minderheiten in vielen europäischen Ländern nötig ist. Dabei kann die EU ihren Zuständigkeitsbereich nicht überschreiten, sie darf aber Rahmenbedingungen für die Kommunikation zwischen Staaten setzen und auf der supranationalen Ebene solcher Situationen Gehör verschaffen.

Neben der supranationalen Ebene ist im Rahmen dieses Unterkapitels auch die intergouvernementale Ebene zu berücksichtigen. Durch die verflochtene Natur der EU dank des Mehrebenensystems sollte es im Idealfall auch ohne eine direkte Übertragung auf die supranationale Ebene dazu kommen können, dass die Mitgliedsstaaten und Organisationen sich zwischenstaatlich im Bereich der Sprachen und der Kultur austauschen. Wenn diese Aktivitäten dann Berücksichtigung auf supranationaler Ebene erhalten, kann davon ausgegangen werden, dass die Sprachenpolitik einen Platz auf der Agenda der supranationalen Ebene hat. Die Praxis der Sprachenpolitik findet deshalb größtenteils auf der intergouvernementalen Ebene statt. Deshalb ist nicht nur die Beschäftigung der Europäischen Kommission mit dem Thema interessant, sondern auch die des Europäischen Parlaments, des Europäischen Rates oder des Ausschusses der Regionen und der hier Bediensteten aus den jeweiligen Staaten.

Im Europäischen Parlament (Stand Mitglieder 9. Wahlperiode) gab es von rumänischer Seite einen Vizepräsidenten und ein Mitglied sowie zwei Ersatzmitglieder im Ausschuss für Kultur und Bildung (CULT) sowie einen weiteren ungarischsprachigen Vertreter, der aber kein Mitglied des CULT-Ausschusses war. Von der ungarischen Seite gab es aber auch einen Vizepräsidenten im Ausschuss CULT. Dabei standen u. a. auch Themen mit rumänisch-ungarischem Schwerpunkt zur Diskussion, wie z. B. das Engagement der EU bei der Erhaltung der Bildung in Muttersprache der Minderheiten (vgl. European Parliament CRE 11/06/2018); die engere Zusammenarbeit mit dem Europarat für die Erhaltung der Rechte der Minderheiten (vgl. European Parliament Juni 2018); die Situation der Bildung in Muttersprache in Rumänien (vgl. European Parliament Oktober 2018); die Initiative des *Minority Safepacks* oder die allgemeine Situation der Minderheiten insbesondere in Rumänien mit der Erwähnung des Kopenhagener Dilemmas (vgl. European Parliament vom 13.09.2017).

In der 9. Wahlperiode bis Ende 2020 wurde eine weitere Auseinandersetzung zwischen der ungarischsprachigen Minderheit und der rumänischen Bevölkerung im Uz Tal (Rumänien) als Diskriminierung gegen die ungarischsprachige Minderheit vor der Kommission gebracht (vgl. European Parliament, P-004554/2020). Bei dieser inter-ethnischen Auseinandersetzung im Juni 2019 gab es Spannungen um den Heldenfriedhof für die Toten der beiden Weltkriege, der sich im mehrheitlich ungarischsprachigen Landkreis Harghita ganz nahe an der Grenze zum mehrheitlich rumänischsprachigen Landkreis Bacău befindet (vgl. Europa Liberă România vom 06.06.2019).

Eine weitere Einrichtung der Europäischen Union ist der Ausschuss der Regionen (Stand Mitglieder 9. Wahlperiode), der eigentlich eine Stimme der lokalen Gebietskörperschaften auf supranationaler Ebene repräsentiert. Die Vertreter sind auf regionaler und lokaler Ebene gewählt und vertreten die Regionen oder Gemeinden der Mitgliedsstaaten in diesem Ausschuss. Somit ist die Nähe der EU zu den Bürgerinnenn und Bürger und dem Prinzip der Subsidiarität unterstellt. In der Fachkommission für Sozialpolitik, Bildung, Beschäftigung, Forschung und Kultur (SEDEC) gab es von rumänischer Seite vier rumänischsprachige und einen ungarischsprachigen Vertreter, während von der ungarischen Seite vier Vertreter agierten.

Der ungarischsprachige Vertreter des Landkreises Harghita, Csaba Borboly war am aktivsten in der Fachkommission SEDEC in der vorherigen Wahlperiode (8. Wahlperiode) gewesen. In seiner Stellungnahme an der 135. Plenartagung der SEDEC Kommission berichtete Borboly, dass in den letzten Jahren die MINT- (Mathematik, Informatik, Naturwissenschaft, Technik) und die Kunst-Fächer an Bedeutung unter den Studieninteressierten verloren haben. Eine Empfehlung an die Kommission war deshalb die Bewahrung der Rechte der ethnischen und sprachlichen Minderheiten, damit die Unterrichtsmaterialien und Lehrpläne in diesen Sprachen stets auch erneuert werden können (vgl. Europäischer Ausschuss der Regionen CDR 6435/2018, S. 1). Außerdem hatte er ebenfalls Stellung zu Natur- und Artenschutzrichtlinien genommen sowie auch zur Modernisierung des Bildungssystems. Auch hier betonte er die Einhaltung der Rechte der sprachlichen und ethnischen Minderheiten sowie die Gewährleistung gleicher Chancen zur Fortbildung auf dem Arbeitsmarkt (vgl. Europäischer Ausschuss der Regionen CDR 3139/2017, S. 1). Des Weiteren werden Sprachkompetenzen und ihre Bedeutung für die europäische Bildung in einem weiteren Plädoyer zur Geltung gebracht. Die lokalen und regionalen Gebietskörperschaften sollten den Zugang zum Sprachenangebot erleichtern und die Hochschuleinrichtungen, die im Angebot mehr als eine Sprache (einschließlich der Minderheitensprachen) anbieten, können dabei eine wichtige Rolle spielen (vgl. Europäischer Ausschuss der Regionen CDR 5961/2013).

Wichtig für die supranationale Politik war außerdem auch die Interreg-V Kooperation zwischen Rumänien und Ungarn, gefördert durch den *Europäischen Fonds für regionale Entwicklung*. Ziel dieser Kooperation ist die Verbesserung der grenzüberschreitenden Infrastruktur, des Arbeitsmarktes, aber auch der Kooperation zwischen Institutionen und zwischen den Bürgerinnen und Bürger. Obwohl die Bedeutung dieses Projektes keine kulturelle oder sprachliche Note hat, werden mit seiner Hilfe rumänische und ungarische Gemeinschaften in Kontakt gebracht, was bis zuletzt zur Verbesserung der grenzüberschreitenden Kooperationen geführt hat. Das Interreg Programm konzentrierte sich im Falle von Rumänien und Ungarn auf sechs Hauptachsen, z. B. der gemeinsame Schutz und die effiziente Nutzung der gemeinsamen Ressourcen (das gemeinsame kulturelle und historische Erbe sowie die transnationalen Gewässer); die Verbesserung der grenzüberschreitenden und nachhaltigen Mobilität und die Vermeidung von Stau; die Förderung der grenzüberschreitenden Zusammenarbeit zwischen Institutionen und Bürgerinnen und Bürger (vgl. Interreg Romania-Hungary, Priority axes).[25]

Zu den teilnehmenden Gebieten gehören jeweils vier angrenzende Landkreise aus Rumänien und Ungarn. Die finanzierten Projekte fokussierten sich damit nicht nur auf die Kooperation bei der Bewältigung natürlicher Katastrophen, sondern auch auf die Hilfe für Jugendliche auf dem Arbeitsmarkt. Diese Projekte berühren auch kulturelle Aspekte, so z. B. *Tradition and Modernity – Cross border Cultural Cooperation oder Open Doors for Culture and Tradition in Europe* (vgl. Interreg Romania-Hungary 2019).[26]

Eine andere Initiative ist die 2006 gegründete EUNIC Institution (*EU National Institutes for Culture*), die die kulturellen Institutionen der 27 EU-Mitgliedsstaaten zusammenbringt. Rumänien wird durch das rumänische

25 interreg-rohu.eu/en/priority-axes/ [15.09.2023].

26 interreg-rohu.eu/wp-content/uploads/2019/08/Signed-contracts-2nd-open-call-website-01.08.2019.pdf [20.01.2023].

kulturelle Institut und Ungarn durch das *Ballasi* Institut vertreten. Die kulturellen Institute kooperieren nicht nur untereinander und mit EU-Institutionen, sondern auch global mit zahlreichen Partnern und bemühen sich möglichst um eine umfassende kulturelle Vernetzung. Projekte, die verschiedene kulturelle Thematiken oder die Inklusion von Minderheiten enthalten, sind sowohl in Ungarn als auch in Rumänien durchgeführt worden und bilden somit einen wichtigen Teil der Kooperation (vgl. Institutul Cultural Român 2017).

Nicht zuletzt soll an dieser Stelle auch der Dachverband der Organisationen nationaler Minderheiten in Europa dargestellt werden. Zu diesem Dachverband namens *Federal Union of European Nationalities* (FUEN), gehören sowohl die *Kulturelle Union der Rumänen aus Ungarn* wie auch die *Demokratische Union der Ungarn in Rumänien* (RMDSZ) und die *Ungarische Bürgerliche Partei* aus Rumänien. Aktueller Präsident des Dachverbandes ist der ungarischsprachige Lóránt Vincze (Mitglied auch im Europäischen Parlament in der 9. Wahlperiode). Wie auch der Name des Dachverbandes besagt, ist sein Hauptziel die Erhaltung der Rechte und der Vielfalt der autochthonen Minderheiten in Europa.

Eine der bekanntesten Initiativen des Dachverbandes, die auch von den ungarischsprachigen Vertretern aus Rumänien beworben wurde, war das sogenannte *Minority Safepack*, eine Initiative der europäischen Minderheiten in Europa für die Verteidigung und Förderung der sprachlichen und kulturellen Diversität auf supranationaler Ebene (vgl. FUEN, The Federal Union of European Nationalities vom 18.08.2017). Die meisten Unterschriften für diese Initiative wurden dabei in Ungarn und Rumänien gesammelt.

Sowohl Rumänien als auch Ungarn haben seit den 1990er-Jahren viele Fortschritte im Bereich der Mehrsprachigkeit sowie der Förderung der Minderheiten gemacht. Dies zeigen die verschiedenen Gesetzgebungen sowie die internationalen Verpflichtungen durch die Abkommen des Europarates als auch die zahlreichen Initiativen, zu denen auch die zwischenstaatliche Zusammenarbeit zählt.

Es gibt zwar noch zeitweilige inner- sowie auch zwischenstaatliche Auseinandersetzungen, die zum Teil auch von der jeweiligen Politik gefördert werden. Nichtdestotrotz wurde 2014 und 2019 erneut in Rumänien Klaus Iohannis, ein deutschsprachiger Bürger, zum Präsidenten eines mehrheitlich rumänischen und orthodoxen Rumäniens gewählt. Dies zeigt, dass die rumänische Bevölkerung sich dessen bewusst ist, dass die Vielfalt Rumäniens eine gute Sache ist.

Diese Entwicklungen sind ein Indiz dafür, dass trotz der mangelnden Zuständigkeit der EU im Bereich der Bildung und Kultur, Institutionen der Bildung sowie NGOs Kontakte auf supranationaler Ebene dank der intergouvernementalen und transnationalen Ebene haben. Dies mag zu keiner Übertragung auf supranationaler Ebene führen, die Mehrsprachigkeit ist aber auf den unteren Ebenen im Sinne Mitranys eine anwesende Funktion.

Für die EU ist es nichtsdestotrotz wichtig, eine Plattform zum fairen Austausch zu gewährleisten. Nur um einige Beispiele zu nennen, in denen die rumänisch-ungarischen Beziehungen zugespitzt wurden: die Situation um die Verfassungswidrigkeit des römisch-katholischen Gymnasiums in Târgu-Mureş (vgl. Mureşan 2018), oder die Situation bei der jährlichen Sommeruniversität in Băile Tuşnad sowie die Auseinandersetzungen 2019 im zu Tal (Rumänien).

3.2 Italien–Österreich

Diese zwischenstaatlichen Beziehungen sind historisch betrachtet wechselreich gewesen und wie auch im Falle der rumänisch-ungarischen Beziehungen war im Mittelpunkt dieser Beziehungen eine Region, in diesem Fall die Autonomen Region Trentino-Südtirol mit der Autonomen Provinz Bolzano/Bozen. Wie auch in Siebenbürgen leben in der autonomen Region mehrsprachige Gemeinschaften. Da es sich bei dieser Region um eine territoriale Autonomie handelt, haben die betreffenden Sprachgruppen das Recht, sich im Rahmen des Autonomiestatuts selbst zu verwalten.

In diesem Unterkapitel werde ich mich zuerst mit einem geschichtlichen Rückblick der Beziehungen beschäftigen. Darauffolgend werden die nationalen Ebenen der beiden Staaten Italien und Österreich sowie ihre Sprachen- und Minderheitenpolitik näher betrachtet, wobei ich nicht nur für das Beispiel wichtige Minderheiten vorstelle, sondern eine allgemeine Darstellung der in den diesen Staaten ansässigen Sprachgruppen anstrebe. Auf der zwischenstaatlichen Ebene gehe ich schließlich darauf ein, wie sich die Beziehungen heute insbesondere im Bereich der Mehrsprachigkeit entwickeln. Im nächsten Unterkapitel wird der Blick auf die lokalen und regionalen Ebenen gerichtet und auf die Gemeinschaft, die diese Beziehungen besonders bewegt: die deutschsprachige Bevölkerung in Südtirol. Hier wird auch ersichtlich, dass im Falle von Österreich keine offiziell anerkannte italienischsprachige Minderheit im Bundesland Tirol präsent ist, die die gegenseitige Betrachtung auf beiden Seiten der Grenze ermöglicht.

In diesem Kapitel werden des Weiteren auch die Erfolge in der italienischen autonomen Region präsentiert, um das Streben anderer europäischer Gemeinschaften zu diesem Modell besser zu verstehen. In einem letzten Schritt möchte ich die Wichtigkeit dieser inzwischen prominenten Euroregion für die supranationale Ebene auch mit Hinblick auf die europäischen Institutionen thematisieren, in der auch Vertreter aus der Region tätig sind.

3.2.1 Historischer Rückblick

Als Erfolgsbeispiel für mehrsprachige Regionen in Europa ist die heutige Autonome Region Trentino-Alto/Südtirol ein Ergebnis jahrzehntelanger Entwicklungen nach dem Ersten Weltkrieg. Heute leben die deutsch-, italienisch- und ladinischsprachigen Gemeinschaften in einer Region, in der ihre Sprachen einen anerkannten Status haben. Diese Region wird des Weiteren nicht nur angesichts der Sprachensituation bewundert, sondern auch angesichts ihrer wirtschaftlichen Situation (vgl. Autonome Provinz Bozen-Südtirol vom 16.07.2019). Die heutige Provinz Bozen/Südtirol befindet sich im nordöstlichsten Teil Italiens und bildet zusammen mit der Provinz Trient die autonome Region Trentino-Alto Adige/Südtirol. Südtirol ist durch eine sprachlich-kulturelle Differenzierung gekennzeichnet: die Mehrheit der Bevölkerung hat einen deutschsprachigen Hintergrund.

Geschichtlich betrachtet liegen die Autonomiebestrebungen der Südtiroler schon weit in der Geschichte zurück. Im Jahr 1363 wurde die damalige Grafschaft Südtirol zusammen mit den heutigen Gebieten Nord- und Osttirols in Österreich als Teil der Grafschaft Tirol vereint. Somit geht das Streben nach Autonomie bis in die tiefe Vergangenheit zurück. Interessanterweise waren während des Mittelalters, als die Grenze südlicher verlief, auch italienischsprachige Menschen in der Grafschaft Tirol ansässig (vgl. Lill 2002, S. 14 ff.).

Die spätere Herrschaft Napoleons trägt auch zur Teilung Tirols bei, die nach dem Ersten Weltkrieg endgültig vollzogen wurde. Denn nach der Niederlage der Tiroler 1805 wurde für kurze Zeit der Norden bis Meran und Klausen an Bayern und der Süden an das italienische Reich/Regno d'Italia bis zur Niederlage Napoleons in Waterloo 1815 angegliedert. Nach dieser kurzzeitigen Teilung ist Tirol bis zum Friedensvertrag von Saint Germain 1919 bei Österreich-Ungarn geblieben.

Der Vertrag von Saint Germain sah die Zuordnung Südtirols zu Italien vor und hatte auch eine Klausel zum gegenseitigen Schutz der auf den neuen Territorien lebenden Minderheiten (Artikel 62 bis 69 des Vertrags von Saint-Germain, vgl. Staatsvertrag von Saint-Germain-en-Laye vom 10.09.1919). Die Situation der Südtiroler und insbesondere der deutschsprachigen Südtiroler war somit nach dem Ende des Ersten Weltkrieges wie die jeder anderen Sprachgemeinschaft, die sich in einer neu entstandenen Nation wiederfand. Sie war nämlich teilweise von Unterdrückung gekennzeichnet.

Mit der Einverleibung Südtirols durch Italien begann eine unsichere Periode für die Sprachgruppen in Südtirol, denn die Bestimmungen des Friedensvertrags wurden nicht eingehalten. Der Faschismus sah das Projekt der Italianisierung Südtirols gemäß den Ideen von Ettore Tolomei vor, der eine Reihe von Maßnahmen Benito Mussolini präsentierte und daraufhin zum Verantwortlichen für die Entwicklungen in dieser Region wurde. Einige der Maßnahmen, die durchgeführt wurden, waren:

- die Italianisierung der Orts- und Familiennamen und des Namens Südtirol – daraus wurde Alto Adige
- die Auflösung der deutschen Schulen
- die Zuwanderung von Italienern aus südlichen Regionen nach Bozen, um die sprachliche Zusammensetzung der dortigen Bevölkerung zu ändern (vgl. Gruber 2017, S. 32 ff.)

Im Jahr 1939 kam dazu noch ein Abkommen zwischen Hitler und Mussolini, der eine Umsiedlungsoption für die Südtiroler vorsah. Bis Ende 1943 sollten diejenigen, die sich für die Auswanderung entschieden haben, Italien verlassen und die deutsche Staatbürgerschaft annehmen. Diejenigen, die nicht gehen wollten, hatten eine unsichere Zukunft im faschistischen Italien. Wegen der Niederlage Deutschlands und Italiens im Zweiten Weltkrieg mussten jedoch die Südtiroler die Region nicht endgültig verlassen (vgl. Gruber 2017, S. 73).

Nach dem Zweiten Weltkrieg unterschrieben Italien und Österreich im September 1946 den Pariser Friedensvertrag (1946), der u. a. eine Autonomie für Südtirol vorsah:

> *„Das ist unser Grundgesetz, nach dem das Zusammenleben von Deutschen und Italienern in Zukunft in Südtirol ausgerichtet ist."* (Kanonikus Michael Gamper in Gruber 2017, S. 70)

In der letzten Fassung des Statuts, die in die italienische Verfassung aufgenommen wurde, wurde auch das Gebiet des Trentino (der Autonomen Provinz Trient), das mehrheitlich italienischsprachig ist, in die Autonomie

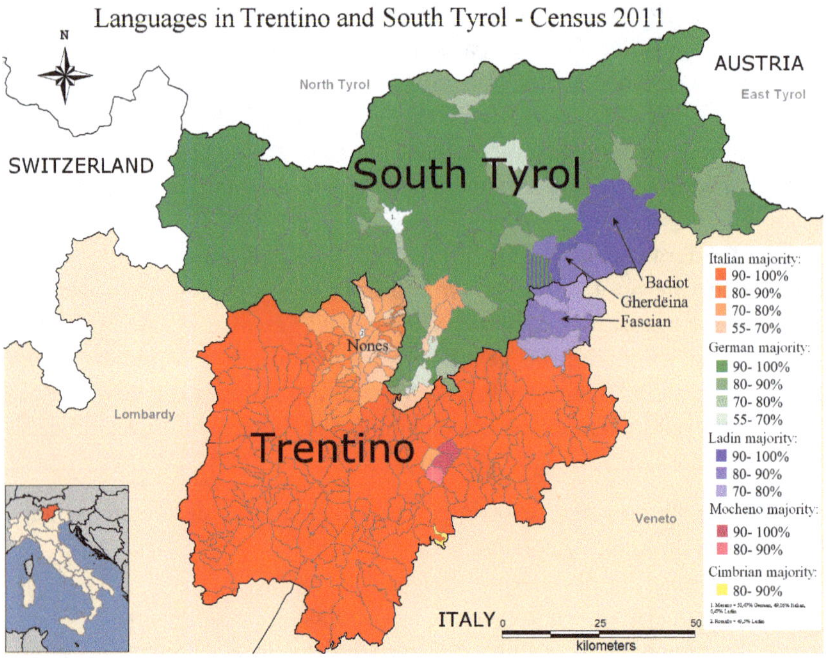

Abbildung 3: Sprachen in Trentino-Südtirol – Volkszählung 2011

Quelle: Wikimedia Commons 2013

miteinbezogen. Somit entstand die Autonome Region Trentino-Südtirol. In Trient wurden die meisten administrativen Entscheidungen getroffen. Bozen wurde zu einer Landeshauptstadt ohne administrative Funktionen. Die deutsche Sprachgruppe wurde in der neu entstandenen Region zur Minderheit und konnte bei den Entscheidungen überstimmt werden. Dies wurde von der deutschsprachigen Bevölkerung nicht einfach hingenommen. Darauf reagierte sie mit zwei großen Versammlungen, um große Aufmerksamkeit auf die Situation zu lenken. Am 5. Mai 1946 auf Schloss Sigmundskron versammelten sich deutschsprachige Menschen, um die Rückführung nach Österreich zu fordern. Am 17. November 1957 versammelten sie sich wieder auf Schloss Sigmundskron, um ihre Rechte aus dem Autonomiestatut einzufordern, und riefen dabei *„Los von Trient"* (vgl. Gruber 2017, S. 105 ff.). Diese letzte Kundgebung gekoppelt mit bewaffneten Auseinandersetzungen der Separatisten des Befreiungsausschusses von Südtirol waren Zeichen der Unzufriedenheit, die in den folgenden Jahren extremer wurden. Im Jahr 1960 schließlich wurde die Situation der Südtiroler von

Österreich vor die Generalversammlung der Vereinten Nationen gebracht. Italien wurde daraufhin aufgefordert, die Situation in Südtirol friedlich zu lösen (vgl. Autonome Provinz Bozen-Südtirol vom 11.06.2017).

Am 22. November 1969 entstand ein Paket zur Verbesserung der Autonomie. Das neue Autonomiestatut trat am 20. Januar 1972 in Kraft und damit gingen viele Zuständigkeiten von Trient an Bozen über. Beide Provinzen wurden in ihren administrativen Befugnissen im Vergleich zur Region aufgewertet. Die Region bleibt aber weiterhin als Bindeglied bestehen. Bei diesen Entwicklungen wurden auch die Sprachgruppen berücksichtigt, indem u. a. 1988 die deutsche Sprache die Gleichberechtigung vor Gericht und bei der Polizei erlangte und Südtirol zwei Senatoren ins italienische Parlament entsenden konnte. Zwanzig Jahre nach der Unterzeichnung des Pakets, welches zum Zweiten Autonomiestatut führte, wurde eine gemeinsame italienisch-österreichische Streitbeilegungserklärung an die Vereinten Nationen gesendet, die offiziell die Streitigkeiten zwischen den beiden Staaten um Südtirol beendete (vgl. Gruber 2017, S. 127 ff.).

Durch die österreichische EU-Mitgliedschaft 1995 bot sich die Chance für die Südtiroler, in Kontakt mit der Schwesterregion Tirol zu treten. Dies wurde 1998 in der Europaregion Tirol-Südtirol-Trentino konkretisiert. Die Region eröffnete aber bereits vorher - nämlich 1995 - ein gemeinsames Büro in Brüssel. 2011 wurde sie im Sinne eines Europäischen Verbund Territorialer Zusammenarbeit (EVTZ) institutionalisiert. Auch innerstaatlich entwickelte sich Südtirol in den nächsten Jahren. Im Jahr 1996 bekam die Provinz weitere Kompetenzen im Bereich der Bildung und 1997 wurde der Bau der Freien Universität Bozen begonnen, die zu einer dreisprachigen Universität wurde. 2009 wurde schließlich durch das Mailänder Abkommen beschlossen, dass der Region 90% aller erhobenen Steuern und Gebühren rückerstattet werden, was sich wiederum positiv auf die Entwicklung der Region ausgewirkt hat (vgl. Gruber 2017, S. 148 ff.).

Die Mehrheit der Bevölkerung in Südtirol besteht aus 69,41% deutschsprachigen Personen (siehe Abbildung 4). Daneben lebt auch eine ladinisch- und eine italienischsprachige Gemeinschaft in Südtirol. Das Ladinische gehört zu der Gruppe romanischen Sprachen, die in den Alpentälern Oberitaliens gesprochen werden. Diese Sprachgruppe konzentriert sich um die Gebiete wie St. Martin in Thurn oder Abtei/Badia östlich von Bozen, wo sie über 90% der Bevölkerung ausmachen. Im ganzen Gebiet Südtirols umfasst die Sprachgruppe lediglich 4,53% laut der Volkszählung aus 2011 (vgl. Autonome Provinz Bozen-Südtirol 2011). Die italienischsprachige Bevölkerung macht insgesamt 26,06% der Südtiroler Bevölkerung aus und die Mehrheit ist in den Gebieten um und in Bozen ansässig.

Die Grundlage für die Autonomie in der Region bilden neben dem Pariser Vertrag von 1946 auch Artikel 6 der italienischen Verfassung und das Zweite Autonomiestatut von 1972. Artikel 6 der italienischen Verfassung garantiert folgendes:

> *„La Repubblica tutela con apposite norme le minoranze linguistiche.“* [*„Die Republik schützt die Sprachminderheiten durch spezifische Regelungen.“*] (Senato della Repubblica vom Juli 2020)

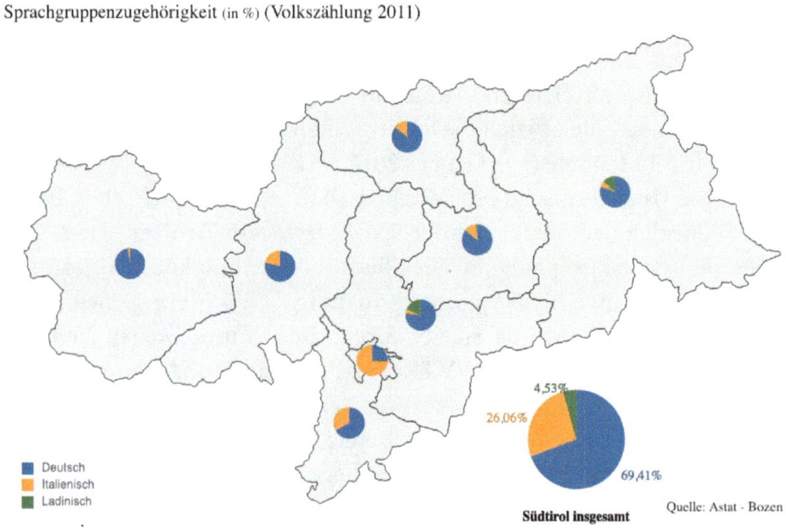

Abbildung 4: Sprachgruppenzugehörigkeit in Südtirol 2011

Quelle: Landesinstitut für Statistik – ASTAT (2011)

Der Pariser Vertrag bildet die internationale Absicherung der Südtiroler Autonomie. Daneben haben Österreich 1992 und Italien 2000 die Europäische Charta der Regional- und Minderheitensprachen unterschrieben. Diese wurde bis dato jedoch nur von Österreich 2001 ratifiziert. Trotzdem befinden sich mehrere Sprachen innerhalb Italiens, die z. T. regional auch Amtssprachen sind, wie z. B. Deutsch und Ladinisch in Trentino-Südtirol, Französisch im Aostatal oder Slowenisch in Friaul-Julisch Venetien (vgl.

Minority Rights Group International o. D., World directory of minorities and indigenous people – Italy).[27]

Österreich fördert sechs autochthone Volksgruppen (vgl. BGBl. Nr. 396/1976 vom 07.07.1976): die burgenlandkroatische, die slowenische, die ungarische, die tschechische, die slowakische und die romasprachige Gruppe. Im österreichischen Bundesverfassungs-Gesetz (B-VG aus 1920) gilt nach Artikel 8 die deutsche Sprache (in diesem Fall Österreichisches Deutsch) als Staatssprache. Sprachliche Minderheiten und die österreichische Gebärdensprache sind ebenfalls geschützt. Daneben gelten laut dem österreichischen Bundeskanzleramt sowohl der Staatsvertrag von Saint-Germain-en-Laye als auch Artikel 7 des Staatsvertrags von Wien als Rechtsgrundlage für die Minderheiten in Österreich (vgl. BGBl. I Nr. 57/2019 vom 08.07.2019).

Dieses Fallbeispiel unterscheidet sich von dem vorherigen in dem Sinne, dass es keine italienische autochthone Minderheit auf dem Territorium Österreichs gibt, die die Reziprozität der Beziehungen wie im Falle Rumäniens und Ungarns beeinflusst. In den folgenden Unterkapiteln wird daher hauptsächlich das regionale Beispiel Tirol-Südtirol-Trentino umfassend beleuchtet mit einem Fokus auch auf die allgemeine sprachliche Situation in Österreich bzw. im Bundesland Tirol.

3.2.2 Nationale und zwischenstaatliche Ebenen

Dieses Unterkapitel setzt sich mit den gesetzlichen Rahmenbedingungen auseinander und präsentiert die geförderten Minderheiten sowie Sprachen in beiden Staaten. Da es sich um verschiedene politische Strukturen handelt, wird es ersichtlich, wie unterschiedlich die Minderheiten- und Sprachförderung zwischen diesen Staaten ist. Auf der zwischenstaatlichen Ebene wird die Autonome Region Trentino-Südtirol im Kontext der italienisch-österreichischen Beziehungen positioniert.

Italien

Die Bevölkerung Italiens ist mehrheitlich italienischsprachig, es gibt aber auch weitere Sprachgruppen, die gemäß den nationalen Gesetzen sowie spezifischer Autonomiestatute und internationaler Verträge gefördert wer-

27 minorityrights.org/country/italy [26.01.2023].

den. Der unterschiedliche Status der Sprachgruppen in Italien stellt auch den interessanten Charakter dieses Fallbeispiels dar. Die Minderheiten sind vielfältig und fußen auf verschiedensten historischen Kontexten.

Zum einen gibt es in den nördlichen Grenzgebieten Bewohner, die aus historischen Gründen eine gemeinsame Sprache und Kultur mit den benachbarten Ländern teilen, wie z. B. die deutschsprachige Minderheit in der Region Trentino-Südtirol oder die französischsprachige im Aostatal sowie die slowenischsprachige in der Region Friaul-Julisch Venetien. Zum anderen gibt es weitere Sprachgruppen, die auf dem ganzen Gebiet Italiens verstreut leben, wie z. B. albanisch-, katalanisch-, griechisch-, ladinisch-, kroatisch-, franko-provenzalisch-, okzitanisch-oder friaulisch-, sardisch- sowie deutschsprachige (vgl. Council of Europe ACFC/SR(1999)007 vom 03.05.1999, S. 12).

Der Minderheitenschutz hat sich ernsthaft nach dem Zweiten Weltkrieg in Italien entwickelt. Im Jahr 1977 wurden von der zentralen Verwaltung Italiens die Befugnisse im Rahmen der Kultur- und Bildungsförderung auf die Regionen übertragen. Dies hatte zur Folge, dass die Regionen erstmals über die Möglichkeit verfügten, die Situation der Sprachgruppen selbst zu bewerten und darüber entscheiden zu können. Eine Normsetzung für den Minderheitenschutz begann erst nach 1983 im Bereich der Kultur und Bildung. In den Jahren danach wurde u. a. das Rahmenübereinkommen zum Schutz nationaler Minderheiten 1997 ratifiziert, wodurch die Regionen eigene Gesetzgebungen im Rahmen ihrer jeweiligen Minderheitenpolitik entwickeln konnten. So ist z. B. das Friaul-Julisch Venetianische Gesetz Nr. 15/1996 entstanden, das als Vorbild für andere italienische Regionen galt. Alle diese Entwicklungen im Bereich der Minderheitenpolitik mündeten schließlich in das Minderheiten-Gesetz Nr. 482/1999, das heute die Normen auf dem gesamtstaatlichen Gebiet Italiens regelt (vgl. Pan 2006, S. 222 f.).

Die Sprachgruppen Italiens haben je nach Region verschiedene gesetzliche Grundlagen, auf die sie sich stützen können. Interessanterweise wurde die Europäische Charta der Regional- und Minderheitensprachen 2000 unterzeichnet, aber noch nicht ratifiziert, obwohl die Minderheiten in Italien aufgrund sprachlicher Merkmale identifiziert werden. Details dazu gibt ein an den Europarat gerichtete Bericht Italiens über die Fortschritte im Zusammenhang mit dem Rahmenübereinkommen zum Schutz nationaler Minderheiten. Daraus geht hervor, dass es sich um Sprachgruppen handelt, die in Italien unter diese Regelungen fallen (vgl. Council of Europe ACFC/SR(1999)007 vom 03.05.1999, S. 4). Die Sprachgruppen an Grenzgebieten sind wegen der internationalen Abkommen sowie der zwischenstaatlichen Beziehungen zu anderen Staaten am besten gefördert. Die autonomen Gebiete behielten auch nach der Ratifizierung des Gesetzes Nr. 482/1999 ihren Sonderstatus und die dort ansässigen Sprachgruppen stehen damit besser da als diejenigen, die sich nicht in Regionen mit Spezialstatut befinden und sich somit nur auf das nationale Gesetz berufen können.

Italien ist administrativ in zwanzig Regionen gegliedert, fünf davon mit Spezialstatut, die restlichen fünfzehn mit Normalstatut. Lokal betrachtet gibt es in Italien Provinzen und Kommunen (Artikel 114 und Artikel 166 der italienischen Verfassung). Die Regionen mit Spezialstatut (Sizilien, Sardinien, Trentino-Südtirol, Friaul-Julisch Venetien und das Aostatal) haben eine Entscheidungshoheit über die Bildung und Kultur im Vergleich zu Regionen mit Normalstatut. Jede italienische Region hat aber ein eigenes Statut und ist somit eine Rechtspersönlichkeit. Dies bedeutet auch, dass die Regionen selbst über den Schutz der auf ihrem Gebiet ansässigen Sprachgruppen entscheiden können. Artikel 5 der italienischen Verfassung zeigt diesen dezentralen Charakter, denn darin wird Italien als ein einheitlicher Staat mit der Garantie und Förderung der Subsidiarität sowie der lokalen Autonomien bezeichnet (vgl. Senato della Repubblica vom Juli 2020).

Die Sprachgruppen ihrerseits haben einen gewissen Grad an Selbstbestimmung und höhere Entfaltungsmöglichkeiten innerhalb der Regionen mit Spezialstatut. Die Region Trentino-Südtirol zusammen mit den autonomen Provinzen Trient und Bozen-Südtirol ist eine der fünf Regionen mit Spezialstatut, die im Zuge der Ereignisse nach dem Zweiten Weltkrieg ihre aktuelle Position durch das Zweite Autonomiestatut erkämpft hat. Weitere Regionen, die jedoch kein Sonderstatut haben, aber trotzdem den Schutz der Sprachgruppen vorsehen, sind z. B. Piemont, Veneto, Kalabrien, Basilikata oder Molise (vgl. Council of Europe ACFC/SR(1999)007 vom 03.05.1999, S. 13 ff.).

Die Verfassung Italiens definiert nicht die italienische Sprache als offizielle Staatssprache. Diese wird aber im Autonomiestatut Trentino-Südtirols als Staatssprache erwähnt. In Artikel 99 des Autonomiestatuts steht nämlich geschrieben, dass die italienische Sprache *„die amtliche Staatssprache ist“*, aber die deutsche Sprache in der Region mit dieser gleichrangig ist (vgl. Gazzetta Ufficiale della Repubblica Italiana Nr. 301 vom 20.11.1972).

Neben dem Autonomiestatut regelt auch das Gesetz Nr. 482/1999 die in Italien anerkannten Sprachen und bietet finanzielle Anreize für die Kommunen, um ihre Sprachenvielfalt zu fördern. Damit die Regelungen des Gesetzes Gültigkeit haben, müssen auf lokaler Ebene mindestens 15% der

Bevölkerung, die in den lokalen Wahllisten eingeschrieben und Bewohner der Gemeinde sind, oder 1/3 des Gemeindestadtrates dies verlangen (Artikel 3). In Artikel 2 des Gesetzes Nr. 482/1999 werden die zwölf anerkannten Sprachen genannt: die albanische, deutsche, franko-provenzalische, französische, friaulische, griechische, katalanische, kroatische, ladinische, okzitanische , sardische und slowenische Sprache. Die Sprachen genießen gemäß dem Gesetz Rechte nach territorialen Prinzipien (vgl. Erläuterungen der Einleitung in Kapitel 3).

Des Weiteren können diese Sprachen in der Bildung als Unterrichtssprachen eingesetzt werden, wobei sich dies in der Praxis je nach dem Statut der Region unterscheidet (Artikel 4), so auch ob und inwiefern diese Sprachen in den Kommunen benutzt werden (Artikel 9 Absatz 1). Artikel 7 besagt, dass die Sprachen der anerkannten Sprachgruppen in der öffentlichen Verwaltung benutzt werden dürfen, soweit 15% der Bevölkerung dies verlangt. Während im Aostatal neben Italienisch auch Französisch, in Bozen Deutsch und in Trient teilweise Ladinisch benutzt werden, ist das Slowenische in Friaul-Julisch Venetien nur in Görz, Triest und Udine im Verkehr mit öffentlichen Behörden erlaubt. Das Friaulische hat insofern eine positive Wirkung entfaltet, als es als Sprache anerkannt wird und gebraucht werden darf (Gesetz Nr. 15/1996, vgl. Pan 2006, S. 222 f.). Die Staatsbürgerinnen und Staatsbürger, die zu einer der anerkannten Minderheiten gehören, haben des Weiteren das Recht, ihre Namen in der Muttersprache schreiben zu dürfen (Artikel 11).

Die betreffenden Regionen können ihre Haushaltsmittel für die Förderung der Presse, TV und anderer Vereine einzusetzen (Artikel 14). Diese Bestimmungen haben keinen Einfluss auf die Spezialstatute in Autonomien wie den Provinzen Trient und Bozen (Artikel 18) (vgl. Gazzetta Ufficiale della Repubblica Italiana Nr. 297 vom 20.12.1999, S. 8). Dieses Gesetz ist national betrachtet für Sprachgruppen außerhalb der fünf Regionen mit Spezialstatut vorgesehen, wie auch Artikel 18 Absatz 1 bestätigt. Die Regelungen der Autonomiestatute haben somit Vorrang.

Während das Fallbeispiel Trentino-Südtirol als Region mit Spezialstatut hohe Schutz- und Fördermaßnahmen für die auf dem Territorium der Provinz Bozen ansässigen Sprachgruppen ermöglicht, kann im Falle der Provinz Trient von einem mittleren Förderungsmaß gesprochen werden. Am besten wird dies im Falle der ladinischen Sprache sichtbar. Während in der Provinz Bozen diese Sprache dieselben Rechte wie die deutsche und italienische Sprache hat, ist ihre Förderung in der Provinz Trient zusammen mit der zimbrischen und fersentalerischen Sprache nur auf bestimmte

Orte beschränkt (vgl. Provincia Autonoma di Trento 2017; Poggeschi 2010, S. 196 f.).

Es liegt im Interesse und der Pflicht aller regionaler und lokaler Ebenen, sprachenpolitische Maßnahmen in die Praxis umzusetzen trotz der Einteilung der italienischen Regionen in Regionen mit oder ohne Spezialstatut. So ergeben sich national betrachtet verschiedene Stufen sprachlicher Förderung je nach Region und der Willensstärke einer Gemeinschaft oder dem Willen einer administrativen Verwaltung. Die Region Sardinien z. B. hat ein eigenes Gesetz zur Förderung der Kultur und Sprache Sardiniens (L.R. 26/1997) erlassen (vgl. Heinemann 2014).

Die Ladiner, die außerhalb der Region Trentino-Südtirols in den Tälern Fass (Provinz Trient) sowie Buchenstein und Ampezzo (Provinz Belluno in der Region Veneto, einer Region mit gewöhnlichem Status) ansässig sind, unterliegen anderen Bestimmungen verglichen mit den Ladinern aus Trentino-Südtirol, die seit 1948 z. B. ein eigenes Schulsystem haben (vgl. Aministrazion–Provinzia de Bulsan o. D., Geschichte der ladinischen Schule).[28]

Bezüglich der nationalen Institutionen, die sich mit sprachpolitischen Themen beschäftigen, ist u. a. das italienische Ministerium für Unterricht, Universitäten und Forschung zu nennen, welches die Zusammenarbeit von Schulen durch verschiedene Finanzierungspläne unterstützt. Für den Zeitraum 2018–2020 wurde u. a. eine Feier auf nationaler Ebene organisiert, weil das Gesetz Nr. 482/1999 zum Schutz der Minderheiten sein zwanzigstes Lebensjahr gefeiert hatte. Ziel der Festlichkeiten war die Wahrnehmung der Vielfalt in Italien und der Finanzierung von regionalen Projekten zu ihrer Förderung. Darüber hinaus widmet das Ministerium jährliche Fonds zur Durchführung von Studien für die Untersuchung der Situation im Bereich der Mehrsprachigkeit in Italien (vgl. Ministero dell'Istruzione e del merito o. D., Piani di intervento e finanziamenti 2022-2024 [Interventions- und Finanzierungspläne 2022-2024]).[29]

Eine Statistik zur Situation der Sprachenkenntnisse in Italien, die 2017 veröffentlicht wurde, zeigt, dass neben den 90,40% der Bevölkerung, deren Muttersprache Italienisch ist, nur ca. 9,6% der Bevölkerung eine andere Muttersprache als die italienische pflegen. Von diesen 9,6% sprechen 92,3% eine oder mehrere Fremdsprachen im Vergleich zu ca. 56,6% der Italie-

28 www.provinzia.bz.it/formaziun-lingac/scora-ladina/de/schulsystem/geschichte-ladinische-schule.asp [26.01.2023].

29 www.miur.gov.it/web/guest/piani-di-intervento-e-finanziamenti [04.04.2023].

nischsprachigen, die eine oder mehrere Fremdsprachenkenntnisse angegeben haben. Es wurde auch festgestellt, dass eine größere Anzahl der Bevölkerung im Norden als im Süden Fremdsprachenkenntnisse angegeben hat mit: 48,1% Englisch-, 29,5% Französisch- und 11,1% Spanischkenntnissen. Die Statistik gibt keine Auskunft über andere Sprachen, es lässt sich jedoch schlussfolgern, dass unter den anderen Fremdsprachenkenntnissen auch die Sprachen der anerkannten Minderheiten sowie die Sprachen anderer Einwanderer eingeschlossen sind, die in den Gesetzen keinen offiziellen Status haben (vgl. Istituto Nazionale di Statistica 2017).

In Italien gibt es drei Typen von Sprachgruppen, wie von Ciccolone 2014 festgestellt wurde:

- Zweisprachigkeitssituationen wie etwa in Trentino-Südtirol oder im Aostatal
- verschiedenen Varietäten, die aus keiner gemeinsamen Sprache bestehen wie etwa die frankoprovenzalische Sprache im Aostatal
- Sprachinseln, die außerhalb Italiens seit mehreren Jahrhunderten gesprochen werden, aber in Italien isolierte Dialekte oder Sprachen darstellen, wie z. B. die Walsersprache in Piemont und im Aostatal oder die Arbërisht Sprache (vgl. Ciccolone 2014, S. 65)

Im Bereich des lebenslangen Lernens sind neben dem Ministerium für Bildung, Universität und Forschung auch die Regionen und Kommunen aktiv und können territoriale Netzwerke bilden, wie z. B. Provinzzentren für Erwachsenenbildung (Dekret des Präsidenten der Republik Nr. 263 vom 29. Oktober 2012). Diese Netzwerke haben ihre Zentren meist in Gymnasien sowie Realschulen in Italien, wo Kurse abends oder am Wochenende angeboten werden. Die Zentren spezialisieren sich auf die Fortbildung der Erwachsenen italienischer und ausländischer Staatsbürgerschaft mit Kursen in verschiedenen Sprachen bis hin zu Informatikkursen. Ausländer, die sich in Italien für eine längere Periode niederlassen wollen, können Italienischkurse besuchen und eine Italienischprüfung ablegen (vgl. Ministero dell'Istruzione e del merito o. D., Apprendimento permanente [Lebenslanges Lernen]).[30]

Die Südtiroler haben dank ihres Bestrebens und der Unterstützung durch Österreich ein umfassendes Autonomiestatut aushandeln können. Dasselbe lässt sich nicht über alle Sprachgruppen in Italien sagen. Die

30 www.miur.gov.it/web/guest/tematiche-e-servizi/istruzione-degli-adulti/apprendimento-permanente [04.02.2023].

Slowenen der Region Friaul-Julisch Venetien z. B. wurden nach dem Ende des Zweiten Weltkrieges mit Misstrauen wegen ihrer slawischen Herkunft betrachtet. Wegen des Kalten Krieges konnte die Situation der Slowenischsprachigen in Italien nicht anhand einer Kooperation mit Jugoslawien gelöst werden, wie es im Fall der Südtiroler anhand einer italienisch-österreichischen Zusammenarbeit möglich war. Letztendlich ist die Situation der Slowenen im Memorandum von London (*London Memorandum of Understanding 1954*) bearbeitet worden, sodass Beziehungen aufgenommen und zwischenstaatliche Abkommen mit Slowenien abgeschlossen werden konnten (vgl. Berber 2012, S. 103 f.).

Österreich

Das Habsburgerreich galt als Vorreiter im 19. Jahrhundert im Bereich der Minderheitenrechte. Artikel 19 des Staatsgrundgesetzes über die allgemeinen Rechte der Staatsbürgerinnen und Staatsbürger für die im Reichsrat vertretenen Königreiche und Länder räumte das Recht der Minderheiten ein, ihre Kultur und Sprache zu benutzen (vgl. RGBl. Nr. 142/1867 vom 21.12.1867).

Das heutige Österreich umfasst neun Bundesländer mit Selbstverwaltung auf Gemeindeebene. Es werden des Weiteren sechs Volksgruppen offiziell anerkannt. Diese sind:

- die Kärntner und Steiermarker Slowenen
- die Burgenland Kroaten (ansässig auch rund um Wien)
- die Ungarn (ansässig rund um Wien, im Burgenland und in Graz)
- die Tschechen (ansässig in Wien)
- Slowaken (ansässig in Wien, in Niederösterreich, Oberösterreich und Steiermark)
- die Roma (ansässig im Burgenland, in Wien, aber zerstreut auch in ganz Österreich) (vgl. Pfeil 2006, S. 356 f.)

Nach den Erfahrungen im Zweiten Weltkrieg hat Österreich mit dem Staatsvertrag von 1955 versucht, die Situation der Sprachgruppen zu verbessern, indem der Vertrag Schutzbestimmungen explizit für die slowenischen und kroatischen Minderheiten festlegte (siehe Artikel 7 BGBI. 39. Stück, Nr. 152 vom 30.06.1955). Die Schutzbestimmungen sehen insbesondere das Recht auf Elementarunterricht in der Muttersprache und die zweisprachigen Ortsbeschilderungen in den Gebieten vor, in denen die beiden Sprachgruppen leben. Diese sind bis heute in Kärnten (Slowenen) und im Burgenland (Kroaten) traditionell ansässig. Die slowenische und die kroatische Sprache sind neben der österreichischen außerdem als Amtssprachen in der Steiermark, Kärnten und im Burgenland anerkannt (Artikel 7 Absatz 3).

Außer diesen spezifischen Bestimmungen wird im Allgemeinen in der heutigen österreichischen Verfassung auch auf die Achtung der kulturellen und sprachlichen Vielfalt Österreichs Wert gelegt (Artikel 8, BGBl. I Nr. 57/2019 vom 08.07.2019). Schon 1919 war mit dem Vertrag von Saint-Germain und dann 1976 mit dem Volksgruppengesetz die Grundlage für die österreichische Sprachgruppenpolitik geschaffen worden. Artikel 8 des Bundes-Verfassungsgesetzes erklärt des Weiteren die österreichisch-deutsche Sprache als die offizielle Sprache der Republik. Weitere Bestimmungen, wie die Befugnisse zwischen der Bundes- und der Landesebene oder die Grundrechte in Österreich, sind auf weitere Gesetze mit verfassungsrechtlichem Charakter aufgeteilt. Die Bildung z. B. liegt überwiegend in den Kompetenzen des Bundes, die Länder können dabei wenig Einfluss ausüben.

Gemäß dem Volksgruppengesetz von 1976 (vgl. BGBI Nr. 396/1976 vom 05.08.1976) können die Minderheiten im Rahmen sogenannter Volksgruppenbeiräte ihre Interessen vertreten und in Kontakt mit der Bundesregierung treten (Artikel 3 und 4). Das Volksgruppengesetz enthält ferner auch Bestimmungen zu Ortsbeschilderungen (Artikel 12) und zu den in den Anlagen genannten Gebieten, in denen bestimmte Minderheitensprachen eine gewisse Bevölkerungszahl erreichen (Artikel 13.). Auf einen Mindestprozentsatz zu diesen Bestimmungen wurde schließlich verzichtet (vgl. Dorostkar 2014, S. 141 f.). Dies ist auch verständlich, wenn die Volkszählung von 2001 näher betrachtet wird. Die Sprecher des Burgenlandkroatischen, Slowenischen und Ungarischen sind am zahlreichsten, ihre Prozentzahl liegt jedoch zwischen 0,08% und 0,51% der Gesamtbevölkerung. Zu bemerken ist die Tatsache, dass die Volkszählung nicht nach der Muttersprache, sondern nach der Umgangssprache gefragt hat, also nach der am meisten benutzte Alltagssprache (vgl. Statistik Austria 2001, S. 76).

Die ungarischsprachige Volksgruppe konzentriert sich wie auch die burgenlandkroatische in den Gebieten im östlichen Teil des Landes, während die slowenischsprachige eher im südlichen und westlichen Teil des Landes ansässig ist. Das Recht auf Unterricht in der Muttersprache wird in Kärnten und dem Burgenland vom Minderheiten-Schulgesetz für das Burgenland und dem Minderheiten-Schulgesetz für Kärnten näher erläutert. Diese Gesetze sprechen von den Sprachen Kroatisch, Ungarisch und Slowenisch und ermöglichen die Einrichtung von zweisprachigen Schulen (vgl. Figl 2012).

Obwohl Schutzbestimmungen gelten, ist ihre Durchsetzung trotzdem durch Auseinandersetzungen gekennzeichnet. Auch dem Beitrittsvertrag Österreichs in die EU wurde ein Zusatzprotokoll Nr. 10 hinzugefügt, das spezifische österreichische Wörter vorsah (wie z. B. Österreichisch Karfiol, was auf Deutsch Blumenkohl ist, oder Österreichisch Ribisel und auf Deutsch Johannisbeeren usw., vgl. BGBl Nr. 45/1995 vom 13.01.1995), die den gleichen Status und gleiche Rechtswirkung bekommen sollten wie die in Deutschland verwendeten und im Protokoll aufgelisteten Wörter. Politisch wurde die Situation durch dieses Zusatzprotokoll nicht erleichtert, denn die Werbeslogans der österreichischen Parteien, wie die *Freiheitliche Partei Österreichs* (FPÖ) oder die *Österreichische Volkspartei* (ÖVP), sahen sich verantwortlich dafür, dass die deutsche Sprache österreichischer Norm von allen beherrscht werden soll. Eine Zuspitzung dieser Auseinandersetzungen erfolgte in einem von der FPÖ erstellten Volksbegehren von 1993 „*Österreich zuerst*". In den zwölf formulierten Punkten sollten die Minderheiten in ihren Rechten, wie dem Unterricht in der Muttersprache begrenzt und die Tätigkeiten von Ausländern in Österreich erschwert werden (vgl. Dorostkar 2014, S. 142 ff.).

Die Fremdsprachenkenntnisse in Österreich zeigen dieselbe Tendenz, die eigentlich in ganz Europa zu sehen ist, und zwar die Bevorzugung der englischen Sprache gefolgt von der französischen und in manchen Fällen der italienischen Sprache. Eine Statistik aus dem Jahr 2016 zeigt diese Kenntnisse der Bevölkerung folgendermaßen: Von den befragten Personen haben nur 9,6% angegeben, sie wüssten drei Fremdsprachen, während 49,6% nur eine Fremdsprache beherrschen (vgl. Statistik Austria 2018, S. 43). Einer anderen Statistik zu den Fremdsprachenkenntnissen der Schülerinnen und Schüler aus dem Jahr 2016/2017 kann entnommen werden, dass 76,8% der Schülerinnen und Schüler aus allen Schultypen eine, 17,8% zwei und 3,1% drei Fremdsprachen erlernt haben. Zu diesen Fremdsprachen gehört an erster Stelle Englisch mit 97,5%, gefolgt von Französisch und Italienisch jeweils mit 11,2% und 6,8% (vgl. Statistik Austria 2019, S. 297 f.).

Das Bundesministerium für Bildung ist mithilfe der Abteilung für Diversitäts- und Sprachenpolitik am Minderheitenschulwesen und an Schulpartnerschaften tätig. Ein sogenanntes österreichisches Sprachenkomitee soll für die Mehrsprachigkeit werben und für dieses Thema sensibilisieren, indem es verschiedene Veranstaltungen durchführt und das Bildungsministerium sowohl auf staatlicher als auch regionaler Ebene unterstützt. Die Initiativen umfassen u. a. die Förderung von Deutschkursen für Schülerinnen und Schüler, die wegen mangelnder Kenntnisse nicht an dem regulär angebotenen Unterricht teilnehmen können; das europäische Sprachenportfolio zur Unterstützung der Schulen beim Angebot von Fremdsprachenunterricht; aber auch die Unterstützung der Ausweitung der Kenntnisse in einer anderen Sprache als Deutsch auf muttersprachlichem Niveau (wie z. B. der anerkannten Minderheitensprachen). Eine Auswertung des muttersprachlichen Unterrichts in Österreich für das Schuljahr 2017/2018 zeigt, dass das Angebot des Unterrichts auf muttersprachlichem Niveau vielfältig ist. Dies verdeutlicht, dass außer den anerkannten Volksgruppensprachen auch andere in Frage kommen, insgesamt also ca. 26 Sprachen für den angegebenen Zeitraum (vgl. Garnitschnig 2016, S. 11 ff.).

Ein interessantes Beispiel im Bereich der Mehrsprachigkeit stellt ein Projekt am slowenischen Gymnasium in Klagenfurt dar, und zwar die sogenannte *Kugy-Klasse,* benannt nach dem Bergsteiger und Schriftsteller Julius Kugy (1858-1944). Kugy bemühte sich um die Verständigung zwischen Deutsch-, Italienisch- und Slowenischsprachigen. Die Kugy-Klassen werden viersprachig ausgerichtet (Deutsch, Italienisch, Slowenisch und Englisch) mit dem Ziel, die Mehrsprachigkeit der Schülerinnen und Schüler in einem jungen Alter zu ermöglichen und durch Schülerinnen- und Schüleraustausch und andere praxisbezogene Aktivitäten zu fördern. Im Jahr 2019 feierte dieses Projekt seinen zwanzigsten Geburtstag. Durch die Vermittlung von Sprachkompetenzen und die Durchführung von Schulpartnerschaften sowie die mehrsprachige Ausrichtung des Unterrichts sollen die Schülerinnen und Schüler u. a. für Toleranz und Gegenseitigkeit sensibilisiert werden (vgl. Busch 2008, S. 97).

Mehrsprachige Angebote im Fernsehen und Rundfunk in Österreich werden auch vielseitig sowohl privat als auch öffentlich gefördert. Der Österreichische Rundfunk (ORF) muss:

> *„[...] angemessene Anteile in den Volksgruppensprachen, für die ein Volksgruppenbeirat besteht, [zu] erstellen: Kroaten im Burgenland, Ungarn in Wien, Roma im Burgenland und Slowenen in Kärnten und Steiermark."* (vgl. ORF, Der Österreichische Rundfunk vom 14.06.2023)

Eine Neuregelung seit 2011 ist die bundesweite Förderung der Volksgruppenmagazine. Daneben gibt es Radioempfang für die tschechisch- und slowakischsprachigen, burgenlandkroatisch- und ungarischsprachigen sowie Roma im Burgenland und für die slowenischsprachigen in der Steiermark. Weitere Angebote werden auf der im Jahr 2000 erstellten Website *volks-*

gruppen.ORF.at[31] gelistet. Private und andere nicht-kommerzielle Sender, die eine hohe Erreichbarkeit erzielen, sind z. B. Radio Agora (Kärnten) oder das Fernsehprojekt Okto (Wien).

Die obigen Ausführungen zeigen auch im Falle Österreichs, dass sich die politischen Auseinandersetzungen oft von der Realität unterscheiden. Obwohl Österreich seinen mehrsprachigen und multikulturellen Charakter offiziell anerkennt, gestaltet sich die tatsächliche Sprachenpolitik zwiespältig. Einerseits gibt es die Möglichkeit, an zweisprachigen Schulen zu lernen oder in der eigenen Muttersprache als zweite Muttersprache zu studieren, trotzdem werden auf der politischen Ebene oft Auseinandersetzungen sprachlicher Art insbesondere während der Wahlkampagnen sichtbar.

Zwischenstaatliche Ebene

Auf Grundlage des Pariser Abkommens wurde 1949 ein Regionalabkommen namens *Accordino* zwischen den Regionen Trentino-Südtirol von der italienischen Seite sowie Tirol und Vorarlberg von der österreichischen Seite unterschrieben. Außerdem wurde in den 1970ern ein erstes gemeinsames Treffen in Form eines sogenannten Landtages zwischen dem Bundesland Tirol und Südtirol zur Bewahrung der Beziehungen organisiert. In den 1990ern wurde er durch die Einbeziehung Vorarlbergs[32] und Trentinos zum Dreier-Landtag erweitert, der sich alle zwei Jahre trifft:

> „*Als Dreier-Landtag bezeichnet man die gemeinsame Sitzung des Südtiroler Landtages, des Tiroler Landtages sowie des Landtages der Autonomen Provinz Trient. Der Vorarlberger Landtag nimmt im Rahmen des Dreier-Landtages einen Beobachterstatus ein und nimmt an der gemeinsamen Landtagssitzung mit seinem Präsidenten bzw. seiner Präsidentin sowie den Mitgliedern des erweiterten Präsidiums teil.*“ (vgl. Südtiroler Landtag o. D., Dreier-Landtag: Zusammensetzun– - Aufgaben)[33]

Diese Sitzungen haben sich schrittweise in die 1998 gegründete *Europaregion Tirol-Südtirol-Trentino* entwickelt. Als das Rahmenübereinkommen zwischen Italien und Österreich über die grenzüberschreitende Zusammenarbeit von Gebietskörperschaften 1995 bestätigt wurde, wurde die Idee dieser transnationalen Zusammenarbeit durch die Eröffnung eines gemeinsamen

31 volksgruppen.orf.at [13.09.2023].
32 Vorarlberg ist ein Bundesland im Westen der Republik Österreich.
33 www.landtag-bz.org/de/dreier-landtag/zusammensetzung-aufgaben.asp [31.01.2023].

Büros in Brüssel 1995 realisiert und 1998 im Rahmen einer Europaregion institutionalisiert.

Nach dem Ende des Zweiten Weltkrieges und den langjährigen Auseinandersetzungen zwischen Italien und Österreich wegen der Situation in Südtirol haben sich die Beziehungen durch die 1992 unterschriebene Streitbeilegungserklärung vor den Vereinten Nationen und dem Beitritt Österreichs 1995 in die Europäische Union schließlich deutlich verbessert.

Die Europaregion Tirol-Südtirol-Trentino wird *per se* als ein Erfolgsbeispiel und als Modell für andere Regionen in der Europäischen Union betrachtet. Durch die kulturelle und sprachliche Zusammengehörigkeit der Provinz Südtirol (Italien) mit dem Bundesland Tirol (Österreich) ist ein Integrationskonzept entstanden, das nicht nur kulturell, sondern auch wirtschaftlich und sozial erfolgreich ist.

Aus Mitteln der Europaregion selbst und der italienischen autonomen Region Trentino-Südtirol werden z. B. Wirtschaftsprojekte zur Erleichterung der Arbeitssuche junger Fersentaler in der Provinz Trient unterstützt (vgl. ABI. L 210/19 vom 31.07.2006; Kürschner 2014, S. 17). Neben ökonomisch relevanten Themen werden auch Projekte mit Bezug zu den Sprachen und Kulturen der Europaregion aufgenommen. So findet jährlich ein „Gesamttiroler Fremdsprachenwettbewerb“ statt, der 2019 zum 33. Mal gefeiert wurde. Die Schülerinnen und Schüler zeigen ihre Begabung in Sprachen wie Griechisch, Latein, Englisch, Russisch, Französisch oder Italienisch (vgl. Autonome Provinz Bozen-Südtirol vom 14.03.2019). Die Universitäten in Innsbruck, Bozen und Trient führen außerdem auch mehrere Projekte zusammen durch. Neben einer gemeinsamen regionalgeschichtlichen Forschung oder eines Euregio Masterprogramms[34] in öffentlicher Verwaltung ist in der Euroregion auch die Zweisprachigkeitsprüfung für den öffentlichen Dienst wichtig geworden.

Darüber hinaus wird die Mehrsprachigkeit zur Förderung des Zusammenlebens und der Integration der Bürgerinnen und Bürger sowohl im sozialen als auch im wirtschaftlichen Umfeld betont. Die Experten sind sich bewusst, dass auch die Sprachen der neu zugewanderten Personen dabei eine Schlüsselrolle spielen und dass der Sprachenerwerb schon im Kindergarten gefördert werden sollte. Dies wurde u. a. an der Euroregio-Integrationstagung *Sprachenvielfalt als Chance* 2015 im *Eurac Research* Institut in Bozen näher thematisiert (vgl. Reichel 2015).

34 www.europaregion.info/euregio/projekte/bildung-forschung/euregio-master [13.09.2023].

Dieses *Eurac Research* Institut forscht zur Förderung der Mehrsprachigkeit und veröffentlicht dazu auch Beiträge in der Zeitschrift *Academia* zusammen mit der Universität Bozen. Zu den Forschungsgebieten gehören insbesondere die Migration neuer Minderheiten und ihre Integration in autonomen Minderheitengebieten, die kulturelle Vielfalt im Alltag und die Rechte der Roma und Sinti. Diese Projekte konzentrieren sich dabei nicht nur auf Südtirol, sondern thematisieren ganz Europa sowie die Euroregion Tirol-Südtirol-Trentino.

Das durch die Interreg IV Kooperation zwischen Italien-Österreich finanzierte Projekt *MigrAlp* ist angesichts der Zunahme der Migration insbesondere in den letzten Jahren wichtig geworden. Ziel ist es zu verstehen, wie Gebiete wie Tirol in Österreich oder Südtirol in Italien mit neuen Herausforderungen umgehen, damit die lokale Ebene die Integrationsmechanismen besser fördern kann. Zu den genannten Empfehlungen im Bereich der Sprachkenntnisse zählen z. B. Nachmittagsnachhilfestunden in der jeweiligen Landessprache für Kinder der Einwanderer sowie die Wahl von sprachlichen, aber auch beruflichen Kursen für die Erwachsenen (vgl. European Commission vom 19.04.2010).

Italien und Österreich pflegen auch im klassischen Sinne zwischenstaatliche Beziehungen. Die Botschaft Italiens steht mit der Konsularabteilung in Wien in Verbindung. Italien hat daneben aber auch Honorarkonsulate in Bregenz, Innsbruck, Linz und Salzburg. Die österreichische Anwesenheit in Italien ist durch eine Botschaft in Rom mit einer Konsularabteilung sowie einem Generalkonsulat in Mailand und elf Honorarkonsulaten in ganz Italien (Bari, Bologna, Cagliari, Florenz, Genua, Neapel, Palermo, Triest, Turin, Venedig, Verona) vertreten. Darüber hinaus hat Österreich Kulturforen in Rom und Mailand.

Für die Förderung der italienischen Sprache und Kultur in Österreich ist hauptsächlich das italienische Kulturinstitut zuständig. Daneben wurde schon im Jahr 1889 die *Società Dante Alighieri* von italienischen Intellektuellen mit dem Ziel gegründet, die italienische Sprache und Kultur in der Welt bekannt zu machen. Aus den heutigen über 500 Standorten in der Welt gibt es davon elf in Österreich (Amstetten, Eisenstadt, Feldkirch, Graz, Innsbruck, Klagenfurt, Linz, Salzburg, Spittal/Drau, Vienna, Villaco). Ähnlich wie das italienische Institut organisiert dieser Verein Sprachkurse,

Reisen nach Italien oder Buchpräsentationen (vgl. Ambasciata d'Italia, Vienna (o. D.): Diplomazia culturale [Kulturelle Diplomatie]).[35]

Im Jahr 1952 wurde außerdem ein italienisch-österreichisches Übereinkommen zur Förderung der kulturellen Beziehungen unterschrieben. Dadurch werden Kultur- sowie Sprachprojekte, universitäre Partnerschaften, Stipendien und andere kulturelle Austausche und Aktivitäten unterstützt. Des Weiteren wurde in Österreich die italienische Sprache neben der deutschen Sprache in die Curricula aufgenommen (vgl. BGBI. Nr. 270 vom 30.12.1954).

Die zwischenstaatliche Ebene zwischen Italien und Österreich ist hauptsächlich um die Europaregion Tirol-Südtirol-Trentino fokussiert. Neue Zielsetzungen in den zwischenstaatlichen Beziehungen wurden im 14. Arbeitsprogramm zwischen Italien und Österreich festgelegt und sind u. a. der Unterricht der italienischen und deutschen Sprache im jeweiligen Land und die gegenseitige Ausbildung von Lehrkräften (vgl. Ambasciata d'Italia, Vienna [Die Botschaft Italiens, Wien] (o. D.): Diplomazia culturale [Kulturelle Diplomatie]).[36]

Im Verlauf der zweiten Hälfte des 20. Jahrhunderts haben sich die innerstaatlichen Beziehungen zwischen Italien und Südtirol schrittweise verbessert. Dies hat auch dazu geführt, dass sich auch die italienisch-österreichischen Beziehungen allmählich beruhigt haben, sodass der Weg für die interregionale Kooperation auch zwischen dem Bundesland Tirol und der Region Trentino-Südtirol dank der europäischen Integration geebnet wurde.

3.2.3 Regionale und lokale Ebenen

Dieses Unterkapitel behandelt die Autonome Region Trentino-Südtirol auf regionaler Ebene und die Autonomen Provinzen Bolzano/Bozen sowie Trentino/Trient auf lokaler Ebene in Italien. In Österreich wird das Bundesland Tirol im Vergleich zu anderen österreichischen Bundesländern auf regionaler Ebene verglichen. Der Fokus liegt in der detaillierten Darstellung der gesetzlichen Rahmenbedingungen sowie der Praxis auf dem Gebiet des Minderheitenschutzes und der Sprachenförderung der anerkannten Minderheiten.

---

35 ambvienna.esteri.it/it/italia-e-austria/diplomazia-culturale [31.01.2023].

36 ambvienna.esteri.it/it/italia-e-austria/diplomazia-culturale [31.01.2023].

Italien

In der Region Trentino-Südtirol sind drei anerkannte Sprachgruppen ansässig: die italienisch-, die deutsch- und die ladinischsprachige. Die heutige Grundlage der Autonomie in der Region stellt das zweite Autonomiestatut vom 31. August 1972 dar, welches auch Bestimmungen des alten Statutes von 1948 enthält (vgl. Gazzetta Ufficiale della Repubblica Italiana Nr. 301 vom 20.11.1972). Dieses legt alle Kompetenzen und Kompetenzebenen fest. Sie sind jeweils auch zwischen den beiden Provinzen aufgeteilt. Demnach hat Südtirol separat von Trient definierte Befugnisse zur Gestaltung der eigenen Politik (Artikel 3). Bereits in Artikel 2 wird auf die Sprachgruppen eingegangen – und zwar indem alle Sprachgruppen gleiche Rechte haben und ihre kulturelle Eigenart geschützt ist. Die Befugnisse der Region müssen in Übereinstimmung mit den nationalen Gesetzen und dem Schutz der Sprachgruppen sein (Artikel 4).

Wichtig ist außerdem Artikel 8, denn dieser stellt die Befugnisse der beiden Provinzen im Detail vor. Interessant dabei sind Punkt 2 – Zweisprachigkeitsregelung der Ortsnamen für die Provinz Bozen, Punkt 3 – Schutz der Werte sowie Punkt 4 – örtliche Sitten und Bräuche sowie Hörfunk- und Fernsehstationen. Artikel 10 sieht zudem vor, dass bei der Arbeitsvermittlung in der Provinz Bozen die dort ansässigen Bürgerinnen und Bürger einen Vorrang haben, aber eine Diskriminierung wegen der Sprachenzugehörigkeit oder Dauer der Ansässigkeit ist nicht erlaubt.

Artikel 19 des Statutes legt die Vorschriften für den Unterricht in der Muttersprache fest. Dieser soll nur von Lehrkräften ausgeübt werden, die muttersprachliche Kenntnisse in der jeweiligen Sprache haben. Die zweite erlernte Sprache kann ab der zweiten oder dritten Klasse unterrichtet werden. Die Trennung nach Sprachgruppen wird in Artikel 19 Absatz 4 sichtbar. Jede der drei Sprachgruppen hat ihren eigenen Landesschulrat. Die Wahl der Schule steht den Eltern frei, solange die Kinder genügend Kenntnisse in der gewählten Sprache vorzeigen können. Diese Teilung nach Sprachen ist im Kontext der historischen Entwicklungen in Trentino-Südtirol zu sehen. Als Folge gibt es italienisch- und deutschsprachige Schulen, in denen jeweils die andere Sprache Pflichtfach ist. In ladinischsprachigen Schulen werden alle drei Sprachen unterrichtet, allerdings ist der Unterricht in der ladinischen Sprache vergleichsweise gering (vgl. Czernifolsky 2000, S. 51 f.).

Die Organe der Region sind der Regionalrat, der Regionalausschuss und die Präsidentin oder der Präsident der Region (Artikel 24). Diese sowie die

Organe der zwei Provinzen sind auch von der Sprachengleichberechtigung betroffen. Die Wahl der Präsidentin oder des Präsidenten der Region wird in einer Rotationsabstimmung durchgeführt, d. h., dass jeweils einmal ein italienisch- oder eine italienischsprachige und dann im nächsten Zeitraum ein deutsch- oder eine deutschsprachige, und in Absprache mit den Ladinern auch eine ladinischsprachige Vertreterin oder ein ladinischsprachiger Vertreter gewählt werden können. Die Vizepräsidenten, die zusammen mit der Präsidentin oder dem Präsidenten die Regionalregierung bilden, sind dabei aus den jeweils anderen Sprachgruppen zu wählen und sind zudem Teil des Vollzugsorgans der Region (Artikel 44) (vgl. Gazzetta Ufficiale della Repubblica Italiana Nr. 301 vom 20.11.1972).

Von den oben genannten Institutionen sind die Organe der Provinzen Trient und Bozen wie der Landtag, die Landeshauptfrau oder der Landeshauptmann und der Landesausschuss zu unterscheiden. Die Wahl und Organisation des Landtags, der Landeshauptfrau oder des Landeshauptmannes und des Landesausschusses folgen demselben Prinzip wie im Fall des Regionalrates bzw. Regionalausschusses (Artikel 48–54). Das Sprachenproporz spielt dabei eine bedeutsame Rolle.

Die faire Vertretung und Informierung der Sprachgruppen in der Region treten im Statut in jedem Abschnitt in den Vordergrund, wie auch bei den Arbeitsstellen in der öffentlichen Verwaltung (Artikel 89). Daneben dient ein ganzer Abschnitt der Benutzung der deutschen und ladinischen Sprache. Artikel 99 betont die Gleichstellung der deutschen Sprache neben der italienischen in der Region. Artikel 100 besagt, dass die deutschsprachigen Bürgerinnen und Bürger das Recht haben, im Verkehr mit der öffentlichen Verwaltung die deutsche Sprache zu benutzen. Bei Sitzungen der Organe der Region kann zwischen Italienisch und Deutsch gewählt werden. Da die Ladiner eine Minderheit in der Region sind, wird für diese wie auch für die Fersentaler und Zimber in Artikel 102 explizit das Recht festgeschrieben, ihre Initiativen zu fördern und ihre Kultur und Traditionen zu bewahren. Das ganze Statut wird dadurch abgerundet, dass die Region und die Provinzen im Umfang der im Statut genannten Prozente die Steuereinnahmen behalten dürfen (Artikel 69–86).

Die Tatsache, dass die Region Trentino-Südtirol durch das oben dargestellte Autonomiestatut zu einer Region mit Spezialstatut aufgewertet wurde, zeigt, wieviel Handlungsspielraum sie im Vergleich zu anderen italienischen Regionen mit Normalstatut hat. So haben auch die Sprachen der dort ansässigen Bevölkerung eine deutlich bessere Stellung als Sprachen in anderen Regionen mit Normalstatut. Die Anzahl der Sprecherinnen und Sprecher einer Sprachgruppe ist für die Region und die Erhaltung des sogenannten ethnischen Proporzes wichtig. Er wird in den Volkszählungen festgestellt. Die Ergebnisse der Volkszählung 2011 für die Provinz Bozen-Südtirol können in Abbildung 4 eingesehen werden. Demnach stellt die deutsche Sprachgruppe die Mehrheit mit 69,15% dar, gefolgt von der italienischen mit 26,47% und der ladinischen Sprachgruppe mit 4,37% (vgl. Nationalinstitut für Statistik - ISTAT 2013, S. 33 f.). Dies erklärt auch den speziellen Charakter der Region und insbesondere der Provinz Bozen/Südtirol. Die Beantwortung der Frage zur Zugehörigkeit in der Volkszählung ist optional, sodass die Daten nicht als endgültig betrachtet werden können.

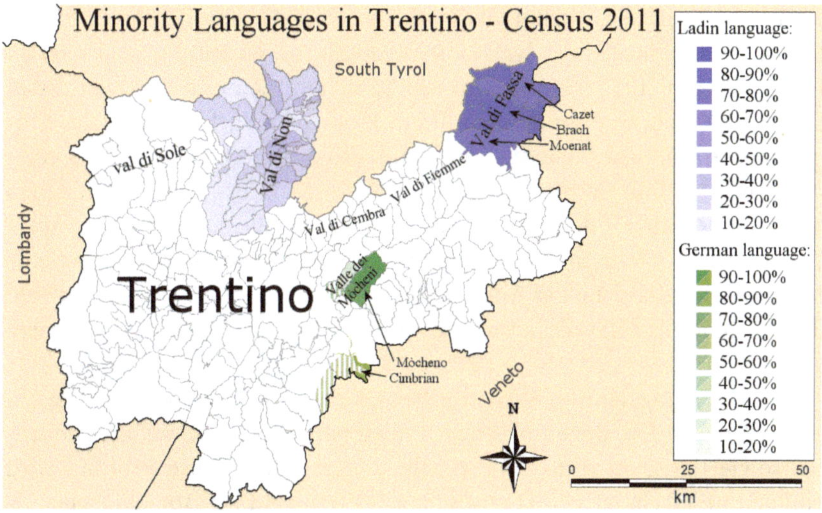

Abbildung 5: Sprachgruppen in der Autonomen Provinz Trient

Quelle: Wikimedia Commons 2012

In der Provinz Trient/Provincia die Trento hingegen ist die Mehrheit der Bevölkerung italienischsprachig, während ladinisch-, zimbrisch- und fersentalerischsprachige Personen eine geringe Anzahl ausmachen. Aus der Gesamtbevölkerung von ca. 536.000 im Jahr 2011 sind ca. 3,5% ladinisch- (im Fassatal), 0,3% fersentalerisch- (im Fersental) und 0,2% zimbrischsprachig (in Lusern) (vgl. Servizio Statistica della Provincia Autonoma di Trento vom 07.2014). Die Förderung dieser Minderheiten wird im Gegenteil zu der Provinz Bozen territorial ausgerichtet, wie auch Abbildung 5 zeigt, d. h., dass die Gebiete, die geschichtlich durch die Ansässigkeit dieser

Minderheiten anerkannt sind, werden durch die Bestimmungen des Autonomiestatutes geschützt.

Mit der Änderung des Autonomiestatutes 2001 sind die Minderheiten in der Provinz Trient explizit in Artikel 15, Punkt 3 und Artikel 102 genannt worden. In den Schulen der Ortschaften, in denen Fersentalerisch, Zimbrisch oder Ladinisch gesprochen werden, werden außerdem Ladinisch oder Deutsch als Unterrichtsfach angeboten. Seit der Änderung hat die ladinische Gemeinschaft in Trient laut Artikel 48 des Autonomiestatutes das Recht auf einen Sitz im Landtag von Trient (vgl. Gazzetta Ufficiale della Repubblica Italiana Nr. 154 vom 05.07.2011).

Die Sprachenpolitik Italiens in der Provinz Trient ist deshalb durch eine Sprachenpolitik des Territorialitätsprinzips und der sprachlichen Akkommodation gekennzeichnet (vgl. Horváth 2008; vgl. Einleitung in Kapitel 3). Da es sich um eine kleine Anzahl von Sprecherinnen und Sprecher dieser Sprache handelt, werden diese in ihrem Wohngebiet gefördert. In der Provinz Bozen/Südtirol hingegen kann dank des Autonomiestatutes von einer proaktiven Politik gesprochen werden. Die deutsche Sprache ist neben der italienischen auf dem ganzen Gebiet Amtssprache. Die ladinische Sprache ist Amtssprache in den Gebieten, in denen diese Sprachgruppe eine Mehrzahl darstellt. In der Verwaltung in Bozen/Südtirol werden sowohl die deutsche, als auch die ladinische Sprache neben der italienischen eingesetzt.

Die Einteilung der öffentlichen Arbeitsplätze und die Verwaltungsorganisation der Provinz Bozen beruhen schließlich auf dem Sprachgruppenanteil sowie der Zwei- oder Dreisprachigkeitsprüfung. Diese Prüfung wird von der außerschulischen Dienststelle für Zwei- und Dreisprachigkeitsprüfungen in Bozen erstellt. Seit 2000 werden jedoch auch Sprachdiplome anderer EU-Staaten anerkannt (vgl. Risse 2013, S. 26). Die Dienststelle sowie auch andere Einrichtungen in der Provinz bieten Weiterbildungskurse für Erwachsene an, die von verschiedenen Themen handeln und auch Sprachenunterricht für Italienisch, Deutsch, Ladinisch, Russisch, Spanisch, Japanisch oder Arabisch beinhalten (vgl. Autonome Provinz Bozen-Südtirol 2018, S. 6).

Die Onlinepräsenz der Landesverwaltung Bozen/Südtirol ist mehrsprachig gestaltet. Es werden u. a. Links zu Fortbildungsstätten in verschiedenen Sprachen gelistet. So lassen sich z. B. neben Informationen zu Sprachen wie Deutsch, Italienisch usw. auch direkte Links zu mehrsprachigen Onlineressourcen finden. Diese Onlineressourcen beinhalten Lerntipps verschiedener Universitäten oder Hörbücher. Besonders nennenswert ist das Multisprachenzentrum in Bozen mit einer Sprachen-Mediathek in Meran. Es verfügt über ausleihbaren Medien in über zwanzig Sprachen, die auch vor Ort konsultiert werden können (vgl. Südtiroler Landesverwaltung (o. D.): Bildung und Sprache – Mehrsprachige Onlineressourcen).[37]

Das Angebot an regionalen Tages- und Wochenzeitungen ist auch nach dem Prinzip der Sprachenzugehörigkeit geordnet. Das Angebot an italienischsprachigen Zeitungen wird von regionalen Zeitungen wie z. B. der Zeitung *Corriere dell'Alto Adige* als regionale Ausgabe der Zeitung *Corriere della Sera* bereichert. Die größte Tageszeitung *Die Dolomiten* ist eine deutschsprachige Zeitung mit einer Rubrik auch in ladinischer Sprache, und sie berichtet neben regionalen Geschehnissen auch über politische und kulturelle Aspekte aus Europa und der Welt. Die italienischsprachige Version wird von der Zeitung *Alto Adige* getragen und es gibt auch eine Version für die Provinz Trient. Auch das Fernseh- und Rundfunkangebot hat eine breite Palette insbesondere im privaten Bereich, da Fernseh- und Radiosender aus den Nachbarländern in der Region empfangen werden können. Im öffentlichen Bereich stellt RAI (*Radiotelevisione italiana*) für beide Provinzen einen öffentlichen Sender bereit. Die Verbände sind auch entlang der Sprachzugehörigkeit organisiert. So existieren ein italienisches Rotes Kreuz und ein Südtiroler Weißes Kreuz. Es gibt auch einen italienischen Alpinklub *Club Alpino Italiano* sowie einen *Alpenverein Südtirol* und eine ladinische Bergrettungsorganisation *Aiut Alpin Dolomites*.

Durch die schriftliche Kodifizierung der Sprachenrechte in der Region und die dadurch entstandene mehrsprachige Verwaltung dieser Region sind nennenswerte Beispiele entstanden, welche im Umgang mit Sprach- und Minderheitenkonflikten einen positiven Wechsel erlebt haben. Dazu hat sicherlich die strenge Trennung der Sprachen in der Verwaltung sowie in der Bildung beigetragen. Dies löst daher eher ein Nebeneinander der Sprachgruppen in der Verwaltung aus. Für die Bürgerinnen und Bürger bietet diese Wandlung beste Voraussetzungen, um sich in der Gesellschaft anzupassen und durch die geförderte Bildung die individuellen Sprachkenntnisse zu erweitern.

37 www.provinz.bz.it/bildung-sprache/sprachen/selbstlernen/mehrsprachige-online-ressourcen.asp [01.02.2023].

Österreich

Die autochthonen Minderheiten im Bundesland Tirol sind nicht so zahlenmäßig wie in Südtirol. Es gibt zwar Bewohnerinnen und Bewohner, die sich z. B. der ungarischen Volksgruppe zugehörig fühlen wie im westlichen Teil des Bundeslandes und um Innsbruck herum, jedoch ist ihre Anzahl nicht so hoch wie im Osten Österreichs an der Grenze zu Ungarn. Das Gleiche gilt auch für die Bewohner, die sich der slowenischen Gruppe zugehörig fühlen. Diese konzentrieren sich im westlichen Teil des Bundeslandes, aber ihr Mittelpunkt liegt im Süden Österreichs um Klagenfurt. Die Bewohnerinnen und Bewohner, die eine italienischsprachige Zugehörigkeit haben und in Tirol leben, sind ca. 1% der Bevölkerung des Bundeslandes Tirol (vgl. Statistik Austria 2001). Weil die italienischsprachige Minderheit keinen anerkannten Status in Österreich hat, wird in diesem Teil der Arbeit allgemein auf die regionalen und lokalen Maßnahmen sprachenpolitischer Art im Bundesland Tirol und im Vergleich zu anderen österreichischen Bundesländern näher eingegangen.

Die kroatisch- und ungarischsprachigen Volksgruppen im Bundesland Burgenland und die slowenischsprachige im Bundesland Kärnten sind im Bildungsbereich dank der Minderheiten-Schulgesetze besser ausgestattet als die tschechisch-, slowakisch- oder die Romasprachigen Minderheiten in anderen Bundesländern. Im Burgenland gab es um die slowenischsprachige Minderheit Auseinandersetzungen, weil man die zweisprachigen Schulen auflösen wollte. Um Feindseligkeiten vorzubeugen, hat man festgestellt, dass immer mehr Kinder ohne slowenischsprachigen Hintergrund sich für den zweisprachigen Unterricht angemeldet haben, sodass diese Schulen erhalten geblieben sind. Heute gibt es neben den Schulen bis zur vierten Klasse, in welchen zweisprachiger Unterricht stattfindet, ein Bundesgymnasium und ein Bundesrealgymnasium für Slowenischsprachige, eine zweisprachige Bundeshandelsakademie sowie auch ein slowenischsprachiges *Volkskundeinstitut Urban-Jarnik* in Klagenfurt (vgl. Fischer/Doleschal 2013, S. 73 ff.).

Die Situation der ungarischen und burgenlandkroatischen Sprachen hat eine positive Entwicklung dank des Gesetzes im Burgenland mit Schulen jeweils in einer dieser Unterrichtssprachen oder in zweisprachiger Ausgestaltung erlebt. Eine Änderung gibt es ab den Aufbauschulen, in denen statt dem Burgenlandkroatischen das Standardkroatische benutzt wird. Die Förderung der kroatischen Sprache wurde auch durch Kulturvereine ermöglicht. *Kulturna Zadruga* ist ein Institut für die Förderung der kroatischen Sprache und Kultur. Es wirbt aber auch um die Mehrsprachigkeit mit grenzüberschreitender Zusammenarbeit im Burgenland (vgl. Fischer/Doleschal 2013, S. 80 ff.). Das gleiche Prinzip gilt auch für das Burgenländisch-Ungarische. Der *Kulturverein der Burgenländischen Ungarn* vertritt die Interessen dieser Volksgruppe.

Im Bundesland Tirol wird die italienische Sprache als Unterrichtssprache für Kinder mit italienischer Muttersprache angeboten, obwohl Italienisch keine offiziell anerkannte Minderheitensprache ist (vgl. Tirol, Bildungsdirektion (o. D.), Muttersprachlicher Unterricht).[38] An der Volksschule Landeck Bruggen z. B. werden die Schülerinnen und Schüler mit einem mehrsprachigen Hintergrund im Rahmen eines Projektes ermutigt, Prosa und Lyrik in ihrer ersten sowie in der deutschen Sprache zu verfassen. Dieses Projekt ist zusammen mit der Schulberatungsstelle für Migrantinnen und Migranten in Tirol entstanden (vgl. Hauser 2013).

Die Vielfalt der Erwachsenenbildung ist auch nicht zu übersehen. Die detaillierte Gestaltung wird den einzelnen Bundesländern überlassen. Als Dachorganisation gilt die 1972 gegründete Konferenz der Erwachsenenbildung, die mit über 7.500 Standorten in Österreich tätig ist. In Tirol gibt es auch Organisationen der Konferenz, die sich mit Mehrsprachigkeit und dem Sprachenlernen beschäftigen, so z. B. die Volkshochschule oder das Wirtschaftsförderungsinstitut in Tirol, die u. a. Deutsch als Fremdsprache, Italienisch, Englisch oder auch Arabisch, Neugriechisch oder Japanisch anbieten (vgl. Tirol, Wirtschaftsförderungsinstitut (o. D.), WIFI-Kursbuch - Sprachen).[39]

3.2.4 Supranationale Ebene

Richtungsweisend für die Entwicklungen im Bereich der Sprachen- und Minderheitenpolitik waren im Falle der italienisch-österreichischen Beziehungen die Vermittlung durch internationale Organisationen und die Ratifizierung der Verträge des Europarates. Während das Rahmenübereinkommen zum Schutz nationaler Minderheiten sowohl von Italien 1997 als auch von Österreich 1998 unterschrieben und ratifiziert wurde, wurde die Sprachencharta der Regional- und Minderheitensprachen nur von Österreich

38 bildung-tirol.gv.at/service/migrantinnenberatung/muttersprachlicher-unterricht [01.02.2023].
39 www.tirol.wifi.at/kategorie/c-sprachkurse [01.02.2023].

2001 ratifiziert und von Italien 2000 lediglich unterschrieben. Trotzdem hat Italien in seinem Gesetz Nr. 482/1999 die Einordnung für die Minderheiten auf seinem Territorium auf sprachlicher und nicht auf ethnischer Basis gewählt. Österreich spricht hingegen über sogenannte Volksgruppen, die auf seinem Gebiet ansässig sind, und wählt somit eine ethnische Eigenschaft für die Einordnung.

Italien ist einer der Gründungsväter der heutigen Europäischen Union und somit seit den Anfängen dieses europäischen Projektes dabei. Es hatte nach dem Zweiten Weltkrieg auch bei der Entstehung des Europarates 1949 mitgewirkt. Österreich ist seinerseits seit 1956 Mitglied des Europarates und seit 1995 der Europäischen Union. Seitdem beide Staaten EU-Mitglieder sind, hat sich auch die konflikthafte Haltung um Südtirol entspannt. Dies wurde durch den Abbau der Hindernisse möglich und nicht zuletzt durch die Handlungen der in der heutigen Europaregion lebenden Bürgerinnen und Bürger sowie Politiker, die sich für die grenzüberschreitende Zusammenarbeit eingesetzt haben.

Die Tatsache, dass dieses Beispiel eine positive Entwicklung genommen hat und heute bekannt ist, bildet das Hauptmotiv, weshalb es im Interesse der Europäischen Union ist, die Entwicklungen der regionalen und lokalen Ebenen von den Diskursen der nationalen Ebenen streng zu trennen. Die Regionen und Kommunen sind von den alltäglichen Geschehnissen und politischen Entscheidungen am meisten betroffen. Aus dieser Konstellation wird das verflochtene System der Europäischen Union am besten sichtbar. Die lokale Ebene, in unserem Falle die Provinz Bozen/Südtirol, ist die, von der die heutige Entwicklung zur autonomen Region Trentino-Südtirol im nationalen Gebilde und der Europaregion Tirol-Südtirol-Trentino im zwischenstaatlichen/europäischen Kontext ausgegangen ist.

Als Beweis für die erfolgreiche Europaregion dienen die zahlreichen Partnerschaften zwischen den Universitäten aus Trento, Bozen und Innsbruck, die das Euregio Masterprogramm erstellt haben, um die Bediensteten in der öffentlichen Verwaltung auf die verflochtenen Politikebenen, die in der Region präsent sind (national, regional, zwischenstaatlich und europäisch), vorzubereiten. Außerdem gibt es auch den *Gesamttirolen Sprachenwettbewerb* und weitere Veranstaltungen wie die Sommerschulen der Europaregion-Vertretung in Brüssel (vgl. Europaregion Tirol-Südtirol-Trentino (o. D.), Brüssel – Euregio Brussels School).[40]

---

40 www.europaregion.info/bruessel/jugend/euregio-brussels-school [01.02.2023].

Im europäischen Kontext gibt es außerdem die Interreg Kooperation zwischen Österreich und Italien. Das Interreg Programm hat zusammen mit dem Institut *Eurac Research* ein Projekt „*EUMINT – Euroregionen, Migration, Integration*“ durchgeführt. In diesem Projekt sind nicht nur Südtirol und Tirol, sondern auch Friaul-Julisch Venetien, Trient und Venetien aus Italien und Kärnten aus Österreich miteinbezogen, um die transnationale Zusammenarbeit auf dem Gebiet der Migration zu stärken (vgl. Eurac Research (o. D.), EUMINT – Euroregionen, Migration, Integration 2018-2020).[41]

Für die Periode zwischen 2014–2020 waren im Interreg-V-Projekt folgende Prioritäten für beide Staaten gesetzt: Forschung und Innovation, Natur und Kultur sowie Institutionen. Sprachbezogene Maßnahmen werden u. a. in der Priorität *Regionalentwicklung auf lokaler Ebene/Community-led local development (CLLD)* gefunden und beziehen sich auf die Eigenverantwortung und die Integration durch Sprachausbildungen. Dieser Ansatz des *Community-led local development* ist von der Europäischen Kommission ins Leben gerufen worden, um die Umsetzung der Interreg Ziele auf lokaler Ebene durch die Einbindung relevanter Akteure zu gewährleisten (vgl. Interreg Italia-Österreich (o. D.), CLLD – Regionalentwicklung auf lokaler Ebene).[42]

Für die Entwicklungen im Bereich der Mehrsprachigkeit in Südtirol und der Europaregion sind die Stellungnahmen der Vertreterinnen und Vertreter im Europäischen Parlament und im Ausschuss der Regionen interessant. Das Ausmaß, inwieweit die Themen der Sprachen und/oder der Sprachgruppen in diesen beiden Institutionen angesprochen werden, zeigt auch den Umgang auf europäischer Ebene mit Themen wie der Minderheitenpolitik einerseits und die Präsenz der Sprachgruppen andererseits. Die Provinz Südtirol hat seit 2009 ein Mitglied, Herbert Dorfmann, im Europäischen Parlament. Dieser hat 2013 im Rahmen einer Plenarsitzung Stellung zu den Sprachen bezogen und sich u. a. für die Ratifizierung der Charta der Regional- und Minderheitensprachen auch seitens Italiens und für die konkrete Unterstützung und Förderung der vom Aussterben bedrohten Sprachen ausgesprochen. Als Erfolgsbeispiel hat er dabei die ladinische Sprache in Südtirol genannt, die durch die konkreten Maßnahmen in der Provinz immer noch gesprochen wird – im Vergleich zum Ladinischen

41 www.eurac.edu/en/institutes-centers/institute-for-minority-rights/projects/eumint [01.02.2023].

42 www.interreg.net/downloads/CLLDBroschuere.pdf [01.02.2023].

aus der Provinz Belluno, wo die Sprache nicht in demselben Maße gefördert werde (vgl. European Parliament A7-0239/2013). Die österreichischen Mitglieder im CULT sind u. a. Hannes Heide und Alexander Bernhuber. Seitens anderer italienischer oder österreichischer Vertreterinnen und Vertreter konnten keine Äußerungen im Parlament oder im CULT-Ausschuss gefunden werden.

Im Ausschuss der Regionen (AdR) (Stand Mitglieder 2019) sind in der Kommission für Sozialpolitik, Bildung, Beschäftigung und Kultur (SEDEC) auf italienischer Seite folgende Mitglieder zu treffen: Arno Kompatscher, auch Landeshauptmann der autonomen Provinz Bozen/Südtirol und Regionalpräsident der Region Trentino-Südtirol (2019). Auch hier wurden keine Äußerungen zu den Sprachgruppen sowie der Euroregion Tirol-Südtirol-Trentino oder der Autonomen Region Trentino-Südtirol gefunden. Diese Tatsache kann damit zusammenhängen, dass die zwischenstaatliche und interregionale Kooperation hauptsächlich in der Europaregion stattfindet und somit keine Kontroversen in den italienisch-österreichischen Beziehungen auf die supranationalen Ebene gebracht werden.

Positive Entwicklungen können auch außerhalb der italienisch-österreichischen Konstellation gefunden werden, die den Funktionalismus Gedanken bestätigen. So hatte z. B. der ladinische stellvertretende Landeshauptmann Daniel Alfreider bei einem Treffen in Siebenbürgen/Transsylvanien (Rumänien) eine Absichtserklärung zusammen mit drei ungarischen Vertretern der Kreisräte aus Mureş, Harghita und Covasna unterschrieben. Das Ziel besteht darin, ein Kooperationsabkommen zwischen Südtirol und den drei genannten Landkreisen zu erarbeiten (vgl. Borboly 2019). Solche Kooperationen zeigen einmal mehr, wie die Zusammenarbeit zwischen Regionen und Staaten angestoßen werden kann.

Das Beispiel der Autonomen Provinz Bozen/Südtirol und implizit der Autonomen Region Trentino-Südtirol zeigt, welche Potenziale sich im Kontext innerstaatlicher Rahmenbedingungen eröffnen. Die Region hatte insofern Glück, dass Österreich 1960 um die Vermittlung der Vereinten Nationen gebeten hatte. Die Dezentralisierung und die Autonomie der Sprachgruppen zeigen, dass der Funktionalismus als geeignete Methode im Hintergrund noch immer wirksam ist. Der Handlungsrahmen wurde dabei nur insoweit geändert, als heute die Region Trentino-Südtirol zusammen mit dem Bundesland Tirol eine Europaregion bildet. Die nationalen Rahmenbedingungen werden nicht berührt. In demselben Ausmaß, wie die Vereinten Nationen den Südtirolern zur Seite standen, kann auch die

Europäische Union als Diskussionsforum und Vermittler zwischen ihren Mitgliedsstaaten den Weg zur friedlichen Kooperation ebnen.

3.3 Deutschland–Dänemark

Das deutsch–dänische Versöhnungsmodell 1955 basiert auf zwei Staatserklärungen und wird im Mittelpunkt dieses Unterkapitels stehen. In diesen wurden die Rechte der deutsch- bzw. dänischsprachigen Minderheiten festgeschrieben. Dabei konnten die nach dem Zweiten Weltkrieg entstandenen Spannungen über die gemeinsame Grenze gelöst werden. Die deutschsprachige Minderheit in Dänemark sowie die dänischsprachige Minderheit in Deutschland sind anerkannte autochthone Minderheiten im jeweiligen Staat, die von zahlreichen Möglichkeiten profitieren.

Auf dem Territorium Deutschlands sowie Dänemarks leben auch andere Minderheiten, die in den nächsten Unterkapiteln näher betrachtet werden. In Deutschland sind es beispielweise die Friesen in Nordfriesland und Helgoland, die Sorben in der Lausitz und die Sinti und Roma, die in ganz Deutschland wiederzufinden sind. In Dänemark ist rechtlich betrachtet nur die deutschsprachige Minderheit als nationale Minderheit anerkannt (vgl. Council of Europe ACFC/SR (99) 9 vom 06.05.1999, S. 6).

In dieser Fallstudie werde ich zunächst auf den historischen Rückblick der zwischenstaatlichen Beziehungen eingehen. Darauffolgend werde ich die gesetzlichen Rahmenbedingungen auf den nationalen Ebenen darstellen. Danach werde ich den Blick auf die zwischenstaatliche Ebene richten, um zu sehen, wie sich die heutigen Beziehungen im Bereich Kultur und der Sprachenförderung nach der Unterzeichnung der beiden Staatserklärungen gestalten lassen. Auf den regionalen und lokalen Ebenen werde ich die Auswirkungen zwischen den staatspolitischen Maßnahmen und den Minderheiten vorzeigen. Schließlich werden diese Beziehungen auf der europäischen Ebene thematisiert. Im Mittelpunkt des ganzen Unterkapitels steht dabei das Versöhnungsmodell der Bonn-Kopenhagener Erklärungen von 1955. Diese werden als zwischenstaatliches Versöhnungsmodell für Minderheiten- und Sprachenkonflikte hoch angesehen, aber sie haben letztendlich zur Versöhnung an der deutsch-dänischen Grenze beigetragen und deshalb verdienen sie einen genaueren Blick (vgl. Höder/Krämer [im Druck]).

3.3.1 Historischer Rückblick

Im heutigen Grenzgebiet zwischen der Bundesrepublik Deutschland (BRD) und dem Königreich Dänemark (Dänemark) leben Sprachgruppen (nationale Minderheiten), die nach der endgültigen Grenzziehung 1920 zu Minderheiten im jeweiligen Staat wurden. Diese sind einerseits die deutschsprachige Minderheit im Südjütland (Dänemark) und andererseits die dänischsprachige Minderheit im Bundesland Schleswig-Holstein (Deutschland).

Beide Minderheiten werden von Deutschland und Dänemark anhand der Ratifizierung internationaler Abkommen sowie der Unterschreibung der Bonn-Kopenhagener Erklärungen 1955 anerkannt und gefördert. Letztere Erklärungen bilden das Kernstück des Fallbeispiels, weshalb diese Beziehungen als Beispielmodell für zwischenstaatliche Konfliktlösungen und die Beilegung von Minderheitenauseinandersetzungen angesehen werden. Das Zusammenleben der Minderheiten an der deutsch-dänischen Grenze wurde des Weiteren als immaterielles UNESCO-Kulturerbe anerkannt (vgl. Deutsche UNESCO-Kommission (o. D.), Register guter Praxisbeispiele – Immaterielles Kulturerbe. Zusammenleben von Minderheiten und Mehrheiten im deutsch-dänischen Grenzland).[43]

Die heutige 69 km lange Landesgrenze zwischen Deutschland und Dänemark, die von einer Seegrenze in der Nord- und Ostsee fortgeführt wird, hat die Beziehungen der beiden Staaten über Jahrhunderte hinweg maßgeblich geprägt. Die Frage nach der Situation der dort ansässigen Gemeinschaften reicht bis ins 19. Jahrhundert zurück. Im Jahr 1864 verlor das dänische Königreich im deutsch-dänischen Krieg das Herzogtum Schleswig (siehe das in Abbildung 6 gelb markierte Gebiet) an Preußen und Österreich. Seine endgültige Form erhielt das Gebiet schließlich 1866, nachdem Schleswig und Holstein an Preußen gingen und 1867 zu der Provinz Schleswig-Holstein vereinigt wurden. Die Revision der Grenze wurde mehrmals insbesondere von den dänischen Deutschen verlangt, jedoch erkannte Dänemark schließlich mit dem Optanten-Vertrag 1907 die Grenze offiziell an (vgl. Loxtermann 2004, S. 17 ff.).

Ausschlaggebend für diese Grenzbeziehungen waren insbesondere die Ereignisse nach dem Ersten Weltkrieg. Wie im Falle der zwei vorherigen Beispiele wurde die Grenze zwischen Deutschland und Dänemark endgül-

---

43 www.unesco.de/kultur-und-natur/immaterielles-kulturerbe/immaterielles-kulturerbe-deutschland/minderheiten [02.02.2023].

tig auf der Friedenskonferenz in Versailles bestimmt. Im Friedensvertrag von Versailles 1919 wurde eine Volksabstimmung zur endgültigen Bestimmung der Grenze zwischen Deutschland und Dänemark vorgeschlagen.

Diese Volksabstimmung wurde in zwei Zonen organisiert: Die erste Zone war in Nordschleswig und sie wählte mehrheitlich den Verbleib in Dänemark, während die zweite Zone in Mittel- und Südschleswig sich mehrheitlich für den Verbleib in Deutschland entschied. Im Mai 1920 wurde anhand der Ergebnisse der Abstimmung die Grenze zwischen den beiden Staaten endgültig festgelegt. Die Staatsgrenze war nach dem dänischen Historiker Hans Victor Clausen als *Clausen Linie* benannt (siehe in Abbildung 6 die dicke schwarze waagerechte Linie). Die Abstimmungen hatten zur Folge, dass auf der dänischen Seite eine größere Anzahl an deutschsprachigen als auf der deutschen Seite von dänischsprachigen Bürgerinnen und Bürger verblieb (vgl. Loxtermann 2004, S. 17 ff.).

Im Zweiten Weltkrieg wurde das Territorium Dänemarks zeitweise trotz seiner Neutralitätsposition von deutschen Truppen besetzt. Einige deutschsprachigen Dänen traten auch der Waffen-SS bei (vgl. Teebken/Christiansen 2001, S. 16 f.). Diese Tatsache wirkte sich nach dem Ende des Krieges und der Niederlage Deutschlands ungünstig auf die deutschsprachige Minderheit in Dänemark aus. Viele der deutschsprachigen Bürgerinnen und Bürger wurden inhaftiert und deutsche Institutionen wurden geschlossen. Die deutschsprachige Gemeinschaft musste deshalb ihre Loyalität gegenüber Dänemark öffentlich aussprechen, um die Situation und das Misstrauen ihnen gegenüber zu entschärfen.

Mit dem Ende des Zweiten Weltkrieges und damit auch der deutschen nationalsozialistischen Diktatur erhofften sich die dänischsprachigen Südschleswiger eine Grenzrevision, die auch von der damaligen britischen Besatzungsmacht, in der im September 1946 sogenannten *Septembernote* öffentlich Dänemark angeboten wurde. Diese Option wurde von der dänischen Regierung in Oktober mit der sogenannten *Oktobernote* abgelehnt und das Selbstbestimmungsrecht der dänischsprachigen Südschleswiger und die 1920 entschiedene Grenze betont (vgl. Loxtermann 2014, S. 32 f.).

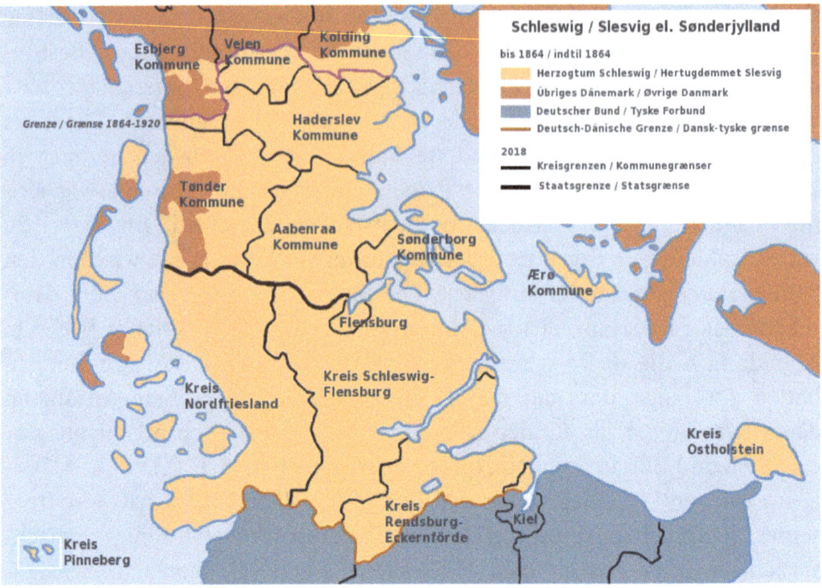

Abbildung 6: Historische Etappen der Grenzverschiebungen in Schleswig

Quelle: Wikimedia Commons 2016

Deutschland erarbeitete zur Anerkennung der Rechte der dänischsprachigen Südschleswiger am 26. September 1949 die deutsche *Erklärung der Landesregierung Schleswig-Holstein über die Stellung der dänischen Minderheit* (die sogenannte *Kieler Erklärung*). Die Erklärung sah die Anerkennung der dänischsprachigen Minderheit und das freie Bekenntnisprinzip vor. Des Weiteren wurden für die dänischsprachigen Bürgerinnen und Bürger in der Erklärung die Rechte und Freiheiten des zuvor am 23. Mai 1949 in Kraft getretenen Grundgesetzes betont.

Die Situation zwischen dem damaligen Deutschland und Dänemark war auf diplomatischem Niveau noch nicht vollständig geregelt. Diese Tatsache und die Situation der dänischen Sprachgruppe in Schleswig-Holstein wurden von Dänemark bei den Beitrittsverhandlungen Deutschlands in die NATO im Herbst 1954 angesprochen. Dänemark ist NATO-Gründungsmitglied, deshalb hätte es den Beitritt der BRD mit einem Veto verhindern können. Daraufhin wurden mehrere bilaterale Gespräche und diplomatische Verhandlungen zwischen Deutschland und Dänemark durchgeführt. Im Rahmen dieser Gespräche entstanden auch die zwei Staatserklärungen vom 29. März 1955, die als Bonn-Kopenhagener Erklärungen bekannt geworden sind. Diese beinhalten die Rechte der Minderheiten im jeweiligen Staat, d. h. der deutschsprachigen in Dänemark und der dänischsprachigen in Deutschland (vgl. Teebken/Christiansen 2001, S. 18 f.).

Diese an sich ähnlichen Erklärungen haben keinen völkerrechtlichen und damit auch keinen bindenden Charakter. Die vereinbarten Inhalte wurden aber von beiden Staaten angenommen und konsequent umgesetzt. Die Erklärungen sind für die deutsch-dänischen Beziehungen wegweisend gewesen. Dabei stand auf deutscher Seite das Land Schleswig-Holstein parat, die in der Erklärung erfassten Punkte umzusetzen:

- die 5% Hürde im deutschen Wahlgesetz für die dänischsprachige Minderheit aufzuheben
- die Zuschüsse der Schulen auf 80% zu erhöhen
- die Errichtung weiterer Schulen mit anerkannten Examina für die dänischsprachige Gemeinschaft zu gewährleisten

Des Weiteren – wie auch in der *Kieler Erklärung* betont – genießt die dänischsprachige Minderheit dieselben im Grundgesetz vorhandenen Rechte wie alle anderen deutschen Staatsbürgerinnen und Staatsbürger. Die dänische Regierung versprach gegenüber der deutschsprachigen Minderheit in Dänemark, weitere Schulen mit anerkannten Examina zu errichten. Die dänische Regierung betonte ihrerseits auch, dass die deutsche Minderheit in Dänemark die Rechte aus dem Grundgesetz des Königreiches genießt (vgl. Von Hassel 1985).

Die Erklärungen haben dazu geführt, dass sich die zwischenstaatlichen Beziehungen in den darauffolgenden Jahren deutlich verbessert haben. Im Jahr 1965 wurde beim deutschen Bundesministerium ein *Beratender Ausschuss für Angelegenheiten der dänischen Minderheit* eingerichtet. Auch in Kopenhagen wurde ein Sekretariat für die deutschsprachige Minderheit eröffnet (vgl. Von Hassel 1985, S. 32). Auf nationaler Ebene hat Dänemark die Kommunikation mit der dänischsprachigen Gemeinschaft in Deutschland anhand eines Regierungskomitees institutionalisiert, das sich um die Finanzierung der dänischen kulturellen Angelegenheiten in Deutschland kümmert. Deutschland seinerseits hat durch das Bundesland Schleswig-Holstein ein spezielles Komitee und eine oder einen Minderheitenbeauftragten eingestellt (vgl. Teebken/Christiansen 2011, S. 21).

Dank der gemeinsamen Zielsetzung und der gleichen Wertstellungen beider Staaten konnten sich die Beziehungen positiv gestalten. Die damalige BRD gehörte zu den Gründungsmitgliedern der heutigen Europäischen Union und das Königreich Dänemark trat 1973 mit der ersten Erweiterungsrunde der EU bei. Höhepunkt der Versöhnung waren zwei offizielle Staatsbesuche: der erste Besuch im Jahr 1986 der Königin Margrethe II. von Dänemark und ein zweiter des Bundespräsidenten der BRD Richard von Weizsäcker im Jahr 1989 in Nordschleswig bei der deutschsprachigen Gemeinschaft (vgl. Schmidt 1992, S. 315).

Beide Staaten haben das Rahmenübereinkommen zum Schutz nationaler Minderheiten (Deutschland 1998, Dänemark 1997) und die Charta der Regional- und Minderheitensprachen (Deutschland 1999, Dänemark 2000) ratifiziert. Die Kooperation wurde des Weiteren 1997 in Form einer Euroregion Sønderjylland-Schleswig institutionalisiert. Dies führte zu gemeinsamen Kooperationen auf verschiedenen Ebenen und in unterschiedlichen Gebieten, wie z. B. zwischen den Universitäten aus Flensburg und Sønderborg (vgl. Region Sønderjylland-Schleswig vom März 2020).

Im Jahr 2020 feierten beide Staaten 100 Jahre Jubiläum der Volksabstimmung 1920 und der darauffolgenden endgültigen Grenzziehung. Dabei wurde ein *Deutsch-Dänisches kulturelles Freundschaftsjahr* organisiert (vgl. Auswärtiges Amt vom 01.03.2023).

3.3.2 Nationale und zwischenstaatliche Ebenen

Dieses Unterkapitel widmet sich den sprachen- sowie minderheitenpolitischen Aspekten auf den nationalen Ebenen in Deutschland sowie Dänemark. Die zwischenstaatliche Ebene beleuchtet die grenzüberschreitenden Beziehungen im Hinblick auf die gemeinsame Grenze. Interessant zu betrachten, ist die Tatsache, dass obwohl die Bonn-Kopenhagener Erklärungen eine gewisse Reziprozität in beiden Staaten im Umgang mit der Minderheiten- und Sprachenpolitik auslösten, Deutschland und auch Schleswig-Holstein in den letzten Jahren jedoch die Vorreiterrolle im Gegensatz zu Dänemark im Bereich der Sprachenpolitik übernommen haben. Schleswig-Holstein hat u. a. einen sogenannten *Handlungsplan Sprachenpolitik*[44] erarbeitet. Diese Entwicklungen und die politische Praxis in beiden Staaten sollen nun diskutiert werden.

44 www.schleswig-holstein.de/DE/fachinhalte/M/minderheiten/Downloads/201117_handlungsplan_sprachenpolitik.html [15.09.2023].

Deutschland

Die Bundesrepublik Deutschland (BRD) ist ein demokratischer Bundesstaat gebildet aus 16 Bundesländern. Dies hat zur Folge, dass die Kompetenzen im Bereich der Kultur- und Sprachförderung grundsätzlich bei den Bundesländern liegen. Somit sind die internationalen Verträge, die Deutschland unterschreibt und ratifiziert von den Bundesländern, in denen diese Minderheiten und Sprachen ansässig sind, umzusetzen.

In der Bundesrepublik werden folgende Minderheiten offiziell anerkannt: die dänischsprachige sowie die sorbischsprachige Minderheit, die deutschen Sinti und Roma und die friesische Volksgruppe (vgl. Europarat 1999, S. 16). Folgende Sprachen werden des Weiteren in Deutschland gefördert: die dänische, nord- und saterfriesische, ober- und niedersorbische und das Romanes der deutschen Sinti und Roma sowie die Regionalsprache Niederdeutsch (siehe Abbildung 7, vgl. Die Beauftragte der Bundesregierung für Aussiedlerfragen und nationale Minderheiten (o. D.), Nationale Minderheiten in Deutschland und Sprachgruppe Niederdeutsch).[45]

Die Sorben sind eine westslawische Bevölkerung, die seit ca. 600 n. Chr. in der Lausitz in Brandenburg und Sachsen ansässig sind. Die Friesen sind eine westgermanische Bevölkerung und in Westfriesland, in den Niederlanden, in Ostfriesland, in Niedersachsen und in Nordfriesland in Schleswig-Holstein ansässig.

Statistische Angaben zu den Sprachgruppen werden in Deutschland nicht durchgeführt, weil das allgemeine Bekenntnis frei ist und somit nicht nachverfolgt werden darf (vgl. Bundesministerium des Innern, für Bau und Heimat von November 2020). So steht im Grundgesetz, dass Personen, die unterschiedlicher sprachlicher, kultureller oder religiöser Herkunft sind, von den Grundrechten geschützt werden, ohne ihr Bekenntnis aussprechen zu müssen (Artikel 1 bis Artikel 5 GG). Die Bekenntnisfreiheit wird in den Gesetzen der Minderheiten, u. a. in der Landesverfassung Schleswig-Holsteins und Sachsen-Anhalts sowie im Sorben-Gesetz in Brandenburg und Sachsen ausdrücklich erwähnt (vgl. Pfeil 2006, S. 112 f.).

Das Grundgesetz bietet keine weiteren Ausführungen zur Förderung der Minderheiten oder der Sprachenpolitik Deutschlands. Diese werden in Bundes- und Landesgesetzen wegen der Kompetenzzuteilung an die Länder näher erläutert (Artikel 30 GG i. V. m. Artikel 70 GG und Artikel 23

45 www.aussiedlerbeauftragter.de/Webs/AUSB/DE/themen/minderheiten-sprachgruppen/minderheiten-sprachgruppen-node.html [15.09.2023].

Absatz 6 GG, vgl. BGBI. Nr. 1 vom 23.05.1949). Die Minderheiten sind dabei außer den Sinti und Roma nur in bestimmten Bundesländern ansässig: im Land Schleswig-Holstein, im Freistaat Sachsen, im Land Brandenburg und im Land Niedersachsen (vgl. Europarat 1999, S. 3).

Die deutsche Sprache ist Amts- sowie Gerichtssprache auf dem gesamten Bundesgebiet, wie es im Verwaltungsverfahrensgesetz in § 23 zur Amtssprache festgeschrieben wurde. Absatz 2 regelt dabei Verfahren und Dokumente in anderen Sprachen. Diese sind auf Kosten des Antragstellers ins Deutsche zu übersetzen (vgl. BGBI. Nr. 59 vom 29.05.1976). Daneben gibt es in manchen Bundesländern weitere Regelungen zur Benutzung der Minderheitensprachen wie z. B. in Schleswig-Holstein (siehe nächstes Unterkapitel) oder Brandenburg (§ 8 SWG, vgl. Sorben/Wenden-Gesetz-SWG Nr. 7, 25. Jahrgang vom 12.02.2014) und Sachsen (§ 9 SächsSorbG, vgl. SächsGVBI. vom 20.12.2020, S. 705) für die sorbische Sprache. Die Friesen dürfen ihre Sprache in Wort und Schrift vor dem Amt benutzen, die Antwort erfolgt dann auch auf Friesisch. Laut dem Minderheiten-Namensgesetz von 1997 können Minderheiten ihre Namen nach den Gegebenheiten der Minderheitensprache führen.

Auf Bundesebene vertreten die Dachverbände der Minderheiten die Rechte der Minderheiten durch den 2005 gegründeten *Minderheitenrat*, der ein Sekretariat in Berlin zum Austausch mit dem Bundestag und der Bundesregierung führt. Der Minderheitenrat ist für die Repräsentanz aller vier anerkannten Minderheiten in Deutschland zuständig. Neben den gemeinsamen Stellungnahmen und dem gemeinsamen Auftreten gegenüber den Institutionen auf Bundesebene beschäftigt sich der Rat auch mit Schwerpunktthemen, wie der Erweiterung der politischen Partizipation der Minderheiten auf Bundesebene oder mit der Unterstützung von europaweiten Initiativen wie die Europäische Bürgerinitiative des *Minority Safepacks* (vgl. Minderheitensekretariat (o. D.), Tätigkeiten und Aufgaben.[46]

Ein weiterer Vertreter und Ansprechpartner auf Bundesebene ist die/der Beauftragte der Bundesregierung für Aussiedlerfragen und nationale Minderheiten, die/der die Bundesregierung im Bereich der Minderheitenpolitik vertritt und für die Interessen und Förderung der Minderheiten auf bundesstaatlicher Ebene steht. Die/der Beauftragte hat den Vorsitz in den beratenden Ausschüssen der nationalen Minderheiten und somit auch in dem für Fragen der dänischsprachigen Minderheit zuständigen Ausschuss. Dieser Ausschuss beschäftigt sich mit den Anliegen der dänischsprachigen

46 www.minderheitensekretariat.de/taetigkeiten-aufgaben [15.09.2023].

Abbildung 7: Regional- und Minderheitensprachen in Deutschland

Quelle: Bundesministerium des Innern, für Bau und Heimat 2020, S. 13

Minderheit und sichert so einen direkten Kontakt zwischen Bund und der dänischen Sprachgemeinschaft in Schleswig-Holstein (vgl. Bundesministerium des Innern, für Bau und Heimat vom 11.2020).

Die Sprachgruppen werden auf Ebene der Bundesländer von ihren jeweiligen Vereinen vertreten. Die friesische Volksgruppe hat z. B. zwei kulturelle und einen politischen Verein, die die Gruppe repräsentieren. Ein kultureller Verein, 1902 gegründet ist der *Nordfriesische Verein* sowie der 1923 gegründete *Friesisch-Schleswigsche Verein* neben dem politisch handelnden *Südschleswigschen Wählerverband* (SSW). Daneben sorgen wissenschaftliche Institute für die Forschung zur friesischen Kultur und Sprache. Im schleswig-holsteinischen Landtag wurde 1988 ein Gremium für Fragen der friesischsprachigen Gruppe eingerichtet. Eigenständige friesischsprachige Schulen gibt es nicht, jedoch wird Friesisch an einigen staatlichen Schulen sowie an den Schulen der dänischsprachigen Minderheit auf freiwilliger Basis angeboten. Im Saterland wird das Saterfriesische als Unterrichtssprache an öffentlichen Schulen angeboten. Ortsbeschilderungen auf Friesisch werden auch seit einigen Jahren in Schleswig-Holstein aufgestellt (vgl. Bundesministerium des Innern, für Bau und Heimat von November 2020).

Die dänischsprachige Minderheit stützt sich auf ein Netz von staatlich anerkannten privaten Kindertagestätten und Schulen mit Dänisch als Unterrichtssprache. Diese werden vom dänischen Schulverband *Südschleswig/Dansk Skoleforening for Sydslesvig* verwaltet. Die weiterführenden Schulen bieten im Abschlussjahr den Unterricht der mathematisch-naturwissenschaftlichen Fächer in deutscher Sprache an. Die dänischsprachigen Schulen werden auch vom dänischen Staat gefördert, sodass das schulische Netzwerk an der Grenze zu Dänemark gut aufgestellt.

Für die sorbische Minderheit sind die Regelungen in den Landesverfassungen Sachsens und Brandenburgs niedergelegt. Die sorbische Sprache wird hauptsächlich als Zweit- oder Fremdsprache und nur teilweise als Unterrichtssprache angeboten. Dies liegt darin begründet, dass sich wenige Muttersprachler in den Schulen anmelden (vgl. Pfeil 2006, S. 119). Die niederdeutsche Sprachgruppe hat auf Bundesebene auch einen Dachverband gebildet neben den acht Verbänden der Bundesländer, wo Niederdeutsch gesprochen wird (siehe Abbildung 8). Außerdem werden ein sogenannter *Bundesrat für Niederdeutsch* und ein *Niederdeutschsekretariat* in Hamburg geführt (vgl. Niederdeutschsekretariat und Bundesraat för Nedderdüütsch).[47]

Andere Minderheiten werden angesichts ihrer kleinen Anzahl nur in nicht minderheitenspezifischen Parteien vertreten. In den Landesverfassungen Brandenburgs und Schleswig-Holsteins wird ausdrücklich die Ausnahme der 5% Klausel für die Sorben und Dänen angesprochen. Bis heute aber hat nur die Partei SSW der Dänischsprachigen in Schleswig-Holstein davon mit Erfolg Gebrauch gemacht. Dahingegen möchten die Minderheiten eine engere Anbindung an den Bundestag. Ein Recht auf Mitbestimmung in den Bundesländern wird nur in der Landesverfassung Schleswig-Holsteins in Artikel 5 Absatz 2 als Staatsziel festgeschrieben und in Brandenburg mit einer Förderklausel zugunsten der Sorben und ihrer Mitwirkung angesprochen (vgl. Pfeil 2006, S. 124).

Dänemark

Das Königreich Dänemark ist als parlamentarische Monarchie seit 2007 in sieben Regionen und 98 Gemeinden eingeteilt. Es hat außerdem zwei autonome Außengebiete: die Färöer Insel und Grönland (siehe Abbildung 8). Die Reform der Regionalisierung wurde im Auftrag der Dezentralisierung durchgeführt, um Aufgaben effizienter und zukunftsorientiert durchzuführen sowie die Nähe zu Bürgerinnen und Bürger zu gewährleisten.

Zu den Aufgaben der neuen Regionen gehören somit seit 2007: die Gesundheitsversorgung, die regionale Entwicklung und der Betrieb von Sozial- und Sonderpädagogikinstitutionen. In Kooperation mit den Gemeinden sind die Regionen auch für die Planung und Entwicklung der öffentlichen Verkehrsmittel, der Bildung, Kultur und des Tourismus verantwortlich (vgl. Danske regioner (o. D.), Danish regions).[48]

In Dänemark wird nur eine Sprachengruppe als nationale Minderheit gemäß dem Rahmenübereinkommen zum Schutz nationaler Minderheiten anerkannt, und zwar die deutschsprachige Minderheit in Südjütland (vgl. Council of Europe ACFC/SR (99) 9 vom 06.05.1999). Laut der Charta der Regional- und Minderheitensprachen wird somit auch nur die deutsche Sprache anerkannt. Des Weiteren ist die evangelisch-lutherische Kirche Staatskirche nach Artikel 4 der Verfassung und wird demnach finanziell vom Staat unterstützt (vgl. Council of Europe MIN-LANG/PR (2003) 1

47 www.niederdeutschsekretariat.de [02.02.2023].
48 www.regioner.dk/services/in-english [02.02.2023].

vom 23.01.2003, S. 4). Die Volkszählungen in Dänemark umfassen keine ethnischen oder sprachlichen Daten, weil auch hier das Bekenntnis frei und privat ist. Die Färöer und Grönländer Gemeinschaften werden dank ihres autonomen Statutes als staatstragende Gemeinschaften betrachtet.

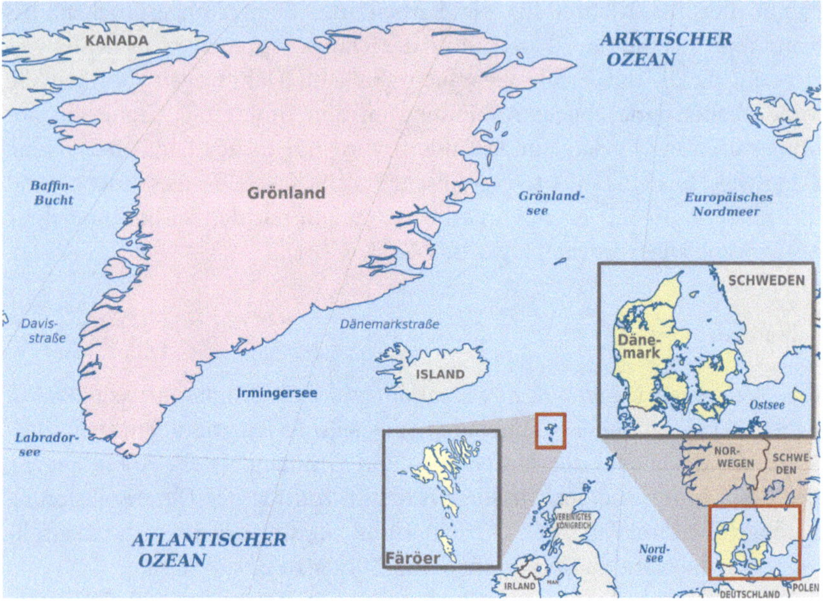

Abbildung 8: Königreich Dänemark sowie Grönland und die Faröer Inseln

Quelle: Wikimedia Commons 2012

Die Verfassung Dänemarks von 1953 erfasst keine Regelungen zum Minderheitenschutz; die Gesetzesgrundlagen der deutschsprachigen Gemeinschaft folgen damit schwerpunktmäßig den Bonn-Kopenhagener Erklärungen und anderen ratifizierten internationalen Abkommen. Die Färöer und Grönländer haben ihrerseits umfassende Territorialautonomien, u. a. eigene Gesetzgebungsorgane und Regierungen sowie zwei Mandate im dänischen Parlament. Dänisch ist die Staatssprache, wobei Färöisch und (West)Grönländisch Hauptsprachen in den Außenterritorien neben dem Dänischen sind (vgl. Folketinget 2014).

Auf dem Festland Dänemark ist Dänisch Staatssprache. In der Region Syddanmark/Südjütland besteht die Möglichkeit, bei Behörden einen Dolmetscher oder Übersetzer auf Kosten der Behörden einzustellen. Diesbezüglich hat Dänemark einen pragmatischen Umgang mit Sprachangelegenheiten. Sowohl in justiziellen Angelegenheiten als auch bei topographischen und örtlichen Namensangelegenheiten überlässt die nationale Politik den unteren Ebenen die Entscheidung, welche Sprache sie benutzen oder wie die Beschilderung von Ortsnamen aussehen soll (vgl. Malloy/Wolf 2016, S. 495).

Seit 2015 besteht die Möglichkeit für administrative Angelegenheiten eine deutschsprachige Website zu befragen. Des Weiteren dürfen seit 2016 Städtenamen auch auf Englisch oder in einer Nachbarstaatssprache geschrieben werden. Diese Kompetenz unterliegt der Bezirksebene. Während Straßennamen speziellen Regeln folgen müssen, können in Südjütland zu touristischen Zwecken kommerzielle Schilder auf Deutsch angebracht werden (vgl. Council of Europe ACFC/SR/V(2019)007 vom 02.04.2019, S. 22 ff.).

Eine Besonderheit in Dänemark besteht in der Namensregisterführung. Diese wird normalerweise von der Staatskirche geführt. Das Namensregister wird seit 1874, als dieses Gebiet Schleswigs noch zu Deutschland gehörte, von den Kommunen geführt und blieb auch nach der Vereinigung 1920 mit Dänemark als eine solche Besonderheit bestehen.

Der 1945 gegründete *Bund Deutscher Nordschleswiger* vertritt als Dachorganisation die Interessen der deutschsprachigen Minderheit in Dänemark. Er ist der Herausgeber der Tageszeitung *Nordschleswiger* und unterhält auch die politische Schleswigsche Partei sowie auf kultureller Ebene den Kulturausschuss.

Die deutschsprachige Minderheit wird seit 1979 nicht mehr im dänischen Parlament vertreten. Im Jahr 1965 wurde ein Kontaktkomitee zum dänischen Parlament und zur Regierung eingerichtet. Den Vorsitz hat die Innenministerin oder der Innenminister und Mitglieder sind neben einer Vertreterin oder einem Vertreter aller im Parlament vertretenen Parteien weitere vier deutschsprachige Minderheiten, die vom Bund Deutscher Nordschleswiger ausgewählt werden. Des Weiteren wurde 1983 in Kopenhagen ein deutschsprachiges Sekretariat für die Zusammenarbeit mit dem Innenministerium eingeführt (vgl. Pan 2006, S. 98 ff.). Das Kopenhagener Sekretariat unterstützt die Organe des *Bundes Deutscher Nordschleswiger* und ihrer gerechten Vertretung vor den nationalen Institutionen (vgl. Bund Deutscher Nordschleswiger (o. D.), Sekretariat der Deutschen Minderheit in Kopenhagen).[49]

---

49 bdn.dk/sekretariat [15.09.203].

Die deutschsprachigen Minderheitenschulen in Dänemark erfreuen sich wie auch die dänischsprachigen Schulen in Deutschland an dem Status privater Schulsysteme. Dieser Status ermöglicht es ihnen, den Lehrplan bis zu einem gewissen Grad selbst zu gestalten (vgl. Schaeffer-Rolffs/Schnapp 2014, S. 55).

Das Jahr 2020 markierte 100 Jahre seit der offiziellen Vereinigung Südjütlands mit Dänemark und gleichzeitig auch die endgültige Grenzziehung mit Deutschland (vgl. Weber 2019). Diese Feierlichkeiten liefen gemeinsam mit einem nationalen Projekt des Ministeriums für Kultur in Dänemark *Germany effort 2018–2020* zusammen. Diese Initiative hat als Schwerpunkt, die kulturelle Verbindung zwischen Dänemark und insbesondere Norddeutschland auf dem Gebiet des Tourismus oder der Künste und den Kontakt zu der dänischsprachigen Minderheit in Deutschland zu beleben (vgl. Kulturministeriet 2020).

Für die Massenmedien wie Fernsehen und Radio sind öffentlich Radio Dänemark und TV 2 in deutscher Sprache verfügbar. Dänemark bevorzugt es jedoch, den deutschsprachigen Bürgerinnen und Bürgern die Möglichkeit zu geben, sich selbst für Radio- und Fernseh-Lizenzen zu entscheiden, anstatt öffentlich eine Mindestnorm festzulegen (vgl. Council of Europe MIN-LANG (2017) PR 3 vom 15.02.2017).

Zwischenstaatliche Ebene

Die deutsch-dänischen zwischenstaatlichen Beziehungen sind hauptsächlich auf die 1997 errichtete Europaregion Sønderjylland-Schleswig ausgerichtet. Wie auch im Falle der Europaregion Tirol-Südtirol-Trentino bestand die Möglichkeit, die Grenzregion formell zu institutionalisieren, um den Austausch auf kultureller, aber auch sozialer und wirtschaftlicher Ebene koordiniert zu gestalten.

Auf deutscher Seite nehmen neben der Stadt Flensburg die Kreise Nordfriesland und Schleswig-Flensburg teil, während auf dänischer Seite die Region Syddanmark und die Kommunen Aabenraa, Tønder, Haderslev und Sønderborg Teil der Europaregion sind. Die Region bringt somit die Gebiete des ehemaligen Herzogtums Schleswig zusammen. Die friesische Volksgruppe, die deutschsprachige Minderheit sowie die dänischsprachige Minderheit sind Sprachgruppen, die in der Euroregion als Bereicherung empfunden werden (vgl. Region Sønderjylland-Schleswig vom März 2020).

Die Kooperation auf sprachlicher und kultureller Ebene erfolgt über Projekte wie z. B. *Kulturfokus.de/dk,* eine Website, die die kulturellen und sprachlichen Fördermöglichkeiten in der Europaregion zusammenstellt. Es gibt auch ein Kulturmagazin, das seit 2011 zweimal jährlich erscheint und den Fokus auf Aspekte in der Region legt.

Hauptelement der zwischenstaatlichen Beziehungen sind die Bonn-Kopenhagener Erklärungen von 1955. Darauf bauen die positiven Ereignisse im Grenzgebiet und zwischen den beiden Staaten auf. Die darin enthaltenen Punkte stellen neben der finanziellen Förderung der Minderheiten auch die ideellen Bausteine der Politik beider Staaten dar. Die darin festgelegten Rechte und Normen bzgl. der beiden Minderheiten haben die darauffolgenden Ereignisse und das bekannte Versöhnungsmodell geprägt. Die Erklärungen sind inhaltlich fast identisch und stellen einseitige Staatserklärungen dar, die zwar keinen verbindlichen Charakter haben, aber trotzdem von beiden Staaten in ihrer Innenpolitik gegenüber den Minderheiten berücksichtigt werden.

Von deutscher Seite aus erkennt sowohl Deutschland auf Bundes- als auch Schleswig-Holstein auf Länderebene die Rechte der dänischsprachigen Minderheit an. Des Weiteren wiederholt Deutschland in seiner Staatserklärung die Grundsätze des Grundgesetzes, die auch der dänischsprachigen Minderheit als deutschen Staatsbürgerinnen und Staatsbürger zugesprochen werden, sowie weitere allgemeine Normen wie z. B. das freie Bekenntnis zur dänischsprachigen Minderheit sowie die Gewährleistung des Gebrauchs der eigenen Sprache und der religiösen und kulturellen Verbindung zu Dänemark. Schleswig-Holstein detailliert auf Bundeslandebene weitere Ausführungen wie z. B. das Recht, dänischsprachige Schulen und Kindergärten zu errichten, aber der Unterricht der deutschen Sprache soll nichtsdestotrotz „zureichend“ gegeben sein. Die dänische Regierung erkennt ihrerseits die Rechte der dänischen Verfassung für die deutschsprachige Minderheit sowie weitere spezifische Rechte wie auch im Falle Deutschlands an: das Recht auf freies Bekenntnis zu einer Minderheit, auf den freien Gebrauch der eigenen Sprache sowie auf die Errichtung von deutschsprachigen Schulen und Kindergärten (vgl. Von Hassel 1985).

Die zwischenstaatlichen Beziehungen werden auch im Rahmen des EU Interreg Programms wiedergefunden. In der fünften Generation des Programms (2014–2020) lag der Schwerpunkt der Kooperation auf vier Prioritäten: Innovation, nachhaltige Entwicklung, Arbeitsmarkt, Beschäftigung und Ausbildung sowie funktionale Zusammenarbeit (vgl. Interreg Deutschland-Danmark).[50]

Zur zwischenstaatlichen Partnerschaft gehören auch die diplomatischen Institutionen der Botschaften und Konsulate. Die Bundesrepublik Deutschland unterhält in Dänemark eine Botschaft in Kopenhagen und sieben Honorarkonsulate jeweils in Aalborg, Aarhus, Hadersleben, Nuuk, Odense, Rønne und Tørshavn. Das Goethe-Institut in Kopenhagen und die Kulturgesellschaft Aarhus runden die Präsenz Deutschlands in Dänemark ab. Das Königreich Dänemark unterhält eine Botschaft in Berlin sowie drei Generalkonsulate in Flensburg, München und Hamburg.

Neben der deutschen Botschaft in Kopenhagen und der dänischen Botschaft in Berlin sind noch zwei weitere Organisationen zu erwähnen, nämlich die *Federal Union of European Nationalities* (FUEN) und das *Europäische Zentrum für Minderheitenfragen* (ECMI), beide mit dem Sitz in der deutschen Stadt Flensburg. Das ECMI wurde 1996 von den Regierungen des Landes Schleswig-Holstein und Dänemark gegründet. Als unabhängige und interdisziplinäre Forschungsinstitution konzentriert sich das Zentrum auf die Förderung des Wissens über Minderheiten und Analysen sowie Instrumente zum Schutz dieser Gemeinschaften.

Die FUEN wurde 1949 gegründet und agiert als Dachorganisation für Vereine und Organisationen der autochthonen Minderheiten in Europa. Sie hat in den letzten Jahren an Prominenz gewonnen u. a. wegen der europäischen Bürgerinitiative *Minority Safepack*. Diese ist eine Initiative, die die Stärkung der Rechte der Minderheiten in der Europäischen Union befürwortete und die Förderung ihrer Kultur und Sprachen durch eine Reihe von EU-Gesetzesvorschlägen gewährleisten wollte. Allerdings wurde sie Anfang 2021 formell von der Europäischen Kommission abgelehnt (vgl. Europäische Kommission vom 15.01.2021). Die FUEN unterstützt außerdem auch weitere Projekte wie *Build Yourself*, *Minority Monitor* oder *Language Diversity*. Letztere war eine zweijährige Kampagne, die sich mit der Analyse des sprachlichen Reichtums in Europa beschäftigt hat.

3.3.3 Regionale und lokale Ebenen

Die regionalen und lokalen Ebenen zeigen, wie die deutsch- und dänischsprachigen Minderheiten in der Region bzw. in den jeweiligen Kommunen

50 www.interreg5a.eu/ueber-uns/was-ist-interreg [02.02.2023].

ihre Sprache und Kultur ausüben und wie sie sich gegenseitig an der Grenze auch beeinflussen. Schleswig-Holstein hat als deutsches Bundesland mehrere Kompetenzen im Vergleich zur Region Syddanmark in Dänemark dank des föderalen Systems in Deutschland. Diese innerstaatlichen Verwaltungssysteme und die sprachenpolitische Praxis sollen nun zur Geltung gebracht werden.

Deutschland

Die dänischsprachige Minderheit in Deutschland ist im Bundesland Schleswig-Holstein (ehemaliges Südschleswig) ansässig: Von der Eider reicht das Gebiet auf dem Festland bis zur Staatsgrenze zu Dänemark. Schleswig-Holstein stellt auch das deutsche Bundesland dar, in dem drei der insgesamt vier anerkannten Minderheitensprachen neben einer regionalen Sprache zu finden sind: Dänisch, Nordfriesisch, Romani und die regionale Sprache Niederdeutsch. Die Sprachgruppen sind kultureller Teil des Landes und in der Landesverfassung gesetzlich verankert (Artikel 6 der Landesverfassung, vgl. Gesetz- und Verordnungsblatt für Schleswig-Holstein vom 11.12.2014). Das Bundesland Schleswig-Holstein bemüht sich seit 1949 um die Förderung der dort ansässigen Minderheiten. Im Jahr 1990 wurde die Landesverfassung geändert und eine ausdrückliche Verpflichtung zur Förderung der Minderheiten eingeführt. 2012 wurden dann auch die deutschen Sinti und Roma als Minderheit offiziell in die Verfassung aufgenommen (vgl. Schleswig-Holsteinischer Landtag (o. D.), Minderheitenpolitik des Schleswig-Holsteinischen Landtags).[51]

Die Verpflichtungen der Europäischen Sprachencharta der Regional- und Minderheitensprachen und die des Rahmenübereinkommens zum Schutz nationaler Minderheiten werden auf schleswig-holsteinischer Ebene sowohl in der Landesverfassung als auch im Amt der oder des Minderheitenbeauftragten eingelöst. Darüber hinaus werden diese Bemühungen mit einem Minderheitenbericht abgerundet, der in jeder neuen Legislaturperiode in der Landesregierung erarbeitet wird. Die oder der Minderheitenbeauftragte wurde 1988 als Schlüsselposition noch vor der Ratifizierung der internationalen Abkommen des Europarates ins Leben gerufen, um die Grenzbeziehungen und die Beziehungen zu den nationalen Minderheiten zu pflegen.

---

51 www.landtag.ltsh.de/parlament/minderheitenpolitik [02.02.2023].

Abbildung 9: Nord- und Südschleswig heute

Quelle: Wikimedia Commons 2012

Im Jahr 2014 ist Schleswig-Holstein einen weiteren Schritt in Richtung Mehrsprachigkeitsförderung gegangen. Der Landtag hat einen *Handlungsplan Sprachenpolitik* ausgearbeitet, der ein sprachenpolitisches Konzept vorsieht, das in allen politischen Bereichen Wirkung haben soll, um eine tatsächliche Mehrsprachigkeit in Schleswig-Holstein zu gewährleisten. Ziel ist anhand eines geschlossenen Bildungsgangs ab dem Kindergarten bis zu den weiterführenden Schulen und Universitäten, den Schülerinnen und Schülern die Möglichkeit geben, in der Muttersprache unterrichtet zu werden. Des Weiteren wird den Minderheiten ermöglicht, ihre Muttersprache im Kontakt zu Behörden zu benutzen, ohne dabei mögliche Kosten für das

Übersetzen oder Dolmetschen selbst tragen zu müssen (vgl. Staatskanzlei des Landes Schleswig-Holstein 2015, S. 8 f.).

Die dänischsprachige Minderheit ist in allen Aspekten des schleswig-holsteinischen Lebens von der politischen zur kulturellen bis hin zur sozialen Ebene aktiv. Sie wird sowohl vom deutschen als auch vom dänischen Staat gefördert. Die größte Organisation, die die Interessen der dänischsprachigen Minderheit und außerdem der friesischen Volksgruppe aus Nordfriesland vertritt, ist der *Südschleswigsche Verein* mit ca. 13.500 Mitgliedern. Der Verein unterhält Kontakt zur Regierung Dänemarks und hat auch ein Informationsbüro im dänischen Parlament für den Meinungsaustausch vor Ort. Ein Jahrestreffen des Vereins *Årsmøde*, an dem zahlreiche kulturelle Veranstaltungen organisiert werden, sorgt für die Kontaktaufrechterhaltung zwischen den politischen Vertretern und der dänischsprachigen Gemeinschaft in Schleswig-Holstein (vgl. Beauftragter der Bundesregierung für Aussiedlerfragen und nationale Minderheiten 2019, S. 28).

Politisch vertreten werden die ca. 3.000 Mitglieder vom *Südschleswigschen Wählerverband* (SSW). Sie repräsentieren sowohl die dänischsprachige Minderheit als auch die friesische Volksgruppe in Schleswig-Holstein. Die Partei ist von der 5%-Klausel befreit und war somit im schleswig-holsteinischen Parlament in der 19. Wahlperiode (2017–2022) mit drei Abgeordneten vertreten. In der Wahlperiode 2012–2017 war der SSW außerdem auch an der Regierung des Bundeslandes Schleswig-Holstein beteiligt.

Das dänische Schulsystem ist als ein Privatschulsystem mit der deutschen Schulstruktur harmonisiert worden und beinhaltet auch die Förderung der Erwachsenenbildung. Es wird darauf abgezielt, Abschlüsse, die sowohl in Deutschland als auch in Dänemark anerkannt werden, zu entwickeln, um auf diese Weise zu guten Grenzbeziehungen beizutragen (vgl. Dänisches Außenministerium (o. D.), Dänemark in Deutschland).[52]

Dänemark

Die heutige Region Syddanmark steht zusammen mit vier Gemeinden Haderslev, Åbenrå, Tønder und Sønderborg im Mittelpunkt dieses Unterkapitels (siehe Abbildung 9). Die deutsche Sprachgemeinschaft umfasst ca. 15.000 Personen in der Region. Sie ist mit der Mehrheitsbevölkerung gleichberechtigt, d. h. die deutschsprachigen Bürgerinnen und Bürger ge-

52 tyskland.um.dk/de/uber-danemark/daenische-minderheit/organisationen-und-einrichtungen [02.02.2023].

nießen als dänische Staatsbürgerinnen und Staatsbürger die Rechte, die in der dänischen Verfassung verankert sind.

In Südjütland (ehemaliges Nordschleswig) ist das Recht zum Gebrauch der deutschen Sprache bei den öffentlichen Behörden in vier Gemeinden gewährleistet. Diese haben auch die Verpflichtung, Mitarbeiter mit geeigneten Deutschkenntnissen einzustellen. Diese Regelung ist jedoch nicht rechtlich formalisiert, weshalb die Praxis von Gemeinde zu Gemeinde unterschiedlich sein kann. Die örtlichen sowie Institutionsnamen in Südjütland sind nicht zweisprachig geregelt. Seit 2014 besteht jedoch laut dänischem Gesetz die Möglichkeit, diese zweisprachig zu gestalten (vgl. Council of Europe ACFC/SR/V(2019)007 vom 02.04.2019, S. 8 bzw. S. 24).

Die deutschsprachigen Schulen befinden sich unter der Schirmherrschaft des deutschen Schul- und Sprachvereins in Südjütland. Der Unterricht der dänischen Sprache auf muttersprachlichem Niveau und die Erlangung des deutschen und dänischen Schulabschlusses sind Merkmale dieser privaten Einrichtungen. Die Zuschüsse werden neben dem dänischen Staat auch von Deutschland und dem Bundesland Schleswig-Holstein getragen (vgl. Deutscher Schul- und Sprachverein für Nordschleswig (o. D.), Organisation).[53]

Für eine gute Vertretung der deutschsprachigen Interessen am dänischen Parlament und bei der dänischen Regierung wurde 1965 ein Kontaktausschuss für die deutsche Minderheit eingerichtet. In diesem Ausschuss treffen sich Vertreterinnen und Vertreter der deutschsprachigen Minderheit mit Vertreterinnen und Vertreter der im dänischen Parlament vertretenen Parteien, um u. a. über innerstaatliche Entscheidungen, die auch die deutschsprachige Minderheit berühren, zu diskutieren (vgl. Council of Europe MIN-LANG/PR (2003) vom 23.01.2003, S. 4).

Die Interessen der deutschsprachigen Minderheit werden vom *Bund Deutscher Nordschleswiger* vertreten. Der Bund übernimmt als Dachorganisation nicht nur die kulturelle Repräsentanz, sondern auch politische Angelegenheiten gegenüber den Vertretern Dänemarks. Die *Schleswigsche Partei* agiert als politischer Vertreter der deutschsprachigen Minderheit in Dänemark und ist in der regionalen Politik Syddanmarks aktiv. Sie ist dem *Bund Deutscher Nordschleswiger* zugeordnet. Die deutschsprachige Minderheit hat eine Repräsentanz auch beim schleswig-holsteinischen Landtag in Deutschland – und zwar durch das Gremium für Fragen der deutschen

53 dssv.dk/organisation [02.02.2023].

Minderheit in Nordschleswig. Dieses berät zweimal jährlich in Fragen kultureller und finanzieller Art und setzt sich aus Repräsentantinnen und Repräsentanten der Landtags- und Bundesebene sowie Repräsentantinnen und Repräsentanten des *Bundes Deutscher Nordschleswiger* zusammen (vgl. Schleswig-Holsteinischer Landtag (o. D.), Gremium für Fragen der deutschen Minderheit in Nordschleswig).[54]

3.3.4 Supranationale Ebene

Die Bundesrepublik Deutschland und das Königreich Dänemark haben eine ereignisreiche Geschichte, die auch die Grenzregionen betroffen haben. Positive Entwicklungen sind der westlichen Werteausrichtung und der Verpflichtung an die Demokratie und Menschenrechte zu verdanken. Der Auslöser des Versöhnungsmodells für die zwischenstaatlichen Beziehungen war der Beitritt der BRD in die NATO, aber die Auswirkungen der zwischenstaatlichen Verhandlungen haben die erfolgreiche Lösung zur Förderung von autochthonen Sprachgruppen ermöglicht. Die Bonn-Kopenhagener Erklärungen 1955 stellen somit ein Versöhnungsmodell dar, das auf die Bereitschaft zweier Staaten abzielt, aus ihrem eigenen Willen den Schutz und die Förderung von Minderheiten und schließlich die Mehrsprachigkeit zu gewährleisten. Dank der Bonn-Kopenhagener Erklärungen und der gemeinsamen Zielsetzungen für die Zukunft konnte sich die Grenzregion bis heute gut entwickeln und ist auch Teil des UNESCO immateriellen Kulturerbes in Deutschland geworden (vgl. Höder/Krämer [im Druck]).

Deutschland gehört zu den Gründungsvätern der heutigen EU und das Königreich Dänemark ist in der ersten Erweiterungswelle 1973 zusammen mit Irland und dem Vereinigten Königreich beigetreten, sodass die gemeinsame Grenzregion nach dem Ende des Zweiten Weltkrieges eine Chance zu einer friedlichen Lösung finden konnte. Dazu hat auch die Tatsache beigetragen, dass beide Staaten sowohl die Sprachencharta (BRD 1998 und Dänemark 2000) als auch das Rahmenübereinkommen zum Schutz nationaler Minderheiten (BRD 1997 und Dänemark 1997) ratifiziert haben.

Im Jahr 1920 war durch ein Referendum die Grenze endgültig gezogen worden. Da in mit den Bonn-Kopenhagener Erklärungen 1955 eine erfolgreiche Mediation zwischen Deutschland und Dänemark verbunden war, gab es keine nachträglichen Konfliktsituationen oder Spannungen im

54 www.landtag.ltsh.de/parlament/nordschleswig-gremium [02.02.2023].

Grenzgebiet. Mit der Europaregion konnte sich die Grenzregion Sønderjylland-Schleswig schließlich 1997 institutionell etablieren, sodass die Gebiete des ehemaligen Herzogtums Schleswig in einem neuen Format wiedergefunden werden können. Die Kooperation schafft eine europäische Identität in der Region und fördert zugleich die Mehrsprachigkeit und den kulturellen Austausch über nationale Grenzen hinweg.

Ein weiteres Instrument, das auch durch die Europäische Union geprägt wird, ist die Interreg Kooperation zwischen Deutschland und Dänemark. Durch ausgewählte Projekte nach Programmschwerpunkt werden die Gemeinschaften der beiden Grenzregionen zusammengebracht und finanziell gefördert (siehe Interreg Deutschland-Danmark (o. D.)).[55]

Interessante Entwicklungen lassen sich auch bei der Innenpolitik beider Staaten aufdecken. Schleswig-Holstein hat u. a. einen *Aktionsplan für die Sprachenpolitik 2014* ausgearbeitet und auch die Minderheiten der Sinti und Roma ausdrücklich in seine Landesverfassung aufgenommen (vgl. Staatskanzlei des Landes Schleswig-Holstein 2015). Somit wird die Vorreiterrolle Deutschlands einschließlich Schleswig-Holsteins in der Mehrsprachigkeit deutlich.

Im Vergleich dazu, gibt es in Dänemark z. B. keine Mindestnorm an Fernseh- und Radiosender. Es wird den Minderheiten überlassen, sich darum zu bemühen, dass die örtlichen Namen zweisprachig ausgeschildert sind. Die Färöer und Grönländer sind im Vergleich zur deutschsprachigen Minderheit „mittragende“ Gemeinschaften und genießen vielfältige Selbstbestimmungsrechte auf ihren Inseln. Diese Unterscheidung zwischen der Innenpolitik der beiden Staaten hinsichtlich ihrer Minderheitenpolitik stellt einen interessanten Punkt in der sprachenpolitischen Gestaltung der EU-Mitgliedsstaaten dar.

Die Bereitschaft Deutschlands und Dänemarks, die Rechte der Minderheiten offiziell anzuerkennen und die zwischenstaatlichen Konflikte, ohne die Vermittlung von internationalen Organisationen oder anderen Partnern zu lösen, kann als Erfolg gelten und wird nicht zuletzt auf die Unterschreibung der Bonn-Kopenhagener Erklärungen 1955 zurückgeführt.

55 www.interreg5a.eu/ueber-uns/was-ist-interreg [02.02.2023].

4. Der Beitrag der mehrsprachigen Regionen zur EU-Integration

Das vorherige Kapitel hat sich der ausführlichen Darstellung und Analyse der drei Fallstudien gewidmet. Nicht nur der historische Rückblick, sondern auch die heutigen inner- sowie zwischenstaatlichen Wechselwirkungen standen dabei im Mittelpunkt. In diesem Kapitel werde ich nun die ermittelten Daten gegenüberstellen. Die Sprachen- und Minderheitenpolitiken der ausgewählten Fallstudien hängen von den jeweiligen innerstaatlichen Verhältnissen wie auch der Regierungsform oder der Verwaltungsgliederung ab. Damit können Ähnlichkeiten sowie interessante Erkenntnisse mit Blick auf die Entwicklung in Europa festgestellt werden.

Die Erfahrungen der Staaten sowie die Entwicklungen im Bereich der Rechte der Sprachgruppen werde ich beginnend mit dem 20. Jahrhundert bis heute nachverfolgen. Der Erste Weltkrieg gilt dabei als Ausgangspunkt für die Entstehung von sogenannten Konfliktlinien, die bis heute in der Rhetorik der Akteure eine Rolle spielen. Dieses historische Ereignis des Ersten Weltkrieges stellt auch die Grundlage der heutigen Sprachminderheiten gemäß der Pariser Vorortverträge dar (vgl. Leonhard 2019, S. 10).

Zunächst werde ich den Kontext des gesamteuropäischen Rahmens für die Konfliktlinien identifizieren. Es handelt sich dabei um Konfliktlinien, die trotz der sich verändernden politischen Rahmenbedingungen in Europa konstant geblieben sind. Diese werden auf drei europäische Zeiträume und jeweils auf den nationalen/zwischenstaatlichen und regionalen/lokalen Ebenen positioniert.

Im zweiten Unterkapitel werde ich die Entwicklungen in der zwischenstaatlichen Zusammenarbeit näher erläutern und ihren Einfluss auf die kulturellen Beziehungen analysieren. Die Einteilung der Fallstudien in den Zeiträumen dient nicht zuletzt auch dazu, die Ereignisse innerhalb der gegebenen institutionellen Rahmenbedingungen sowie die Anreize für die Kooperation zu beleuchten.

Nicht zuletzt werde ich schließlich die institutionellen Entwicklungen im Bereich der Sprachen- und Minderheitenpolitik sowie die der grenzüberschreitenden Beziehungen anhand des akteurszentrierten Institutionalismus näher beleuchten. Drei internationale Organisationen sowie ihre institutionellen Rahmenbedingungen stehen dabei im Mittelpunkt des Unterkapitels: die Vereinten Nationen (VN), die Organisation für Sicherheit und Zusammenarbeit in Europa (OSZE) sowie die Europäischen Union. Damit möchte ich die Errungenschaften im Bereich der Sprachen- und Minderheitenpolitik sowie der transnationalen Kooperation im Kontext internationaler Organisationen systematisch darstellen, um sie auch für weitere Forschungen bereit zu stellen.

Diese Fragen dienen als Ausgangspunkt für die Diskussion in diesem Kapitel: In welchem der unten genannten Zeiträume wird der Abbau der zwischenstaatlichen Spannungsfelder sichtbar? Wann tritt ein Wendepunkt in diesen Beziehungen ein? Welche weiteren interessanten Schlussfolgerungen, auch für mehrsprachige Regionen, lassen sich aus den Zeiträumen feststellen?

4.1 Historische Konfliktlinien im Zeitverlauf

Das Ende des Ersten Weltkrieges hat die moderne Staatlichkeit in Europa verbreitet und die alten Monarchien fast vollständig entfernt. Dies hatte auch zur Folge, dass in den Pariser Vorortverträgen 1919–1920 die Gestaltung der neuen Staaten und die Sicherung der Rechte der durch die Grenzziehungen entstandenen Minderheiten vorgenommen wurden. Diese Festlegungen haben auch die Diskussionen um den Aufbau der internationalen und der europäischen Zusammenarbeit eröffnet.

Von der Aufnahme demokratischer Werte und der Entstehung der Nationalstaaten bis hin zu den Anfängen internationaler und regionaler Organisationen wie den *Vereinten Nationen* (1945), die *Europäische Gemeinschaft für Kohle und Stahl* (EGKS 1951) sowie die spätere *Europäische Gemeinschaft* (EG im Fusionsvertrag 1967) haben sich die europäischen Staaten in verschiedenen Organisationen der zwischenstaatlichen Zusammenarbeit zusammengefunden. Obwohl die Ereignisse in den ausgewählten Fallstudien diverse Entwicklungen aufgezeigt haben, lassen sich dank des gemeinsamen europäischen Erbes ähnliche Konfliktlinien finden, die die Erfahrungen der Staaten, Regionen sowie der Sprachgruppen gleichermaßen beeinflusst haben. Diese Konfliktlinien sind als Trennlinien zu betrachten, die die innerstaatlichen Zusammenhänge und die Entwicklung der Minderheiten mitbestimmt haben.

Ich unterscheide drei große europäische Zeiträume, wobei jeder Zeitraum als Leitthema ein gesamteuropäisches Ereignis hat. Ausgangspunkt der Analyse ist der Erste Weltkrieg (siehe Abbildung 10):

1. *Aufkommen erster Europakonzepte (1914–1945)*: die Erfahrungen der Vor-, Zwischen- und Nachkriegszeit des Ersten und Zweiten Weltkrieges — Insbesondere der Erste Weltkrieg hat die Minderheiten in den untersuchten Staaten wegen der Grenzverschiebungen geprägt. Erste Diskussionen über die Gestaltung der europäischen Politik und der Zusammenarbeit nach dem Ersten Weltkrieg wurden auch zu dieser Zeit begonnen: siehe u. a. den Europaplan von Aristide Briand oder die Paneuropa-Idee von Graf Coudenhove-Kalergi (vgl. Burgard 2000)
2. *Europa im Ost-West-Konflikt (1945–1990)*: die Entstehung der Vorläufer der heutigen EU, nämlich der *EGKS*, der Europäischen Atomgemeinschaft (EURATOM) und der EG sowie die Ereignisse während des Kalten Krieges, die den Sozialismus im Osten und die Demokratie im Westen im Kontrast etablieren
3. *Vertiefung und Erweiterung der europäischen Integration (1990–heute)*: die Ausrufung der Europäischen Union, der Aufbruch der politischen Wende im Ostblock und der Anfang der Einbindung von ehemaligen sozialistischen Staaten in die westlichen Organisationen

Für die Entwicklungen im Bereich der Sprachenpolitik sind diese Konfliktlinien in ihrer geschichtlichen Entfaltung von besonderer Bedeutung. Anhand dieser werden innerstaatliche Zusammenhänge sowohl für die Sprachgruppen als auch für die untersuchten Staaten und ihren zwischenstaatlichen Beziehungen bemerkbar. Obwohl jede der Fallstudien individuelle Erfahrungen gesammelt hat, sind nichtsdestotrotz Gemeinsamkeiten in den gesellschaftlichen und kulturellen Verhältnissen zu sehen, die sich zu verschiedenen Perioden verdeutlichen.

Das Konzept der Konfliktlinien wurde als *social cleavages* (soziale Spaltungen, Trennlinien) 1967 von Lipset und Rokkan erarbeitet. Die Trennlinien sind als Strukturkonflikte in den westeuropäischen Gesellschaften zu verstehen, die sich auch in den Parteiensystemen spiegeln und damit das Wählerverhalten beeinflussen. Die Autoren sahen diese Linien als eingefroren, d. h. von Generation zu Generation sind es dieselben Spaltungen, die die Politik und die Parteienprogramme diktieren. Die sozialen Spaltungen wurden mit dem Beginn der industriellen Revolution Ende des 19. Jahrhunderts hervorgerufen. Sie trennen u. a. Religion und Staat, Zentrum und Peripherie, reich und arm (vgl. Kriesi 1988, S. 165 ff.).

Abbildung 10: Historische Konfliktlinien im Zeitverlauf

Quelle: eigene Darstellung

Im Folgenden wende ich das Konzept der Strukturkonflikten nach Lipset und Rokkan auf die vorgestellten inner- und zwischenstaatlichen Entwicklungen der Fallstudien an. Diese Konfliktlinien können auch als Abgrenzungsmerkmale zwischen den verschiedenen Akteuren betrachtet werden. Durch die Identifizierung sozialer Grenzen in zeitlichen Epochen werden die verschiedenen Prozesse sowohl auf der nationalstaatlichen als auch auf der europäischen Ebene veranschaulicht. So werden einerseits wichtige Entwicklungen oder „Schwellen" für die Sprachgemeinschaften bestimmt, andererseits aber werden auch „Kipppunkte" in den regionalen und nationalstaatlichen Entwicklungen hervorgehoben (vgl. Schiffauer et. al. 2018, S. 9 und 12 ff.). Die Substanz dieser Konfliktlinien hat sich während der Zeiträume wenig geändert, auch wenn sie wegen veränderter politischer Rahmenbedingungen unterschiedliche neue Konstellationen angenommen werden.

Für den ersten Zeitraum des *Aufkommens von ersten Europakonzepten* (1914 bis 1945) lassen sich folgende Konfliktlinien zusammenfassen (siehe Abbildung 10): auf nationaler und europäischer Ebene stehen sich die Konfliktlinie der Gewinner den Verlierern des Ersten und Zweiten Weltkrieges gegenüber. Auf regionaler und lokaler Ebene wiederum steht die kulturelle Konfliktlinie der Minderheit der Mehrheit gegenüber. Insbesondere der Erste Weltkrieg hatte eine große Wirkung auf die Nationen und Sprachgruppen. Nach seinem Ende wurden die Grenzen neu gezogen, wodurch Minderheiten auf beiden Seiten dieser Grenzen entstanden.

Gemäß der Konfliktlinie Gewinner versus Verlierer waren Ungarn, Österreich sowie Deutschland die Verlierer und Italien, Dänemark sowie

Rumänien die Gewinner des Ersten Weltkriegs. Ungarn musste an Rumänien, Österreich an Italien und Deutschland an Dänemark Gebiete abtreten. Rumänien wurde somit Siebenbürgen durch den Vertrag von Trianon 1920 und Italien Südtirol durch den Vertrag von Saint Germain 1919 zugeordnet.

Die Gebietsteilung im Falle von Deutschland und Dänemark verlief wie im vorigen Kapitel besprochen anders. Anhand der Volksabstimmung 1920 konnte die Bevölkerung auf dem Gebiet des damaligen Schleswigs entscheiden, ob sie zu Deutschland oder zu Dänemark gehören möchte. So kam es nach der Abstimmung dazu, dass Nordschleswig dänisch wurde, während Südschleswig deutsch wurde (siehe Abbildung 9) (vgl. Popa-Lisseanu 2003, S. 28; Gruber 2017, S. 73; Loxtermann 2004, S. 17 ff. und Unterkapitel 3.3.1).

Die Sprachgruppen in den abgetretenen Gebieten, die ab diesem Zeitpunkt de facto unter neuen Staatsbedingungen lebten, hatten anfangs Schwierigkeiten in den neuen Nationen politisch und gesellschaftlich vollständig akzeptiert zu werden. Man kann im Falle Italiens die Konfliktlinie der Minderheit gegenüber Mehrheit in den ersten Jahren gut nachverfolgen, nachdem Südtirol Teil der Republik geworden war. Dieses Gebiet erlebte in der Zwischenkriegszeit eine Italianisierungsphase mit Ettore Tolomei, in der u. a. die deutsche Sprache verboten wurde (vgl. Gruber 2017 S. 32 ff. und Unterkapitel 3.2.1).

Ähnlich sah es auch im Falle der ungarischsprachigen Minderheit in Siebenbürgen aus, die nach dem Vertrag von Trianon 1920 zu rumänischen Staatsbürgerinnen und Staatsbürger wurden. Die rumänische Sprache war einzige offizielle Sprache im Staat. Mit dem Ausbruch des Zweiten Weltkrieges wurden die Vorkriegsgrenzen teilweise revidiert. So konnte Ungarn dank des Zweiten Wiener Schiedsspruchs 1940 den Norden und den östlichen Teil Siebenbürgens bis zum Ende des Zweiten Weltkrieges zurückgewinnen (vgl. Franckx 2012, S. 34).

Ähnliches hatte die deutschsprachige Gruppe erlebt, die nach der Volksabstimmung zu einer Minderheit in Dänemark wurde. Sie sah das Ergebnis als ungerecht an und setzte sich für eine Revision der Grenzen ein. Als Staatsbürgerinnen und Staatbürger Dänemarks wurden Deutschsprachige teilweise geduldet und konnten ein in engem Rahmen kulturelles Eigenleben führen (vgl. Bund Deutscher Nordschleswiger (o. D.), Geschichte).[56]

Der zweite Zeitraum *Europas im Ost-West-Konflikt* von 1945 bis 1990 sah mit dem Ende des Zweiten Weltkriegs die Wiederherstellung der Vorkriegsgrenzen, aber auch die Teilung Europas für die nächsten Jahrzehnte zwi-

56 nordschleswig.dk/geschichte [03.02.2023].

schen einem sozialistisch und einem demokratisch geprägten Teil. Dadurch ergeben sich auf der nationalen und europäischen Ebene die Konfliktlinie Westen versus Osten. Auf der regionalen und lokalen Ebene wurde die Konfliktlinie Minderheit gegenüber Mehrheit unter neuen Rahmenbedingungen fortgeführt.

Durch die Konfliktlinie Westen versus Osten wurden verschiedene Wege bestimmt, die die Staaten in der darauffolgenden Periode gegangen sind. Während Italien, Österreich, Deutschland und Dänemark als demokratische Staaten im Westblock die Entstehung der Vorläufer der heutigen EU erlebten und sich nach dem Zweiten Weltkrieg wirtschaftlich, politisch und gesellschaftlich erholten, wurden Ungarn 1949 und Rumänien schon 1947 Teil des Ostblocks und für die nächsten vierzig Jahre sozialistisch geprägt. Diese Konfliktlinie hat auch die Entwicklung der Minderheiten im innerstaatlichen Kontext berührt.

Rumänien räumte der ungarischen Minderheit in den ersten Jahren seiner Diktatur die Möglichkeit ein, ihr kulturelles Leben weiterführen zu können. Der Minderheit wurde zunächst auch eine autonome Region gewährt, gebildet aus den Landkreisen Harghita, Covasna und dem östlichen Teil des Kreises Mures. Diese Region wurde aber 1968 durch den neuen Diktator Ceaușescu aufgelöst.

Die Erfahrungen der Minderheiten im Ostblock waren im Allgemeinen verschieden von denen im Westen. Während im Osten jegliche Aufstände schnell beseitigt und die Minderheiten zwar toleriert, aber nicht aktiv gefördert wurden, konnten die Minderheiten im Westen um ihre Rechte werben (vgl. Franckx 2012, S. 34; Gruber 2017, S. 70 f.; Teebken/Christiansen 2001, S. 18 f.). Im Westen hatten sich die Sprachgruppen zwar nicht problemlos weiterentwickeln können, jedoch wurden sie nach und nach aktiv gefördert und anerkannt.

Im Fall der deutschsprachigen Gruppe in Südtirol ist in diesem Zeitraum die Konfliktlinie Minderheit gegenüber Mehrheit sehr deutlich. Zwar wurde ein Autonomiestatut 1948 für die damalige Region Trentino-Tiroler Etschland erlassen, jedoch waren die deutschsprachigen Südtiroler in der Region deutlich in der Minderheit und alle wichtigen Entscheidungen wurden in Trient getroffen. Dies führte zu konfliktiven, teilweise gewalttätigen Auseinandersetzungen in Südtirol, weshalb die Vereinten Nationen 1960 Italien aufriefen, diesen Konflikt friedlich zu lösen. So ist das zweite Autonomiestatut 1972 für die Region Trentino-Südtirol entstanden (vgl. Gruber 2017, S. 105 ff.).

Im Falle der deutschsprachigen Gemeinschaft in Dänemark und der dänischsprachigen Minderheit in Schleswig-Holstein konnten sich beide Minderheiten weiterentwickeln und sich für ihre Belange engagieren. Wegen der Beitrittsgespräche Deutschlands in die NATO — Dänemark war einer der Gründungsstaaten — sind auch zwischen Deutschland und Dänemark intensive Gespräche über die Situation der Minderheiten entstanden, die in den Bonn-Kopenhagener Erklärungen 1955 mündeten (vgl. Teebken/ Christiansen 2001, S. 18 f.).

Der dritte Zeitraum der *Vertiefung und Erweiterung der europäischen Integration*, der 1990 begonnen hat und bis heute andauert, wird einerseits durch den politischen Umbruch und die Transformationen im Osten und andererseits durch die Ausrufung der Europäischen Union im Vertrag von Maastricht 1992 bestimmt. Diese Ereignisse brachten die Konfliktlinie der supranationalen Politik versus zwischenstaatliche Zusammenarbeit hervor. Auf regionaler und lokaler Ebene wird die Konfliktlinie Minderheit gegenüber Mehrheit in den neuen Rahmenbedingungen weitergeführt. Das West-Ost-Gefälle wurde zwar beginnend mit 1989 politisch obsolet, im Alltag aber ist es oft auch noch heute innerhalb der EU noch nicht ganz überwunden.

Die Beziehungen zwischen Deutschland und Dänemark sind dank der erleichterten grenzüberschreitenden Zusammenarbeit gefestigt worden. Die deutsch- und dänischsprachige Minderheit werden außerdem von beiden Staaten aktiv gefördert. Italien und Österreich hatten eine Reihe von Auseinandersetzungen, die in den 1990ern offiziell mit einer Streitbeilegungserklärung vor den Vereinten Nationen gelöst wurden (vgl. Gruber 2017, S. 127 ff.). Auch auf regionaler und lokaler Ebene gab es veränderte Rahmenbedingungen für die autonome Region Trentino-Südtirol durch den Beitritt Österreichs in die EU 1995 und die Entstehung der Europaregion Tirol-Südtirol-Trentino 1998.

Die Periode der 1990er und der Anfang der 2000er-Jahre sieht eine Öffnung gegenüber den osteuropäischen Staaten und Gespräche für ihren Beitritt zur EU vor. 2004 und 2007 treten Ungarn und Rumänien der Union bei. Diese zwei Staaten haben bis heute noch politischen Erfahrungsmangel im Vergleich zu Deutschland, Dänemark, Italien und Österreich, wenn es um politisch-demokratische und rechtsstaatliche Prozesse angeht.

Auch die regionalen und lokalen Entwicklungen unterscheiden sich zwischen den Staaten. Während die westlichen Regionen wie Trentino-Südtirol und das Gebiet zwischen Deutschland und Dänemark enge grenzüberschreitende Kooperationen entwickeln konnten und im Allgemeinen bei der Gestaltung der regionalen und lokalen Politik besser aufgestellt sind, befinden sich die Regionen Ungarns, aber auch die Regionen Rumäniens noch in einer Entwicklungsphase.

Die Konfliktlinie supranationale versus zwischenstaatliche Zusammenarbeit spielt insbesondere seit dem Vertrag von Lissabon 2007 eine bedeutende Rolle. Es gibt Befürworter der supranationalen Politik, die in der Vertiefung der Integration hin zu einer supranationalen Organisation das endgültige Ziel der Europäischen Union sehen. In Wirklichkeit aber sind die Ebenen in der Union viel komplizierter verflochten, um so ein Ziel realisieren zu können. Des Weiteren ist die Ausdrucksmacht der Minderheiten in den regionalen und lokalen Ebenen durch ihre Einbindung auf der europäischen Ebene deutlich gestiegen.

Hinzu kommt, die im Hintergrund geführte Konfliktlinie zwischen einem Selbstverständnis als ein *kin-state* gegenüber einem *host-state.* Konkrete Hinweise hierzu lassen sich in den rumänisch-ungarischen Beziehungen wiederfinden. Ungarn sieht sich durch seine Rolle als Schutzmacht der ungarischen Identität dafür verantwortlich, die ungarische Diaspora zu beschützen (siehe Artikel D der ungarischen Verfassung, vgl. Országgyűlés Hivatala vom 30.12.2011), und hat auch Maßnahmen wie die doppelte Staatsbürgerschaft sowie finanzielle Förderungen für Projekten in Siebenbürgen eingeführt.

Diese Art von Entwicklungen waren für eine Zeit auch in den österreichisch-italienischen Beziehungen sichtbar gewesen und zwar bei der Einführung der Möglichkeit einer doppelten Staatsbürgerschaft für die deutschsprachige Bevölkerung in Südtirol oder die Schutzfunktionsrolle Österreichs gegenüber Südtirol im Regierungsprogramm 2020–2024 (vgl. Bundeskanzleramt Österreich 2020, S. 131). Dabei ist diese Konfliktlinie zwischen einem sogenannten *kin-state* versus einem *host-state* als sehr problematisch zu betrachten, wenn die Auslegung der beiden Begrifflichkeiten dazu führt, dass die politisch-territoriale Nation abgelehnt und durch kulturelle Eigenschaften ersetzt wird, um damit das Eingreifen in die inneren Angelegenheiten anderer Staaten zu rechtfertigen (vgl. Ozsváth 2010).

Es ist wichtig, die Entwicklung der Periode kurz nach dem Ende des Ersten Weltkrieges in Erinnerung zu behalten. Während die Bewohnerinnen und Bewohner im alten Schleswig-Gebiet über die zukünftige Grenze 1920 selbst entscheiden konnten, war dies im Falle der Regionen Siebenbürgen und Südtirol nicht der Fall. Dort wurden die Grenzverschiebungen von den Versailler Friedensverträgen 1919–1920 diktiert.

Obwohl die Mehrsprachigkeit keine wichtige Zielsetzung in den zwischenstaatlichen Beziehungen und in der europäischen Integration darstellt, hat sie sich in der neuesten Zeit zu einem zentralen Thema in der Europäischen Union entwickelt. Die Ereignisse der beiden Weltkriege haben die europäische Bühne und damit auch das Konzept der Mehrsprachigkeit maßgeblich beeinflusst. Von der Notwendigkeit, zwischenstaatliche Beziehungen im Zuge der geänderten Grenzen friedlich zu gestalten, und der Entstehung von Minderheiten in den Ländern der Europäischen Union haben die Staaten und auch die Minderheiten auf regionaler und lokaler Ebene einen bedeutsamen Beitrag für ihr friedliches Zusammenleben geleistet.

4.2 Entwicklungsphasen der Mehrsprachigkeit (ab 1914 bis heute)

Der Ansatz des Funktionalismus beruht auf der Idee der zwischenstaatlichen Zusammenarbeit und der gemeinsamen Verwaltung von Interessen, um kosteneffiziente und nachhaltige Ergebnisse zu erzielen. Solange ein Lösungsvorschlag einen administrativen Charakter hat, können die Akteure einfacher dazu veranlasst werden, in zwischenstaatlichen Organisationen zusammenzuarbeiten. Formale Aufgaben wie die Abgabe von Souveränität oder Verfassungsänderungen seien schwieriger als administrative und soziale Aufgaben zu gestalten.

Der Begriff der Funktion steht im Mittelpunkt von Mitranys Ansatz und er ermöglicht die Erreichung gemeinsamer Ziele auf internationaler Ebene durch eine geregelte Zusammenarbeit. Die wirtschaftlichen und sozialen Aspekte können nicht an Staatsgrenzen enden. Deshalb sollten diese in der Vision Mitranys anhand der internationalen Zusammenarbeit zwischenstaatlichen Organisationen mit bestimmten Aufgabenstellungen gebündelt werden. Dabei versteht sich der Begriff der Funktion je nach Kontext anders: gemeinsame Luft- und Schifffahrt, Telekommunikation oder wie in diesem Fall die Gestaltung der zwischenstaatlichen Zusammenarbeit auf der Ebene der Mehrsprachigkeit (Mitrany 1975, S. 26 f.).

Der Funktionalismus bietet trotz seiner überregionalen Ausrichtung einen guten Ausgangspunkt für die Erklärung der Aufgaben in zwischenstaatliche Organisation. Er besagt, dass unter den gegebenen Umständen eine politische Organisation kein Endziel sein muss. Der Kern der dabei entstandenen zwischenstaatlichen Zusammenarbeit besteht darin, dass sie jedem interessierten Staat offensteht und dass sie zielgerichtet aufgebaut ist und somit nicht in die Befugnisse der Staaten eingreift. Die von den Staaten gebündelten Ressourcen sind Mittel und Zweck der Organisation (vgl. Mitrany 1943, S. 35 ff.). Diese theoretische Argumentationslinie Mitranys kann im akteurszentrierten Institutionalismus und dessen Ausarbeitung von Akteurskonstellationen gut veranschaulicht werden.

Obwohl die Sprachen- und die Minderheitenpolitiken der Mitgliedsstaaten verschiedene Entwicklungsstadien erlebt und je nach politischer Lage unterschiedliche Ergebnisse erzielt haben, hat das 2007 eingerichtete Ressort für Mehrsprachigkeit in der damaligen Europäischen Kommission (vgl. European Commission vom 16.02.2010) die Bündelung der Aufgaben in diesem Gebiet auf supranationaler Ebene gewagt, ohne dass die Kommission tatsächliche Kompetenzen hatte (Artikel 6 AEUV, vgl. ABI. 2016/C 202/01 vom 07.06.2016). Deshalb hatte der Kommissar für Mehrsprachigkeit wegen des Mangels der für die Ausübung seines Mandats notwendigen Kompetenzen wenig Spielraum gehabt, sodass das Ressort mit der nächsten Kommission aufgegeben und die Mehrsprachigkeit dem Ressort für Jugend und Sport übertragen wurde. Dies zeigt einerseits, wie starr vertragliche Vereinbarungen sind, und andererseits, dass das politische Ziel einer Integration einem natürlichen Ablauf folgen muss. Zudem wird darin auch der inzwischen bekannte komplexe Mehrebenencharakter der Europäischen Union sichtbar, in der nicht nur die Regelungssysteme Handlungen diktieren, sondern auch Akteure die Ergebnisse durch ihre Eigeninteressen prägen.

Die in den vorigen Kapiteln analysierten Fallstudien zeigen anhand ihrer zwischenstaatlichen Zusammenarbeit, wie sich die Gestaltung der Mehrsprachigkeit entwickelt hat und wie sie heute in den jeweiligen Regionen gelebt wird. Im Vordergrund der Analyse in diesem Unterkapitel stehen dabei stets die Wechselwirkungen zwischen den innenpolitischen, den zwischenstaatlichen und den europäischen Ereignissen. Die Mehrsprachigkeit wird dabei in einer diachronen Entwicklung betrachtet, also in den drei verschiedenen historischen Zeiträumen, die bereits vorgestellt wurden (vgl. Unterkapitel 4.1).

Die durch diese Zeiträume abgelisteten Phasen sind von den Gesamtentwicklungen in Europa abhängig. Einerseits ist die zwischenstaatliche Zusammenarbeit von den europäischen Ereignissen beeinflusst worden, andererseits haben auch die zwischenstaatlichen und regionalen Ereignisse die gesamteuropäische Perspektive geprägt, wie z. B. die Ereignisse, die zu den beiden Weltkriegen geführt haben, oder die Entstehung der Vorläufer der heutigen EU.

Der Zeitraum des *Aufkommens erster Europakonzepte* (1914 bis 1945) ist einerseits von den beiden Weltkriegen und andererseits von den beginnenden Diskussionen über die europäische Zusammenarbeit sowie Europas Zukunft beeinflusst. Das Ende des Ersten Weltkrieges und die Friedenskonferenzen in Versailles 1919–1920 bringen eine neue politische Ordnung durch die Auflösung von Monarchien sowie Grenzverschiebungen hervor. Die Zwischenkriegszeit bringt neue Machtverhältnisse hervor, die zum Ausbruch des Zweiten Weltkrieges führen. Die Situation der untersuchten Sprachgruppen unterliegt in dieser Zeit einer Anpassungsphase an die neuen politischen Rahmenbedingungen. Im Zweiten Weltkrieg wird die Vorkriegsordnung ausgesetzt. Nach dessen Ende werden aber die Grenzen der Vorkriegszeit wiederhergestellt.

Der zweite Zeitraum *Europas im Ost-West-Konflikt* (1945 bis 1990) umfasst die neuen politischen Realitäten im Europa der zwei gegensätzlichen politischen Lager des Sozialismus in der Sowjetunion und der Demokratie westlich des Eisernen Vorhangs. Europa wird für mehrere Jahrzehnte zwischen dem demokratischen Westen und dem sozialistischen Osten aufgeteilt. Im demokratischen Westen findet 1951 die Geburtsstunde der heutigen Europäischen Union mit der Europäischen Gemeinschaft für Kohle und Stahl statt. Die Entwicklungen der italienisch-österreichischen und deutsch-dänischen Beziehungen werden davon beeinflusst. Im sozialistischen Osten hingegen gehen die rumänisch-ungarischen Beziehungen unter verschiedenen Rahmenbedingungen in eine andere Richtung, die sich trotz der brüderlichen Beziehungen im Sozialismus nicht nachbarschaftlich gestalten.

Schließlich gibt es den dritten Zeitraum der *Vertiefung und Erweiterung der europäischen Integration* (1990–heute). Der Ost-West-Konflikt wird beendet und die südost- und mittelosteuropäischen Staaten werden Teil der westlichen Welt, die auf den Prinzipien der Demokratie und Rechtsstaatlichkeit beruht. Diese Staaten beginnen dann auch ihren Beitrittsprozess in die europäischen Organisationen wie die NATO oder die EU. Besonders am Anfang dieses Zeitraumes sind noch Unterschiede zwischen den westlichen und östlichen Entwicklungen der Mehrsprachigkeit bedeutsam. Die Entwicklungen in diesem Zeitraum wurden ausführlich in Kapitel drei analysiert und sollen abschließend nochmals unter der Fragestellung beleuchtet werden, wie sie die bisherige Mehrsprachigkeit geprägt haben. Die Erforschung der Rolle und des Handlungsumfangs der EU als Vermittlungspartner und normative Präsenz ist in diesem Fall von Bedeutung.

Nachfolgend werde ich die beschriebenen Zeiträume auf die Fallstudien anwenden. Ziel dieser Periodisierung der zwischenstaatlichen Angelegenheiten ist die Hervorhebung bestimmter Schlüsselereignisse und deren Auswirkung auf die zwischenstaatlichen Beziehungen sowie auf die involvierten Sprachgruppen.

Rumänien–Ungarn

Die rumänisch-ungarischen Beziehungen sind hauptsächlich auf die Region Siebenbürgen ausgerichtet. Diese Region war bis zum Ersten Weltkrieg Teil der Habsburgermonarchie und ging erst nach dem Ende des Krieges 1920 im Friedensvertrag von Trianon an Rumänien. Im Zweiten Weltkrieg standen sowohl Ungarn als auch Rumänien im Einflussgebiet des nationalsozialistischen Deutschlands. Als Folge des Bündnisses mit Deutschland mussten im Ersten Wiener Schiedsspruch 1938 Gebiete mit einer mehrheitlich ungarischsprachigen Bevölkerung aus der Tschechoslowakei an Ungarn abgetreten werden. Damaliges Ziel Ungarns war es, die im Zuge des Vertrags von Trianon verlorenen Gebiete wiederzugewinnen. Als Kompromisslösung wurden jedoch im Zweiten Wiener Schiedsspruch 1940 nicht ganz Siebenbürgen, sondern nur der Norden und die östlichen Teile an Ungarn abgetreten. Mit dem Ende des Zweiten Weltkrieges wurden die Vorkriegsgrenzen wiederhergestellt und somit musste Ungarn auch den Norden und die östlichen Teile Siebenbürgens an Rumänien zurückgeben (vgl. Popa-Lisseanu 2003). Das Ende des Zweiten Weltkrieges führte zu einem Systemwechsel in Osteuropa – zum Sozialismus, was auch den Anfang des zweiten Zeitraumes repräsentiert.

Der politische Systemwechsel beider Staaten zum Sozialismus (1947 für Rumänien und 1949 für Ungarn) hat dazu beigetragen, dass diese zwischenstaatlichen Beziehungen im zweiten Zeitraum einen Sonderweg im Vergleich zu den westeuropäischen Beispielstaaten eingenommen hatten. Obwohl am Anfang der sozialistischen Periode in Rumänien eine öffentliche Akzeptanz der kulturellen und sprachlichen Vielfalt bestand, die zu einer Förderung der ungarischen Gemeinschaft in Siebenbürgen führte, z. B. durch die Gründung einer ungarischen autonomen Region in Rumänien von 1952 bis 1960, wurden die Selbstverwaltungsrechte der ungarischen Minderheit danach systematisch zurückgedrängt. Auch die zwischenstaatlichen Beziehungen sahen eine friedliche Entwicklung in den Anfangsjahren der sozialistischen Phase vor, aber verschlechterten sich danach allmählich. Obwohl beide Staaten Teil desselben ideologischen Systems und auch

Nachbarn waren, haben sich ihre Beziehungen wegen der im Vertrag von Trianon 1920 gelisteten Ereignisse nicht verbessert (vgl. Franckx 2012, S. 36 ff.; Avram 2014). Gegen Ende des zweiten Zeitraums 1989 beginnt mit der politischen Wende in Mittel- und Osteuropa eine erste Öffnung für beide Staaten gegenüber dem Westen.

Abbildung 11: Entwicklungsphasen: Rumänien-Ungarn

Quelle: eigene Darstellung

Der dritte Zeitraum der *Vertiefung und Erweiterung der europäischen Integration* (1990–heute) sieht die ungarisch-rumänischen Beziehungen dem politischen und sozialen Wandel ausgesetzt. Beide Länder unterschrieben einen Vertrag zur gegenseitigen Unterstützung und Partnerschaft in Timişoara 1996. Diese Beziehungen werden dann 2002 zu einer strategischen Partnerschaft erklärt (vgl. Monitorul Oficial Nr. 250 vom 16.10.1996). Die zwischenstaatlichen Beziehungen sind in den darauffolgenden Jahren trotz alldem wechselvoll (vgl. Unterkapitel 3.1.2 zur rumänisch-ungarischen zwischenstaatlichen Ebene).

Ungarn ist 2004 und Rumänien 2007 der Europäischen Union beigetreten. Die danach folgende Periode kennt keine maßgebliche Änderung in den zwischenstaatlichen Beziehungen. Diese Beziehungen sind immer noch von der Situation der ungarischsprachigen Bevölkerung in Siebenbürgen geprägt, die sich inzwischen zu einer bedeutenden Gruppe auf der politischen Ebene in Rumänien entwickelt haben. In Siebenbürgen gibt es auch zwei Europaregionen an der Grenze zu Ungarn unter der Beteiligung weiterer angrenzender Staaten: die Euroregion Donau-Kreisch-Marosch-Theiß[57]

57 dkmt.net/en [15.09.2023].

(1997 gegründet), die Gebiete von Ungarn, Rumänien und Serbien umfasst; die Euroregion Karpaten[58] (1993 gegründet), die Gebiete von Polen, Ungarn, der Ukraine, der Slowakei sowie Rumänien vereint; sowie auch die Hajdú-Bihar – Bihor Euroregion (2002 gegründet, vgl. Toca 2013), die den Kreis Bihor in Rumänien und den Kreis Hajdú-Bihar umfasst.

Die ungarisch-rumänischen Beziehungen konnten sich wegen der mangelnden Kooperation im vorausgehenden Zeitraum nicht so gut entwickeln. Dies hängt auch damit zusammen, dass sie sich als junge demokratische Staaten erst an ihre Souveränität gewöhnen und ein eigenes politisches Profil entwickeln mussten. Deshalb hat die zwischenstaatliche Zusammenarbeit zeitweise stagniert. Des Weiteren ist Rumänien als Zentralstaat in Landkreisen organisiert und hat keine eigentlichen Regionen mit Selbstverwaltungsrechten, sodass die ungarischsprachige Minderheit ihren Forderungen nach regionaler Autonomie seit mehreren Jahren erfolglos nachgeht (vgl. David 2020, S. 6 f.).

Italien–Österreich

Die italienisch-österreichischen Beziehungen sind hauptsächlich von der deutschsprachigen Bevölkerung in der italienischen Provinz Bozen/Südtirol geprägt. Die Region Trentino-Südtirol ist eine autonome Region in Italien mit Spezialstatut, die sich aus zwei autonomen Provinzen gemäß dem zweiten Autonomiestatut von 1972 zusammensetzt: der autonomen Provinz Trient und der autonomen Provinz Bozen (vgl. Gazzetta Ufficiale della Repubblica Italiana Nr. 301 vom 20.11.1972).

Im ersten Zeitraum der *Aufkommen erster Europakonzepte* waren die zwischenstaatlichen Beziehungen durch zahlreiche Konflikte gekennzeichnet. Bis zum Ende des Ersten Weltkrieges gehörte Südtirol noch zur Habsburgermonarchie. Im Jahr 1919 wurde das Gebiet durch den Friedensvertrag von Saint-Germain an Italien abgetreten. Damit wurde die mehrheitlich deutschsprachige Provinz de facto neuen Rahmenbedingungen unterstellt, die sich zunächst in Form einer Assimilierungskampagne manifestierte. Währenddessen wurde Österreich von deutschen Truppen besetzt und Teil des Deutschen Reiches bis zum Ende des Zweiten Weltkrieges. Die deutschsprachige Bevölkerung Südtirols hatte auch unter dem Bündnis zwischen Mussolini und Hitler zu leiden. In dem zwischen Deutschland und Italien unterschriebenen Umsiedlungsabkommen 1939 hatte die

58 www.karpacki.pl/en [15.09.2023].

deutschsprachige Bevölkerung Südtirols die Wahl, entweder in Italien, ohne jeglichen Schutz zu bleiben oder endgültig ins Deutsche Reich auszuwandern (vgl. Gruber 2017, S. 73).

Abbildung 12: Entwicklungsphasen: Italien-Österreich

Quelle: eigene Darstellung

Der Untergang des nationalsozialistischen und des faschistischen Regimes sowie das Ende des Zweiten Weltkrieges setzten diesen Entwicklungen ein Ende. Österreich wurde als Republik wiederhergestellt und die Assimilationspolitik der deutschen Sprachgruppe in Südtirol wurde beendet (vgl. Gruber 2017, S. 70 ff.). Gleichzeitig ist die Südtiroler Volkspartei mit dem Ziel gegründet worden, eine gemeinsame Vertretung sowohl für die deutsch- als auch ladinischsprachige Bevölkerung in Südtirol zu gewährleisten (vgl. Südtiroler Volkspartei (o. D.), Geschichte).[59]

Die Pariser Friedensverträge 1946 (vgl. Presseamt der Südtiroler Landesregierung 2006) stellen die Basis für das 1948 ausgerufene Autonomiestatut für die damalige Region Trentino-Tiroler Etschland (bis 1972) dar. Das Autonomiestatut wurde dabei für die gesamte Region erlassen, in der die deutsch- und ladinischsprachige Bevölkerung als Minderheiten wenig Mitspracherechte hatten. Diese Tatsache löste eine von gewaltigen Ausbrüchen und Protesten gekennzeichnete Periode in Südtirol aus. Die Vereinten Nationen forderten 1960 Italien nach der Berichterstattung Österreichs über die Situation in Südtirol auf, die Situation friedlich und sofort zu lösen (vgl. Gruber 2017, S. 105 ff.).

59 www.svp.eu/de/partei/geschichte-937.html [03.02.2023].

Diese Entwicklungen und zwischenstaatlichen Diskussionen mündeten schließlich 1972 in dem zweiten Autonomiestatut, das die italienische Regierung für die Region Trentino-Südtirol in Kraft setzte. Darin wurden auch die Autonomiebefugnisse der zwei Provinzen Trient und Bozen im Gegensatz zur Region selbst gestärkt. Das heißt, dass die Sprachen der Minderheiten in der Provinz Bozen zu Amtssprachen erhoben und die gesamte Verwaltung und Politik der Region darauf ausgerichtet wurde, den Schutz der Sprachgruppen grundlegend zu fördern. Der Ausbau der Autonomie der Provinzen sowie die offizielle Streitbeilegung zwischen Italien und Österreich dauerten ca. zwanzig Jahre (vgl. Gruber 2017, S. 127 ff.).

Der dritte Zeitraum der *Vertiefung und Erweiterung der europäischen Integration* beginnt mit der 1992 von Italien und Österreich unterschriebenen offiziellen Streitbeilegungserklärung (vgl. Autonome Provinz Bozen-Südtirol vom 11.06.2017). Im Jahr 1995 trat Österreich der Europäischen Union bei und die Europaregion Tirol-Südtirol-Trentino wurde 1998 eingerichtet. Diese Institutionalisierung der interregionalen Beziehungen verbesserte auch die innerstaatliche Lage Südtirols. Die Europaregion entwickelte sich zur Modellregion für andere Sprachgruppen in Europa.

Heute werden die Beziehungen teilweise durch die österreichische Außenpolitik gegenüber Südtirol überschattet, da Österreich seine *Schutzrolle* (siehe *kin-state* versus *host-state* Kontroverse im vorigen Unterkapitel) in der Bundesregierung Kurz II Anfang 2020 bekanntgegeben hat (vgl. Bundeskanzleramt 2020, S. 131 f.). Trotz der Auseinandersetzungen zwischen Italien und Österreich auf diplomatischer Ebene ist es den beiden Staaten gelungen, ihre Beziehungen zu verbessern und sowohl die italienische Region Trentino-Südtirol als auch die Europaregion Tirol-Südtirol-Trentino zu Modellregionen in Europa zu entwickeln. Die Vorreiterrolle Südtirols kann auch in der anvisierten Kooperation zwischen Südtirol und den drei rumänischen Landkreisen mit einer ungarischsprachigen Bevölkerung Mureş, Covasna und Harghita aus Siebenbürgen gesehen werden. Diese haben 2019 eine Erklärung unterschrieben, die den Auftakt einer Kooperation zwischen Südtirol und den Landkreisen zum Erfahrungsaustausch darstellt (vgl. Muntean 2019).

Deutschland–Dänemark

Die deutsch-dänischen Beziehungen sind hauptsächlich auf die gemeinsame Grenze ausgerichtet. Diese zwischenstaatliche Zusammenarbeit gilt heute als Modellbeispiel für die bilaterale Konfliktlösung im Bereich der

Minderheiten sowie von Grenzproblemen. Auf beiden Seiten der heutigen Grenze sind nach der Abstimmung 1920 Sprachminderheiten verblieben, deren Situation erst nach dem Zweiten Weltkrieg gelöst wurde.

Der erste Zeitraum der *Aufkommen erster Europakonzepte* hat – wie auch im Falle der beiden vorigen Fallbeispiele – die heutigen Konstellationen der Beziehungen maßgebend geprägt. Das Deutsche Reich erlebte eine Niederlage im Ersten Weltkrieg und musste mit dem Versailler Vertrag 1919 eine Volksabstimmung für das Gebiet Schleswigs akzeptieren. Im Jahr 1920 wurde diese Abstimmung gehalten (siehe Abbildung 9). Danach ging Nordschleswig an Dänemark und der mittlere sowie südliche Teil blieben bei Deutschland. Die damals gebildete Grenze hat sich bis heute erhalten (vgl. Loxtermann 2017, S. 17 f.).

Abbildung 13: Entwicklungsphasen: Deutschland-Dänemark

Quelle: eigene Darstellung

Die Entwicklungen der folgenden Periode haben die Beziehungen erneut auf die Probe gestellt. Obwohl Dänemark auch im Zweiten Weltkrieg neutral blieb, marschierten deutsche Truppen ins Land und besetzten es bis zum Ende des Krieges. Diese Ereignisse mündeten nach dem Ende des Krieges in Forderungen der dänischen Minderheit in Deutschland, die Grenze zu revidieren. Die dänische Regierung lehnte die Option nach offizieller Anfrage durch die britische Besatzungsmacht ab (vgl. Loxtermann 2017, S. 32).

Im zweiten Zeitraum *Europas im Ost-West-Konflikt* wurde 1949 von der schleswig-holsteinischen Landesregierung als Zeichen guter nachbarschaftlicher Absichten eine Erklärung über die Situation der dänischsprachigen

Minderheit erstellt (*Kieler Erklärung*). Die Erklärung betonte die Anerkennung der Rechte der dänischsprachigen Minderheit sowie ihre Anerkennung als volle Staatsbürgerinnen und Staatsbürger in Deutschland (vgl. Loxtermann 2017, S. 32 ff.). Die Bundesrepublik eröffnete in dieser Periode auch die Diskussionen für ihren Beitritt in die NATO. Dänemark hatte dabei als eines der NATO-Gründungsmitglieder ein Vetorecht und nutzte diese Gelegenheit, um die Minderheitenproblematik an der Grenze zu besprechen. Dies führte zu zwischenstaatlichen Gesprächen auf staatlicher Ebene, die auch die Situation der deutschsprachigen Bevölkerung in Dänemark miteinbezog.

Als Ergebnis dieser zwischenstaatlichen Gespräche wurden zwei Regierungserklärungen veröffentlicht, die als die Bonn-Kopenhagener Erklärungen von 1955 bekannt wurden. Die Erklärungen haben zwar keinen völkerrechtlichen Charakter und basieren somit strikt auf dem Versprechen beider Staaten, die Vereinbarungen einzuhalten. Durch die Einigung über die Situation der deutschsprachigen und dänischsprachigen Minderheiten konnte u. a. Deutschland der NATO beitreten. Mit dem Beitritt Dänemarks 1972 in die damalige EG verbesserten sich die Beziehungen deutlich (vgl. Gesellschaft für Schleswig-Holsteinische Geschichte (o. D.), Bonn-Kopenhagener Erklärungen).[60]

Der dritte Zeitraum der *Vertiefung und Erweiterung der europäischen Integration* (1990–heute) bietet den Rahmen für eine Festigung der im vorigen Zeitraum diplomatisch gelösten Beziehungen. Im Jahr 1997 wurde die Europaregion Sønderjylland-Schleswig gegründet, die zur Institutionalisierung der Grenzbeziehungen führte und somit auch zur Erweiterung der regionalen Beziehungen im wirtschaftlichen sowie kulturellen und sozialen Bereich. 2018 wurde die Zusammenarbeit zwischen Deutschland und Dänemark als UNESCO immaterielles Weltkulturerbe und gutes Praxisbeispiel für ein grenzüberschreitendes Zusammenleben anerkannt (vgl. Region Sønderjylland-Schleswig vom März 2020).

Im Rahmen der Minderheitenpolitik wurde das *DialogForumNorden* gegründet. Es ist dem Landtag Schleswig-Holsteins unterstellt und ist eine regionale Zusammenkunft der Minderheiten und Volksgruppen in der Grenzregion sowie der Organisationen und Politiker, die sich mit Minderheitenthemen befassen. Es dient dem Austausch und der Koordination von relevanten Themen und der besseren Repräsentanz von Minderheiten-

---

60 www.unesco.de/kultur-und-natur/immaterielles-kulturerbe/immaterielles-kulturerbe-deutschland/minderheiten [02.02.2023].

konzepten. Zu den beteiligten Organisationen gehören neben denen der vier autochthonen Minderheiten und der Europaregion u. a. auch *Federal Union of European Nationalities* (FUEN), *The Europen Centre for Minority Issues* (ECMI), Vertreter des schleswig-holsteinischen Landtages sowie Vertreter aus der dänischen Region Syddanmark.

Die Bonn-Kopenhagener Erklärungen 1955 bilden die Grundlage für die gute Entwicklung der deutsch-dänischen Zusammenarbeit im Grenzgebiet. Sie stellen den wesentlichen Kern nachhaltiger demokratischer und zwischenstaatlicher Zusammenarbeit auf dem Gebiet der Sprachen- und Minderheitenpolitik dar. Bemerkenswert ist nicht zuletzt auch die Tatsache, dass die zwei Staaten ohne jegliche internationale Vermittlung zu einer gemeinsamen Lösung gefunden haben.

Schlussfolgerungen

Die Einbindung der Fallstudien in die drei großen Zeiträume (Aufkommen erster Europakonzepte 1914–1945, Europa im Ost-West-Konflikt 1945–1990 und Vertiefung und Erweiterung der europäischen Integration 1990–heute) haben Kernelemente der Entwicklung der kulturellen Beziehungen einerseits und der Einflüsse auf die EU-Integration andererseits hervorgebracht. Die Ereignisse, die in den Zeiträumen stattgefunden haben, tragen zur Phasenbildung der Mehrsprachigkeit auf den innen- und zwischenstaatlichen Ebenen bei. Es handelt sich dabei sowohl um Ereignisse, die nicht auf die Sprachenpolitik angesiedelt waren, sondern eher indirekt auf die heutige Lage Einfluss genommen haben, als auch um Ereignisse, die die Minderheiten- und Sprachenpolitik direkt gesteuert und unterstützt haben. Diese Erkenntnis verweist darauf, dass der Funktionalismus als theoretische Grundlage zur Analyse europäischer Politik auch heute gewinnbringend ist und ins Konzept des Mehrebenensystems der Europäischen Union eingebunden ist.

Die italienisch-österreichischen Beziehungen werden bis heute von den Entwicklungen in Südtirol beeinflusst. Die gewaltvollen Auseinandersetzungen in der Vergangenheit führten zur internationalen Aufmerksamkeit seitens der Vereinten Nationen. Der entscheidende Moment, der die Situation schließlich in Richtung einer Konfliktlösung lenkte, war die Verabschiedung des zweiten Autonomiestatutes 1972. Dadurch wurden den Provinzen Trient und Bozen mehr Kompetenzen gegenüber der Region zugeteilt. Dies führte schließlich dazu, dass in der Provinz Bozen die deutsche und in gewissen Teilen der Provinz auch die ladinische Sprache der italienischen gleichgestellt sind.

Die deutsch-dänischen Beziehungen gestalteten sich in den ersten Nachkriegsjahren auch spannungsvoll. Diese konnten jedoch schon im zweiten Zeitraum dank des politischen Willens beider Staaten friedlich gelöst werden. Die Bonn-Kopenhagener Erklärungen von 1955 sind Belege dafür, dass zwei Staaten Kompromisse eingehen können, wenn sie an guten Nachbarschaftsbeziehungen interessiert sind. Diese Erklärungen führten zur Verbesserung der Situation für die deutsch- und dänischsprachige Minderheit auf beiden Seiten der Grenze.

Die rumänisch-ungarischen Beziehungen unterscheiden sich sowohl historisch als auch heute in den Erfahrungen von den oben dargestellten Fallbeispielen. Ihre Beziehungen sind nach dem Ersten Weltkrieg wie auch im Falle der italienisch-österreichischen und deutsch-dänischen Beziehungen von den damaligen Grenzverschiebungen diktiert worden. Deshalb steht das Gebiet Siebenbürgens und dessen ungarischsprachige Bevölkerung bis heute im Mittelpunkt der diplomatischen Auseinandersetzungen zwischen Ungarn und Rumänien. Weil beide Staaten im zweiten Zeitraum Teil des Ostblocks waren, sind ihre Beziehungen und die Mitgliedschaft in der Europäischen Union bis heute eine noch wenig vertiefte Lernerfahrung für beide Staaten.

Im ersten Zeitraum als Bündnispartner des nationalsozialistischen Deutschlands wurden ihre Außenbeziehungen durch die Trianon-Grenzrevisionsziele Ungarns und die damit verbundenen Schiedssprüche diktiert. Im zweiten Zeitraum aber vom neu geprägten Sowjetsystem mit autoritären Regierungsmodellen haben sich ihre bilateralen Beziehungen auch nicht nachbarschaftlich gestaltet.

Der dritte Zeitraum stellt für alle Fallbeispiele und deren Entwicklungen in der Gegenwart den entscheidenden Abschnitt dar. Ihr Beitritt in die Europäische Union hat die Möglichkeit der grenzüberschreitenden Zusammenarbeit und der Vernetzung deutlich erleichtert, weshalb sich Grenzregionen wie Südtirol zusammen mit dem Bundesland Tirol oder das Bundesland Schleswig-Holstein mit der Region Syddanmark als Euroregionen institutionalisiert haben. Diese Euroregionen sind dank ihrer Erfolge als eigene kulturelle und wirtschaftliche Gebiete zu Modellregionen für andere Sprachgruppen geworden. So werden sie als Vorbilder auch von der ungarischsprachigen Gemeinschaft aus Rumänien angesehen, die seit Anfang der 1990er-Jahre von der Idee der regionalen Autonomie auf dem

Gebiet des historischen Szeklerlandes angetrieben werden (siehe Abbildung 2).

Die Länderanalysen zeigen außerdem, inwieweit die verschiedenen Ebenen im politischen System der Europäischen Union verflochten sind und wie diese sich gegenseitig beeinflussen. Solche Entwicklungen führen zwar zu keiner Übertragung auf die supranationale Ebene, stattdessen aber finden auf der zwischenstaatlichen Ebene Vernetzungen und zwischenstaatliche Austausche statt. Mit dem Ziel einer erfolgreichen zwischenstaatlichen Zusammenarbeit sind heute grenzüberschreitende Kooperationsmodelle entstanden, die nicht nur sprachlich und kulturell, sondern auch wirtschaftlich für die gesamte Europäische Union von Bedeutung sind.

Diese Entwicklungsphasen haben des Weiteren im Sinne des Ansatzes des akteurszentrierten Institutionalismus gezeigt, dass institutionelle Strukturen die Handlungen der Akteure nicht nur einschränken, sondern auch anspornen können. Die Akteure ihrerseits werden nicht nur durch ihre Handlungsmöglichkeiten und die Funktionen des Systems der EU gesteuert, sondern können selbständig handeln und dadurch weitere Potenziale entfalten oder Beziehungen und Entscheidungen hemmen (vgl. Mayntz/Scharpf 1995, S. 43 f.).

Im Falle der deutsch-dänischen Beziehungen ist sichtbar, dass die institutionellen Rahmenbedingungen der EU keine wesentliche Rolle bei der ursprünglichen Konfliktlösung 1955 gespielt haben. Die Bonn-Kopenhagener Erklärungen wurden zwischenstaatlich von der deutschen und dänischen Regierung ohne jegliche institutionellen Vermittlungen vereinbart. Erst in den späteren Jahren, nachdem auch das außenstehende Dänemark der EU beigetreten ist, haben sich die Beziehungen beeinflusst durch die neuen Rahmenbedingungen im Kontext der Euroregionen fortentwickelt.

Die italienisch-österreichischen Beziehungen wurden jahrelang im Schatten der südtirolerischen Auseinandersetzungen der Nachkriegszeit fortgeführt. Österreichs Interesse an Südtirol ist weiterhin konstant geblieben, obwohl dieses Gebiet nach dem Ersten Weltkrieg abgetreten worden war. Die Beteiligung der Vereinten Nationen 1960 hat dieser Akteurskonstellation den entscheidenden Impuls zur befriedigenden Lösung gegeben. Heute ist es die EU, die durch ihr Regelungssystem der transnationalen Kooperationen und der Euroregionen engagiert ist, sodass die gegründete Europaregion Tirol-Südtirol-Trentino zu einer Modellregion in Europa geworden ist.

Im Falle der rumänisch-ungarischen Beziehungen haben die institutionellen Regelungssysteme zwar einen positiven Einfluss gehabt, diese Beziehungen gestalten sich aber immer noch ambivalent. Beide Staaten haben den EU-Rahmen nach ihrem Beitritt für die innerstaatliche Fortentwicklung und teilweise auch für die zwischenstaatliche Kooperation und die kulturellen Beziehungen genutzt, jedoch wurde der Charakter ihrer Beziehungen nach der Wende 1989–1990 weiterhin von den geschichtlichen Erfahrungen rund um die Region Siebenbürgen geprägt. Der 1996 unterschriebene Vertrag über Verständigung, Zusammenarbeit und gute Nachbarschaft zwischen Rumänien und der Republik Ungarn vom 16.09.1996 (*Tratat de înţelegere, cooperare şi bună vecinătate între România şi Republica Ungară din 16.09.1996)* hat die Vergangenheitsressentiments nicht ganz abschaffen können, obwohl die ungarische Sprachgruppe in Rumänien tatsächlich gemäß internationalen Standards gefördert wird. Für die Bearbeitung zugrundeliegender Feindbilder wird noch Zeit für neue Begegnungen und das Sammeln positiver Erfahrungen benötigt, um in den neuen politischen Rahmenbedingungen nach und nach eine gute Zusammenarbeit aufbauen zu können.

4.3 Die Mehrsprachigkeit seit 1990 in Europa

Die Entwicklungen im Bereich der Sprachen- und Minderheitenpolitik haben bedeutsame Fortschritte seit Ende der 1980er-Jahre gefördert durch die europäische Integration und das Ende des Ost-West Gegensatzes gemacht. Der Europarat hat schon nach dem Ende des Zweiten Weltkrieges eine normative Rolle im Bereich der Menschenrechte übernommen, aber auch die Organisation für Sicherheit und Zusammenarbeit in Europa (OSZE) mit seinem Amt des Hohen Kommissars für nationale Minderheiten und dann später die EU anhand verschiedener Initiativen wie die Gründung des Kommissars für Mehrsprachigkeit haben wichtige Beiträge geleistet. Daher stelle ich diese internationalen Organisationen und ihre jeweiligen Rechtsinstrumente in den Mittelpunkt dieses Unterkapitels. Die Aussagen des Ansatzes des akteurszentrierten Institutionalismus und *Cross-Border Governance* werden dabei wieder aufgegriffen, um die Rolle und die Bedeutung der Organisationen in der Förderung der zwischenstaatlichen und grenzüberschreitenden Zusammenarbeit im Bereich Kultur und Minderheiten zu verdeutlichen.

Der Ansatz *Cross-Border Governance* untersucht anhand eines räumlich-territorialen Bezugs zur Grenze die politische Steuerung über Grenzen hinweg (vgl. Ulrich/Scott 2021, S. 160 ff.). Dieses grenzüberschreitende

Merkmal ist von Bedeutung, weil in der Ordnungsanalyse die Grenze neben einer trennenden auch eine verbindende Eigenschaft haben kann. So stehen im Mittelpunkt die verschiedenen Kooperationsformen und Institutionalisierungen (als Euroregionen oder EVTZs), die sich in einer stetig fortentwickelnden und vernetzten Welt zusammenfinden. Der Ansatz verleugnet die Relevanz der Nationalstaaten nicht, sondern positioniert sie in einem größeren Kontext (vgl. Ulrich/Scott 2021, S. 127).

Der Ansatz des akteurszentrierten Institutionalismus beschäftigt sich mit den Interaktionen der korporativen Akteure in gesellschaftlichen Teilsystemen und in bestimmten institutionellen Rahmenbedingungen. Unter korporativen Akteuren werden dabei Organisationen verstanden, die *handlungsfähige und formal organisierte Personen-Mehrheiten darstellen* (Mayntz/Scharpf 1995, S. 49). Diese können innerhalb verschiedener institutioneller Regelungen agieren. Anknüpfend an das Verständnis des älteren Neo-Institutionalismus sind dabei mit dem Begriff *Institution* bestimmte soziale Organisationsstrukturen gemeint. Diese schränken die Handlungen der Akteure nicht nur gemäß den Regelungen ein, sondern eröffnen gleichzeitig auch Handlungsoptionen im gegebenen Rahmen, *enabling and structuring*, und führen so zur Handlungsvielfalt zwischen den verschiedenen Akteuren im System (Scharpf 2000; Mayntz/Scharpf 1995).

Der Ansatz basiert auf einem engen Verständnis von Institution und betrachtet diese sowohl als abhängige als auch unabhängige Variablen, die Handlungskontexte anregen, ermöglichen oder einschränken können. Deshalb ist der Ansatz *akteurszentriert*. Er fokussiert nämlich die Interaktionen zwischen den Akteuren aus der Perspektive der Makro-Ebene. Eine Handlung kann aber auch von Individuen auf der Mikro-Ebene mitbestimmt werden. Dabei wird die Perspektive des Mehrebenensystems miteinbezogen, aus der der institutionelle Rahmen das Handeln dieser korporativen Akteure bestimmt, während die Akteure ihrerseits den institutionellen Rahmen mitbestimmen und letztendlich prägen (vgl. Mayntz/Scharpf 2005, S. 43 f.).

Dieser Einfluss auf die Regelungssystemen ist in der Geschichte der heutigen Europäischen Union nachverfolgbar, weil sie nicht nur Regelungsvorschriften für das Handeln innerhalb ihrer Organisation festgelegt hat. Die Mitgliedsstaaten ihrerseits haben im Laufe der Geschichte ihrerseits die EU fortentwickelt, sodass sie von der anfänglichen EGKS in die heutige EU mehrere politische Etappen durchlaufen hat. Von Interesse in diesem Zusammenhang sind aber auch die Einflussnahme der oben bereits genannten Institutionen des Europarates und der OSZE in der Gestaltung und Entwicklung der heutigen Mehrsprachigkeit und der Förderung der zwischenstaatlichen Zusammenarbeit.

Die Gebietsveränderungen als Folge des Ersten Weltkriegs sowie die Erfahrungen der Staaten mit Minderheiten im Europa der Zwischenkriegszeit und nach dem Ende des Zweiten Weltkriegs haben die Notwendigkeit internationaler sowie zwischenstaatlicher Lösungen sichtbar gemacht. Zuerst wurden einzelne Bestimmungen für die Minderheiten in die Pariser Vorortverträgen 1919–1920 miteinbezogen (vgl. Leonhard 2019). Die Periode nach dem Ersten Weltkrieg war aber auch vom Nationalsozialismus und der Schwäche des Völkerbundes gekennzeichnet, was den Vollzug der Bestimmungen aus den Pariser Vorortverträgen ausgesetzt hat. Nach dem Zweiten Weltkrieg wollte man diese Mängel beheben. Als Nachfolger des Völkerbundes verabschiedeten die Vereinten Nationen deshalb 1945 die völkerrechtlichen Verträge – *Internationaler Pakt über bürgerliche und politische Rechte* sowie *Internationaler Pakt über wirtschaftliche, soziale und kulturelle Rechte* (beide 1976 in Kraft getreten). Beide Abkommen gelten als erste international vereinbarte Standardrahmen für Menschenrechte (vgl. Hofmann 2017).

Der Europarat entstand 1949 nach dem Ende des Zweiten Weltkrieges und wurde mit dem Ziel gegründet, die politische Einigung Europas voranzutreiben. Heute gehören dem Europarat 47 Mitgliedsstaaten aus Europa an. Was die Fallbeispiele betrifft, so gehören Italien sowie Dänemark zu den Gründerstaaten des Europarates. Deutschland wurde 1950 und Österreich 1956 aufgenommen. Die *Europäische Menschenrechtskonvention* von 1950 stellt dabei den ersten multilateralen Vertrag des Europarates dar. Im Laufe der Jahre sind weitere Zusatzprotokolle hinzugefügt worden (vgl. Europarat (o. D.), Unsere Geschichte).[61] Die Vorläufer der heutigen EU, die Europäiche Gemeinschaft für Kohle und Stahl (EGKS) 1951 und die Europäische Wirtschaftsgemeinschaft (EWG) 1957 hatten friedensstiftende und wirtschaftliche Zielsetzungen und entwickelten sich später auch im politischen Bereich.

Nach der politischen Wende in Europa 1989–1990 gab es eine Zeit, in der alte ethnische Konflikte in den neuen demokratischen Staaten Osteuropas aufflammten. Dieser Zeitraum zwischen 1990–1993 ist auch durch eine hohe Aufnahmezahl an neuen Mitgliedern aus den ehemaligen sowjetischen Staaten in den Europarat gekennzeichnet. In dieser Periode sind

61 www.coe.int/de/web/about-us/founding-fathers [03.02.2023].

auch die zwei Abkommen des Europarates, nämlich die *Europäische Charta der Regional- und Minderheitensprachen* 1992 und das *Rahmenübereinkommen zum Schutz nationaler Minderheiten* 1995 entstanden. Im Zeitraum kurz nach dem Ende des Ost-West-Konfliktes wurden Ungarn 1990 und Rumänien 1993 in den Europarat aufgenommen. Beide Staaten haben sich in den 1990er-Jahren darum bemüht, die westlichen Werte aufzunehmen sowie Mitglieder der Organisationen, wie dem Europarat, der OSZE oder der EU zu werden. So lässt sich auch sagen, dass sie beide Abkommen zügig unterschrieben und ratifiziert haben (vgl. Europarat (o. D.), Unsere Mitgliedsstaaten).[62]

Die Sprachencharta ist:

> *„das Ergebnis eines umfassenden Prozesses an dem der gegenwärtige Kongress der Gemeinden und Regionen, die Parlamentarische Versammlung, das Ministerkomitee sowie Vertreter nationaler Minderheiten und Sprachgruppen ging."*
> (Europarat (o. D.), Europäische Charta der Regional- und Minderheitensprachen – 20. Jahrestag der Europäischen Charta der Regional- oder Minderheitensprachen)[63]

Deutschland (1998), Dänemark (2000), Österreich (2001) sowie Ungarn (1995) gehören zu den ersten Unterzeichnerstaaten der Sprachencharta. Rumänien unterzeichnete die Sprachencharta 1995 und ratifizierte sie erst 2008. Italien unterzeichnete sie 2000 kurz nach der Verabschiedung seines eigenen Minderheiten-Gesetzes Nr. 482/1999, aber hat sie noch nicht. Interessanterweise aber anerkennt Italien seine Minderheiten nach sprachlichen Kriterien und spricht von Sprachminderheiten. (vgl. Gazzetta Ufficiale della Repubblica Italiana Nr. 297 vom 20.12.1999).

Das Rahmenübereinkommen zum Schutz nationaler Minderheiten ist als Ergebnis zwischenstaatlicher Zusammenarbeit entstanden (vgl. Council of Europe (o. D.), Framework Convention for the Protection of national minorities: Institutional history).[64] Die Fallbeispielstaaten haben das Rahmenübereinkommen zügig unterzeichnet und ratifiziert:

- Italien 1995 unterzeichnet bzw. 1997 ratifiziert
- Ungarn 1995 unterzeichnet bzw. 1995 ratifiziert

---

62 www.coe.int/de/web/about-us/our-member-states [03.02.2023].

63 www.coe.int/de/web/european-charter-regional-or-minority-languages/20th-anniversary [03.02.2023].

64 www.coe.int/en/web/minorities/institutional-history [03.02.2023].

- Deutschland 1995 unterzeichnet bzw. 1997 ratifiziert
- Rumänien 1995 unterzeichnet bzw. 1995 ratifiziert
- Dänemark 1995 unterzeichnet bzw. 1997 ratifiziert
- Österreich 1995 unterzeichnet bzw. 1998 ratifiziert

In den Fallbeispielen werden – außer in Italien – die Minderheiten nach ethnischen Kriterien anerkannt. So werden sie z. B. als *Volksgruppen* (vgl. BGBl. Nr. 396/1976 vom 07.07.1976) in Österreich und *Nationalitäten* (vgl. Országgyűlés vom 30.12.2011) in Ungarn benannt.

Von den insgesamt 47 Mitgliedsstaaten des Europarates haben 39 Staaten das Rahmenübereinkommen zum Schutz nationaler Minderheiten und 25 Staaten die Europäische Charta der Regional- und Minderheitensprachen unterschrieben. Staaten wie z. B. Italien sowie Frankreich haben die Sprachencharta unterzeichnet, aber nicht ratifiziert. Im Falle Frankreichs haben sich deshalb mehrere französische Kommunen mobilisiert und eine lokale Charta erarbeitet, welche Bestimmungen der Sprachencharta enthält, um diese so leichter wenigstens regional umzusetzen. Auch im Falle des Rahmenübereinkommens gibt es Mitgliedsstaaten des Europarats, die sie weder unterschrieben noch ratifiziert haben, wie z. B. Frankreich. Andere Staaten haben sie wiederum unterschrieben, aber nicht ratifiziert, wie z. B. im Fall Griechenlands 1997, Islands 1995, Luxemburgs 1995 oder Belgiens 2001 (vgl. Council of Europe, State parties to the Framework Convention for the Protection of national minorities).[65]

Die Vertragsstaaten verpflichten sich sowohl im Falle der Sprachencharta, als auch im Falle des Rahmenübereinkommens zu periodischen Berichterstattungen an den Europarat. Daraufhin werden von den Expertenkomitees des Europarates Besuche in den jeweiligen Staaten durchgeführt, um Gespräche auch mit den Minderheitenvertretern zu führen. Schließlich erarbeitet das Expertenkomitee ein Empfehlungsschreiben und übersendet es den Regierungen zur Kenntnisnahme. Es gibt keinen Strafmechanismus, etwa die Möglichkeit des Einklagens, nach denen der Europarat die Umsetzung seiner Empfehlungen kontrollieren kann (vgl. Europarat (o. D.), Europäische Charta der Regional- und Minderheitensprachen – Berichte und Empfehlungen).[66]

---

65 www.coe.int/en/web/minorities/etats-partie [03.02.2023].

66 www.coe.int/de/web/european-charter-regional-or-minority-languages/reports-and-recommendations [03.02.2023].

Wie Kapitel 1.3 im Rahmen der Gesetzgebung auf europäischer Ebene näher beschreibt, bietet das Rahmenübereinkommen zum Schutz nationaler Minderheiten keinen Definitionsrahmen für den Begriff der *nationalen Minderheit* und überlässt es den Staaten, selbst Kriterien festzulegen (vgl. Council of Europe (o. D.), About the Framework Convention for the protection of national minorities).[67] Im Falle der Sprachencharta jedoch wird in Artikel 1 ein Definitionsrahmen für Minderheiten- und Regionalsprachen zur Orientierung angeboten, der u. a. mit der Anzahl der Sprecher zu tun hat oder mit der Tatsache, dass sich die Sprache der Minderheiten von der Amtssprache des Staates unterscheidet, aber traditionell auf dem Gebiet des Staates ansässig sein muss (vgl. Europarat SEV 148 vom 05.11.1992). Wie bereits erwähnt, hat Italien die Sprachencharta nicht ratifiziert, obwohl die auf seinem Territorium ansässigen Minderheiten entlang sprachlicher Kriterien anerkannt werden:

> *„In the Italian legal system, the concept of ‚minority' is linked exclusively to that of language, or, rather, linguistic minority, on the basis of Article 6 of the Constitution. All other factors capable of distinguishing a minority, such as ethnic group, religion, race etc., are dealt with in other general articles of the Constitution (…)."* (Council of Europe ACFC/SR(1999)007 vom 03.05.1999, S. 4)

Ein nennenswertes Instrument des Europarates, das im Jahr 1990 errichtet wurde, ist die *Europäische Kommission für Demokratie durch Recht*, bekannt als die Venedig-Kommission. Sie spielt als unabhängiges Beratungsorgan eine wichtige Rolle im Verfassungsbereich und konnte auch mehrmals vermittelnd in zwischenstaatlichen Auseinandersetzungen einen Beitrag leisten. Sie hat durch die Veröffentlichung von Berichten Verfassungsfragen von Staaten beantwortet und Maßnahmen empfohlen, wie z. B. im Falle des slowakisch-ungarischen Konflikts zum Thema der doppelten Staatsbürgerschaft. Diese Auseinandersetzung spitzte sich derart zu, dass internationale Gremien wie die Venedig-Kommission und der Hohe Kommissar für nationale Minderheiten der OSZE vermittelnd aktiv wurden (vgl. Riedel 2012, S. 12 ff.). 2009 entstand als Antwort auf die ungarischen Bemühungen zur doppelten Staatsbürgerschaft ein slowakisches Sprachengesetz. Dieses Ereignis wurde von ungarischen Vertretern zum Anlass genommen, sich bei den internationalen Partnern über die Situation der Minderheitenrechte in der Slowakei zu beschweren. Die Venedig-Kom-

67 www.coe.int/en/web/minorities/at-a-glance#{%2279030665%22:[1]} [03.02.2023].

mission veröffentlichte eine Stellungnahme zu diesem Gesetz, in der die Kommission schlussfolgerte, dass das Gesetz legitime Zielsetzungen verfolgt. Um aber gesetzliche Klarheit zu schaffen, wird der slowakische Staat dazu aufgefordert, einige Stellen zu überarbeiten (vgl. Council of Europe 2010 CDL-AD(2010)035 vom 21.10.2010). Der OSZE-Kommissar hatte sich auch um eine einvernehmliche Lösung für beide Seiten bemüht, indem er die Wichtigkeit der zwischenstaatlichen Gespräche und der konstruktiven Lösungsfindung betonte. Er bekräftigte, dass diese Vereinbarungen dem höheren Ziel der Friedensfindung dienen müssen (vgl. Organization for Security and Co-operation in Europe vom 03.09.2009).

Das nächste Beispiel für den institutionellen Rahmen auf europäischer Ebene ist der 1992 errichtete OSZE Hohe Kommissar für nationale Minderheiten. Dieses Amt wurde im Zuge des Systemwechsels in Ost- und Mitteleuropa und insbesondere als Antwort auf die Ereignisse im ehemaligen Jugoslawien eingeführt, um ethnische Konflikte im Land zu beobachten und ggf. Hilfe in der Art von Vermittlungen zu leisten. Das Amt des Hohen Kommissars wurde im Rahmen der *Konferenz über Sicherheit und Zusammenarbeit in Europa 1992* geschafft. Sie entstand 1972 als eine Serie von blockübergreifenden Konferenzen im Europa des Kalten Krieges. 1975 haben sie zu den Schlussakten von Helsinki geführt, die als Ziele u. a. die friedliche Lösung von Konflikten, die Anerkennung von Grenzen, die Nichteinmischung in innere Angelegenheiten und weitere wie die Zusammenarbeit in Bereichen der Wirtschaft, Kultur usw. hatten (vgl. Organization for Security and Co-operation in Europe (o. D.) , Who we are).[68] Ab 1995 wurde die Konferenz in *Organisation für Sicherheit und Zusammenarbeit in Europa* (OSZE) umbenannt und heute sind 57 Staaten Mitglieder dieser Organisation, zu denen auch die sechs Staaten meiner Fallbeispiele gehören.

Das Mandat des Hohen Kommissars für nationale Minderheiten besteht in einem Frühwarnsystem, welches potenzielle Spannungen im OSZE-Gebiet (also in den Gebieten der Teilnehmerstaaten) erkennt. Sein Mandat ist teilweise nur grob umrissen, wodurch er einen großen Ermessungsspielraum im Falle konkreter Konflikte hat (vgl. Konferenz zur Sicherheit und Zusammenarbeit in Europa 1992, S. 19 bzw. S. 22 f.). Es wurden bis heute zwei Frühwarnungen herausgegeben: 1999 für die ehemalige jugoslawische Republik Mazedonien und 2010 für Kirgisistan. Der Kommissar handelt

68 www.osce.org/whatistheosce [03.02.2023].

vertraulich und unabhängig von allen Beteiligten (vgl. Organization for Security and Co-operation in Europe (o. D.), High Commissioner on National Minorities – Mandate).[69] Dieses Instrument spielt heute für die Fallbeispiele weniger eine Rolle, da die OSZE sich auf Gebiete konzentriert, in denen es Anzeichen für Konfliktpotenziale gibt. Die OSZE ist deshalb in Staaten wie z. B. in der Republik Moldau (Transnistrien), in Staaten des ehemaligen Jugoslawiens wie z. B. in Albanien oder Kosovo sowie in asiatischen Staaten wie in Usbekistan oder Kirgisistan vor Ort anwesend (vgl. Organization for Security and Co-operation in Europe (o. D.): Where we are).[70]

Nicht zuletzt sind an dieser Stelle die institutionellen Regelungssysteme und der Beitrag der Europäischen Union sowie die heutige Situation und Instrumente im Bereich der Kultur- und Sprachenpolitik auf supranationaler Ebene darzustellen. Die Mehrsprachigkeitsdebatte in der Europäischen Union ist in den 1990er-Jahren im Zuge der ersten Beitrittsverhandlungen und der Diskussion um die Vielfalt in der zukünftig erweiterten Union zu einem Leitmotiv geworden.

Wie bereits in Unterkapitel 1.3 festgestellt, arbeitet die supranationale Ebene der EU in Fragen der Kultur- und Minderheitenpolitik sehr eng mit dem Europarat zusammen, weil sie keine Kompetenzen in diesen Bereichen hat (Artikel 6 AEUV und Artikel 165 AEUV). Deshalb kann die EU ihre Mitgliedsstaaten nur unterstützen, indem sie die Instrumente des Europarates wie die zwei oben genannten Abkommen fördert. Sie selbst hat keine Instrumente zur Konfliktlösung oder zur Vermittlung wie der Europarat oder die OSZE (vgl. ABl. 2016/C 202/01 vom 07.06.2016; Council of Europe 2007). Dies war auch im Falle des oben geschilderten slowakisch-ungarischen Konfliktes sichtbar.

Insbesondere ab den 1970er-Jahren ist eine Tendenz der damaligen Europäischen Gemeinschaft erkennbar, in der sie sich intensiver neben den wirtschaftlichen Aspekten auch den Fragen der sprachlichen und kulturellen Vielfalt widmet. Obwohl anfangs auf supranationaler Ebene wirtschaftliche Aspekte im Vordergrund stehen, ist inzwischen seit der späten 1990er-Jahre auch die Mehrsprachigkeit in den Vordergrund gerückt, sodass die EU u. a. bei der mehrsprachigen Gestaltung der nationalen Bildungssysteme und auch für moderne Sprachenpolitiken, die die traditio-

69 www.osce.org/hcnm/107878 [03.02.2023].
70 www.osce.org/where-we-are [03.02.2023].

nell einsprachig gestalteten ablösen sollen, Hilfe leistet (vgl. Rindler-Schjerve/Vetter 2012, S. 11 ff.; Iskra 2022).

Nicht nur die Institutionalisierung der Mehrsprachigkeit 2007, sondern auch die verschiedenen Initiativen und Projekte, die die supranationale Ebene durchgeführt hat, haben zur Weiterentwicklung dieses Bereichs auf zwischen- und innerstaatlicher Ebene geführt. Europäische Programme wie Euromosaic I, II, III und IV (vgl. Saramandu/Nevaci 2009, S. 15 f.) haben sich detailliert mit der Situation der Regional- und Minderheitensprachen in der EU auseinandergesetzt. Des Weiteren setzte das zwischen 2006–2010 in zehn europäischen Universitäten[71] durchgeführte LINEE Projekt (*Languages in a network of European excellence*) seinen Fokus auf die europäische Vielfalt und die Entwicklung des interdisziplinären Konzepts der Mehrsprachigkeit anhand vertikaler und horizontaler Aspekte der europäischen Integration. Mit dem Fokus sowohl auf die supranationale als auch nationale und regionale Ebenen, war das Ziel des Projektes, die Erfahrung im Umgang mit der Mehrsprachigkeit und die Art und Weise, wie diese in verschiedenen Konstellationen vorkommt, zu analysieren. Interessanterweise ist man zu dem Schluss gekommen, dass der Begriff der Mehrsprachigkeit wegen seines unterschiedlichen Verständnisses in den Gesellschaften mit Skepsis betrachtet und oft ideologisch eingesetzt wird. Die Mehrsprachigkeit vernachlässige dabei die Konflikte zwischen Sprachgruppen und Staaten. Ein weiterer Fokus des Projektes waren Untersuchungen, die sich eher auf die Sprachenpolitiken von Standardsprachen gerichtet haben und nur in seltenen Fällen auf die autochthonen Minderheitensprachen (siehe Erläuterungen zum Projekt auch in Unterkapitel 1.2, vgl. European Commission vom 10.09.2019).

Ein weiteres Projekt, das von der supranationalen Ebene in Gang gesetzt wurde und die Wahrnehmung der Mehrsprachigkeitsforschung in der EU voranbringen sollte, war das Projekt *ATHEME* (*Advancing the European Multilingual Experience* 2014–2019). Gebildet aus 17 Partnerinstitutionen in westlichen und südlichen EU-Mitgliedsstaaten (Kroatien, Frankreich, Deutschland, Italien, Slowenien, Spanien, die Niederlande und das Verei-

---

71 Die Universität Wien in Österreich, Universität Karlova V Praze in Tschechien, Libera Universita di Bolzano – Die Freie Universität Bozen in Italien, Institute for Anthropological Research in Kroatien, Katolieke Universiteit Brüssel in Belgium, University of Southhampton im Vereinigtes Königreich, University of Latvia in Lettland, Szegedi Tudomanyegyetem in Ungarn, Uniwerytet im. Adama Mickiewicza w poznaniu in Polen, die Hochschule für angewandte Sprachen/ Fachhochschule des SDI in Deutschland.

nigte Königreich) hat sich das Projekt auf vier Hauptforschungsbereiche fokussiert. Die Bereiche widmeten sich folgenden Schwerpunkten:

1. regionale Minderheitensprachen und die Ausarbeitung von Strategien, die zur Erhaltung der Zwei- oder Mehrsprachigkeit in diesen Regionen führen
2. Herkunftssprachen und ihre Sprecherinnen und Sprecher
3. die Beziehung zwischen Mehrsprachigkeit und kommunikativer Beeinträchtigung
4. die Bedeutung von kognitiven Aspekten für Mehrsprachige

Die Hauptzielsetzung des Projektes war dabei die Sensibilisierung für Mehrsprachigkeitskonzepte durch die Ausarbeitung und Bereitstellung von konkreten Daten zur Mehrsprachigkeit in der Europäischen Union (vgl. European Commission vom 10.09.2019).

Ein weiteres Beispiel im Rahmen der Bildung und Forschung sowie der zwischenstaatlichen Kooperation, das auf Initiative der EU-Mitgliedsstaaten hervorgerufen wurde, ist das *Europäische Hochschulinstitut* in Florenz. Es ist ein Forschungsinstitut, das Master- und Doktoratsprogramme zur Weiterbildung anbietet. Gegründet wurde es 1972 von den damaligen sechs Mitgliedsstaaten der Europäischen Gemeinschaft (Belgien, Frankreich, Deutschland, Luxemburg, die Niederlande und Italien) als eine Organisation zur Förderung der Forschung auf europäischer Ebene und es hat heute 23 der 27 EU-Mitgliedsstaaten als Partner (vgl. European University Institute (o. D.): A Brief History of the EUI).[72]

Diese sowie weitere ähnliche Untersuchungen und Projekte auf supranationaler Ebene haben den Diskurs für die Etablierung der Mehrsprachigkeit als Forschungsansatz sowohl in den Politik- als auch Sprachwissenschaften geöffnet. Anfang der 1970er-Jahre wurden Fremdsprachenkenntnisse (vgl. Bulletin of the European Communities No. 12 vom 18.12.1973)[73] und Anfang der 1990er mit der Entstehung der heutigen Europäischen Union die Mehrsprachigkeit als Gesamtkonzept in den Zielen der EU etabliert (vgl. Rindler-Schjerve/Vetter 2012, S. 17 f.). Mit dem Vertrag von Lissabon 2007 sind außerdem die Rechte der Personen, die Minderheiten angehören, in Artikel 2 des Vertrags über die Europäische Union (EUV) offiziell aufgenommen

---

72 www.eui.eu/About/HistoryofEUI [03.02.2023].

73 Das erste Dokument mit Bezug zur europäischen Identität, welches die sprachliche und kulturelle Vielfalt anerkennt, war *The Declaration of European Identity* 1973 beim Kopenhagen Summit erstellt.

worden, sodass der Bereich der Mehrsprachigkeit heute komplexer aufgestellt als es auf den ersten Blick sichtbar ist (vgl. ABI. 2016/C 202/01 vom 07.06.2016; Cichon 2005).

Wenn sich die oben genannten Instrumente und Projekte direkt mit der Mehrsprachigkeit auseinandergesetzt haben, gibt es auch Politikbereiche und weitere politische Instrumente, die zwar nur indirekt, aber dennoch einen Einfluss auf die Mehrsprachigkeit ausüben. Eines davon ist die *Regional- und Kohäsionspolitik der EU*, die die Situation der Minderheiten und des regionalen Bewusstseins indirekt prägt. Als Beispiel dafür können die Entwicklungen in Rumänien der 1990er-Jahre nachverfolgt werden, als strukturelle und politische Umstrukturierungen im Zuge des Beitrittes in die EU durchgeführt wurden. Eine dieser Umstrukturierungen kreist um die Entstehung der sogenannten Entwicklungsregionen 1998 (entsprechend der NUTS-2 Ebene in der EU) als Ergebnis eines PHARE-Projektes (ursprünglich *Poland and Hungary: Aid for Restructuring of the Economies*, Polen und Ungarn: Hilfe zur Restrukturierung der Wirtschaft) (vgl. Eurostat (o. D.), NUTS[74] – Systematik der Gebietseinheiten für die Statistik – Hintergrund).[75] Diese sollten als Testregionen zur Unterstützung der regionalen Entwicklung sowie der besseren Koordinierung von EU-Fördergeldern und der statistischen Erfassungen innerhalb der Europäischen Union konzipiert werden. Nach mehr als 20 Jahren sind sie nicht weiterentwickelt oder geändert worden, obwohl ihre Zusammensetzung oft und insbesondere von der ungarischsprachigen Gemeinschaft kritisiert wird. Die ungarische Gemeinschaft behauptet nämlich, dass die Zusammensetzung dieser Entwicklungsregionen nicht nach realen historischen Gegebenheiten konzipiert wurde und somit nie wirklich bei der Entwicklung einer regio-

---

74 ec.europa.eu/eurostat/de/web/nuts/background [04.02.2023].

75 *„Die NUTS-Klassifikation (Systematik der Gebietseinheiten für die Statistik) ist ein hierarchisches System zur Untergliederung der Wirtschaftsräume der EU und des Vereinigten Königreichs für folgende Zwecke:*

- *Erfassung, Entwicklung und Harmonisierung regionalstatistischer Daten der EU*
- *Erstellung sozioökonomischer Analysen der Regionen:*
- *NUTS 1: sozioökonomische Großregionen*
- *NUTS 2: Basisregionen für regionalpolitische Maßnahmen*
- *NUTS 3: kleine Regionen für spezifische Diagnosen*
- *Gestaltung der EU-Regionalpolitik*
- *Regionen, die im Rahmen der Kohäsionspolitik förderungswürdig sind, werden auf der Grundlage der NUTS-2-Ebene bestimmt*
- *Für den Kohäsionsbericht wurde bislang hauptsächlich die NUTS-2-Ebene herangezogen."* ec.europa.eu/eurostat/de/web/nuts/background [04.02.2023].

nalen Ebene in Rumänien helfen wird (vgl. David 2020). Aber nicht nur Rumänien ist von dieser indirekten Beeinflussung betroffen, obwohl im Falle Rumäniens eine regionale Ebene erst eingeführt werden musste, um sich diesen Strukturen in der EU anzupassen.

Die Europäische Union bedient sich der sogenannten NUTS-Systematik der statistischen Datenerhebung, um ihre Kohäsionspolitik zu gestalten. Diese NUTS-Einteilung führt insbesondere auf der zweiten Ebene (NUTS-2) dazu, dass die Ebenen zwischen den Staaten entlang der Angrenzungskriterien nicht den regionalen Ebenen entsprechen. So setzt sich z. B. in Deutschland die NUTS-2 Ebene nicht aus den Bundesländern (diese sind Teil der NUTS-1 Ebene), sondern aus den Regierungsbezirken zusammen, während in Österreich die Bundesländer den NUTS-2 Ebenen entsprechen und die NUTS-1 Ebene aus Gruppen von Bundesländern zusammengesetzt wird. In Ungarn wiederum ist die NUTS-2 Ebene aus sogenannten Entwicklungs- und statistisch relevanten Regionen zusammengesetzt, während die wirkliche Verwaltungsgliederung der NUTS-3 Ebene entspricht. Im Falle Italiens und Dänemarks entsprechen die regionalen Ebenen tatsächlich der NUTS-2 Ebene (vgl. Eurostat vom 11.06.2020).

Durch solche Prozesse der Subsidiaritäts- und Dezentralisierungsmaßnahmen übt die supranationale Ebene einen indirekten Einfluss auf die Mitgliedsstaaten aus, indem sie die Geldvergabe nach der NUTS-Systematik diktiert und so innerstaatliche Entwicklungen und historische Besonderheiten, die sich im Laufe der Zeit entfaltet haben, überlagert. Diesbezüglich stellen sich folgende Fragen: Inwieweit wurden Forderungen nach regionaler Autonomie durch die Regionalpolitik der EU bestärkt oder eher abgewendet? Werden durch die Regional- und Kohäsionspolitik solche Konflikte, die vorher geregelt wurden, wieder ausgelöst? Werden solche Auseinandersetzungen durch die Ordnung der NUTS-Systematik, die eine Neuordnung von administrativen Grenzen vorsieht, verschärft?

Nicht zuletzt soll in diesem Zusammenhang auch der 1994 gegründete Ausschuss der Regionen dargestellt werden, denn er gibt den Vertretern der lokalen und regionalen Gebietskörperschaften eine Stimme auf supranationaler Ebene. Dank des im Vertrag von Lissabon vereinbarten Mitentscheidungsverfahrens kann auch das Europäische Parlament initiativ tätig werden und kann somit auch den Ausschuss der Regionen durch ein Anhörungsverfahren beteiligen (Artikel 167 Absatz 5 AEUV, vgl. ABI 2016/C 202/01 vom 07.06.2016). Zu den Aufgaben des Ausschusses gehören dabei die Erarbeitung von Stellungnahmen zu den Legislativvorschlägen sowie die Zusammenarbeit mit den nationalen, regionalen und lokalen Behörden, um ihnen ein Gehör auf supranationaler Ebene zu verschaffen (vgl. Europäischer Ausschuss der Regionen (o. D.), Unsere Arbeit).[76] Der Ausschuss der Regionen ermöglicht es den Mitgliedern außerdem, sich in interregionalen Gruppen zu organisieren, um den Meinungsaustausch zwischen interessierten Vertretern zu gewährleisten (vgl. Europäischer Ausschuss der Regionen (o. D.), Interregionale Gruppen).[77]

Konzeptionell erfolgreich für die zwischenstaatliche Zusammenarbeit sind nicht zuletzt auch die sogenannten *Euroregionen*, die im Rahmen grenzüberschreitender Zusammenarbeit zwischen mindestens zwei Grenzregionen oder anderen subnationalen Gebieten entstehen können (siehe Erläuterungen zu Euroregionen auch in Unterkapitel 2.2) Die Euroregionen sind in den 1960er-Jahren nach den Ideen von Alfred Mozer und der ersten 1958 entstandenen „Euregio" entstanden. Diese erste Euregio setzt sich heute aus 129 Kommunen an der deutsch-niederländischen Grenze zusammen.

Ziel der Euroregionen ist es, das Bewusstsein für die besonderen Bedingungen und Bedürfnisse der Grenzregionen zu schärfen. Im Jahr 1971 wurde die *Arbeitsgemeinschaft europäischer Grenzregionen* (AEBR) als Dachorganisation für diese Grenzregionen und grenzüberschreitenden Zusammenschlüssen mit Sitz in Gronau, Deutschland gegründet (vgl. Association of European Border Regions (o. D.), History.).[78] Seitdem haben sich sehr viele Euroregionen in Grenzgebieten entwickelt, sodass man heute sehr wenige Gebietskörperschaften oder Regionen findet, welche keiner derartigen Kooperation zugehören. Die Euroregionen beziehen sich nicht nur auf die in der EU gelegenen Gebieten, sondern man findet auch Zusammenschlüsse mit Gebieten aus Staaten, die keine Mitglieder in der EU sind (vgl. Association of European Border Regions (o. D.), Our members.).[79] Durch die Erschaffung des Rechtsinstrumentes des *Europäischen Verbundes für territoriale Zusammenarbeit* (EVTZ) wurde den Euroregionen/Europaregionen ein formaler juristischer Rahmen in der EU geschaffen (vgl. ABI. L210/19 vom 31.07.2006).

Dabei verdankt Europa insbesondere zwei supranationalen Institutionen die Ermöglichung grenzüberschreitender Kooperationen und der Bildung von Euroregionen. Der Europarat hat die gesetzliche Lage für solche Zu-

76 https://cor.europa.eu/de/our-work/Pages/default.aspx [03.02.2023].
77 cor.europa.eu/de/our-work/Pages/interregional-groups.aspx#3 [03.02.2023].
78 www.aebr.eu/history [02.03.2023].
79 www.aebr.eu/members [03.02.2023].

sammenarbeiten verbessert, während die Europäische Kommission die finanzielle Unterstützung für diese grenzüberschreitenden Kooperationen gewährleistet hat. 1980 wurden grenzüberschreitende Beziehungen vom Europarat in der *Konvention von Madrid über die grenzüberschreitende Zusammenarbeit* formalisiert. In der EU sind solche Kooperationen im Rahmen der Interreg-Initiativen im Bereich der EU-Regional- und Kohäsionspolitik förderfähig (vgl. Perkmann 2003, S. 154 f.).

So konnten insbesondere im Falle der österreichisch-italienischen Beziehungen die positiven Einflüsse dieser Art von Zusammenarbeit nachverfolgt werden. Die Europaregion Tirol-Südtirol-Trentino gilt heute als Erfolgsbeispiel in der Zusammenarbeit der zwei autonomen Provinzen Trient und Südtirol mit dem österreichischen Bundesland Tirol (wie bereits in Unterkapitel 3.2.2 bei der zwischenstaatlichen Ebene bestätigt). Diese Art von Kooperationen ermöglichen nicht nur das Zusammenkommen der Regionen, die in der Vergangenheit ein gleiches Königreich waren wie z. B. Tirol und Südtirol, sondern auch die Vernetzung von Regionen sowie anderen subnationalen Einheiten, die gemeinsam bestimmte europäischen Projekte durchführen möchten. So haben sich drei Landeskreisvertreter der rumänischen Landkreise Harghita, Covasna und Mureş, in denen u. a. die ungarischsprachige Bevölkerung am dichtesten ist, dazu entschlossen, mit Südtirol zu kooperieren, um einen Erfahrungsaustausch auf europäischer Ebene zu gewährleisten (vgl. Muntean 2019 und Unterkapitel 3.1.4).

Eine ausführliche Studie zu den Erfahrungen und bewährten Praktiken in den Euroregionen zeigt, dass zu den Kernpolitikbereichen, mit denen sich diese am meisten beschäftigen, auch die Bildung und Kultur gehören. Dies hängt u. a. mit dem Subsidiaritätsprinzip und der Tatsache zusammen, dass die subnationalen Ebenen meistens administrative Freiheiten haben, sich mit solchen Themen ausführlicher zu beschäftigen. Des Weiteren offenbart die geschichtliche Entwicklung der Euroregionen eine steigende Integration und Kooperation auch zwischen den beteiligten Staaten (vgl. Durà et al. 2018, S. 65 ff.). Es ist aber zu bemerken, dass die Bildung einer Euroregion keine konkrete Re-Territorialisierung oder Entdeckung einer neuen regionalen Identität mit sich bringt. Diese regionalen Kooperationen beschäftigen sich mit funktionalen Aspekten, wie solche des Waren- und Handelsverkehrs, der Arbeits- und Wohnmobilität usw. (vgl. Klatt 2021, S. 149).

Diese Betrachtung der gegenwärtigen institutionellen Regelungssysteme in Europa und die Entwicklungen im kulturellen und sprachlichen Bereich sind Beweis dafür, dass die Mehrsprachigkeit in den gegebenen Rahmenbedingungen anwesend ist. Die verschiedenen vertraglichen Bestimmungen haben eine europäische Struktur errichtet und zu einer Vernetzung geführt, in der Akteure, sei es auf lokaler, regionaler, nationaler oder zwischenstaatlicher Ebene, zusammenarbeiten können. Die Instrumente und Institutionen der zwischenstaatlichen Organisationen wie z. B. die Venedig-Kommission, der OSZE Hohe Kommissar, die Euroregionen und nicht zuletzt die Regional- und Kohäsionspolitik der EU haben dazu beigetragen, dass Akteure zusammengefunden haben oder dass konflikthafte Situationen entschärft werden konnten.

Gerade das im Sinne des akteurszentrierten Institutionalismus theoretisierte Begriffspaar des *structuring and enabling* sowie die Möglichkeiten, sich in diesen Teilsystemen einzubringen, haben dazu beigetragen, dass Akteure von den gegenseitigen Erfahrungen in Europa lernen können. Dies zeigt auch, dass die Zusammenarbeit und der Erfahrungsaustausch den 'Schlüssel' der europäischen Integration darstellen. Dadurch entwickeln sich nicht nur die Strukturen der EU weiter, sondern es werden auch weitere Möglichkeiten und Chancen zur Ausschöpfung des Bereichs der Mehrsprachigkeit sichtbar.

5. Ausblick: Grenzen und Chancen der Mehrsprachigkeit in der EU

Das Mehrebenensystem der Europäischen Union beinhaltet zahlreiche Regelungssysteme, die von zwischenstaatlichen und interregionalen Vereinbarungen zu Kooperationsarten im Rahmen von Euroregionen oder der Regional- und Kohäsionspolitik reichen können. Direkte oder indirekte Impulse werden auch bei der supranationalen Politik gefunden, wie im vorigen Kapitel gesehen werden konnte. Diese können von der Finanzierung von Studien oder Projekten kultureller und sprachlicher Art bis hin zur Gestaltung von Rahmenbedingungen in der Regional- und Kohäsionspolitik reichen.

Es hat sich gezeigt, dass die Mehrsprachigkeit mehrere Faktoren beinhaltet, die ihr auf den ersten Blick nicht zugeordnet werden. So setzt sich diese nicht nur aus dem Sprachenlernen und Sprachenförderung zusammen, sondern auch aus dem Schutz und dem Umgang mit minderheiten- und sprachenpolitischen Themen, aus der individuellen Mehrsprachigkeit sowie aus der Zusammenarbeit der Regionen mit Nationalstaaten und der Regionen untereinander. Die nähere Untersuchung und der Vergleich der Fallstudien haben diese Vielschichtigkeit auf allen politischen Ebenen aufgezeigt. Sowohl aus geschichtlicher als auch politischer Perspektive sind die einzelnen Fallbeispiele sehr vielfältig. Trotzdem vereinen die europäischen Werte und die Mitgliedschaft in der EU sowie im Europarat diese Staaten und Regionen mit ihren mehrsprachigen Bürgerinnen und Bürgern. Deshalb ist es von besonderer Bedeutung, zu sehen, welche weiteren Potenziale es in der Gestaltung dieser Vielfalt gibt (siehe auch Begriffserklärungen in Unterkapitel 1.2).

Abschließend möchte ich folgende Frage aufgreifen und beleuchten: Wie kann die supranationale Ebene ihre Rolle als Hüterin der Verträge ausfüllen und dabei koordinierend tätig sein, um die Mitgliedsstaaten in ihren Prozessen und Kooperationen untereinander zu unterstützen? Laut Artikel 3 EUV achtet die Union „den Reichtum ihrer kulturellen und sprachlichen Vielfalt" (vgl. ABI. 2016/C 202/01 vom 07.06.2006 und siehe auch Unterkapitel 1.3). Dies führt u.a. auch dazu, dass die supranationale Ebene von den Vertretern der Minderheiten oft als Gremium zur Artikulierung ihrer Rechte verstanden wird, in dem sie die nationalstaatliche Ebene umgehen und auf supranationaler Ebene ihre Rechte einfordern (vgl. Ross 2003, S. 67 ff.). Das kann in den zahlreichen Stellungnahmen der Mitglieder im Europäischen Parlament oder im Ausschuss der Regionen nachverfolgt werden.

Die 2021 von der Europäischen Kommission abgelehnte Initiative – die europäische Bürgerinitiative des *Minority Safepacks* – zeigt diese Dynamiken sehr gut (siehe Erläuterungen dazu in Unterkapitel 3.3.2). Andererseits tragen auch die nationalstaatlichen Politiken und insbesondere die rechtspopulistischen Akteure dazu bei, dass die zwischenstaatlichen und grenzüberschreitenden Beziehungen oft von ideologischen Diskursen überschattet werden, in denen die wachsende Vielfalt als alleinstehendes Merkmal umstritten und negativ bewertet werden. Die Rechtspopulisten fundieren ihre territorialen, sozialen und kulturellen Ideen in einem bestimmten Ort, für den sie das Recht des Erstgeborenen beanspruchen (vgl. Yndigegn 2020, S. 28 f.). Solche Entwicklungen werden in vielen EU-Mitgliedsstaaten beobachtet, so auch in Rumänien und Ungarn im Kontext der analysierten Region Siebenbürgen. Somit entsteht der Bedarf seitens der EU, die Zusammenarbeit der regionalen, nationalen und zwischenstaatlichen Ebene aktiv zu begleiten, ohne dabei den Kompetenzvorrang der Mitgliedsstaaten im Bereich der Sprachen- und Kulturpolitik in Frage zu stellen.

In diesem Zusammenhang werden abschließend weitere Möglichkeiten diskutiert, mit denen die supranationale Ebene einen Raum für Konfliktbearbeitung schaffen und im Sinne des Subsidiaritätsprinzips Themen mehrsprachiger Art mehr Aufmerksamkeit schenken kann. Hierzu sind bereits Instrumente vorhanden, die einen Effekt auf die Zusammenarbeit und die Förderung der Mehrsprachigkeit gehabt haben. So etwa gibt es z. B. die Regional- und Kohäsionspolitik mit der Rolle der EU als Förderer, die offene Koordinierungsmethode sowie die Ratspräsidentschaften in der EU. Wichtige Impulse zur Zusammenarbeit müssen aber weiterhin vom Willen der nationalen Ebene in Kooperation mit den regionalen und lokalen Gebietskörperschaften kommen, damit die Ergebnisse auch nachhaltig gestaltet werden können.

Wie auch in Unterkapitel 1.3 festgestellt, kann die Europäische Union laut den Verträgen im Rahmen der Sprachen und der Kultur die Zusammenarbeit zwischen den Staaten ergänzen, sie kann aber nicht selbst Maßnahmen initiieren. Ergänzend können laut Artikel 167 Absatz 5 nicht nur die EU-Kommission, das EU-Parlament und der Ausschuss der Regionen, sondern insbesondere die zwischenstaatlichen und regionalen Ebenen in der EU einen Beitrag leisten (vgl. ABl. 2016/C 202/01 vom 07.06.2016).

Der Argumentationslinie des Funktionalismus folgend (vgl. Mitrany 1943, S. 9 f.) sei somit das Handeln in den vereinbarten Rahmenbedingungen der EU möglich, ohne dabei Kompetenzverteilungen und Vertragsänderungen vornehmen zu müssen.

Die supranationale Ebene kann dabei konzeptionell z. B. auf ihre Methode der offenen Koordinierung zurückgreifen, um die freiwillige Zusammenarbeit und den Erfahrungsaustausch im Bereich der Mehrsprachigkeit zu bündeln und auch selbst in diesem Politikbereich beteiligt zu werden. Die offene Koordinierungsmethode (in Zusammenhang mit Artikel 6 AEUV) wird seit Jahren in Bereichen eingesetzt, in denen die supranationale Ebene keine direkten Zuständigkeiten hat, aber trotzdem die Entwicklungen und die Zusammenarbeit mitbegleiten möchte (vgl. Wagner 2010, S. 169 f.). Diese Methode ermöglicht es den einzelnen Mitgliedsstaaten, in bestimmten Bereichen tätig zu werden:

> *„Die ‚offene Koordinierungsmethode' wird fallweise angewandt. Sie fördert die Zusammenarbeit, den Austausch bewährter Verfahren sowie die Vereinbarung gemeinsamer Ziele und Leitlinien von Mitgliedstaaten (…)."* (ABI. C 287 vom 12.10.2001, S. 19)

Diese Methode ist auch für die Gestaltung der Mehrsprachigkeit einsetzbar, ohne dabei die bestehenden Rahmenbedingungen im Bereich der Kultur- und Sprachenpolitik ändern zu müssen. Dabei können die nationale Souveränität und das Subsidiaritätsprinzips bewahrt und die Kooperation der Mitgliedsstaaten sowie der Erfahrungsaustausch und/oder die Bildung von Strukturen gleichzeitig gefördert werden (vgl. Wagner 2010, S. 170). Dank des im Vertrag von Lissabon 2007 vereinbarten Mitentscheidungsverfahrens kann auch das Europäische Parlament beteiligt werden. Der Ausschuss der Regionen wird durch ein Anhörungsverfahren beteiligt (Artikel 167 Absatz 5 AEUV). Die offene Koordinierungsmethode setzt dabei nicht auf den Ausgleich des nationalen Rechts sondern auf die Kooperation. Diese Methode ist in der Bildung und im Bereich des Fremdsprachenlernens von Bedeutung, um Ziele der supranationalen Ebene wie z. B. Muttersprache+2 nachzuverfolgen. Jedoch ist sie auch im Kontext der vorliegenden jeweiligen Thematik unverzichtbar, um genau den Akteuren die Möglichkeit zum Austausch zu geben, die sich bei der Mehrsprachigkeitsthematik benachteiligt fühlen. Der Ausschuss der Regionen könnte dabei miteinbezogen werden, weil er Vertreter aus den mehrsprachigen Regionen umfasst.

Auch in anderen Politikbereichen wird die Zusammenarbeit der mehrsprachigen Regionen und der Mitgliedsstaaten geprägt. So hat die supranationale Ebene im Rahmen ihrer Regional- und Kohäsionspolitik die Interreg-Programme mit dem Ziel gegründet, durch die Zusammenarbeit der Gebietskörperschaften, die regionalen Disparitäten zu mildern und so auch das Leben der Bürgerinnen und Bürger zu verbessern. Die finanzierten Projekte können verschiedene Zielsetzungen haben. Für die Periode 2021–2027 hat die Europäische Kommission den Fokus auf fünf thematische Bereiche gesetzt. Für die Mehrsprachigkeitspolitik sind dabei insbesondere die dritte Thematik „*a more connected Europe by enhancing mobility*" und vierte Thematik „*a more social and inclusive Europe*" von Bedeutung (European Commission 2021-2027). Hier könnten kulturelle und sprachliche Projekte miteinbezogen werden, um die regionale Vielfalt und die Zusammenarbeit zu verbessern (siehe Details zu den einzelnen Interreg-Programmen in den Unterkapiteln; Höder/Krämer [im Druck]).

Nicht zuletzt sind für die supranationale Ebene auch zwischenstaatliche Vereinbarungen von höchster Bedeutung, um konflikthafte Situationen zu vermeiden und positive Kooperationsformen zu schaffen. Es liegt nämlich in den Interessen der einzelnen Mitgliedsstaaten, von politisierten Diskursen und Handlungen wegzusehen und sich auf die europäische Integration zu konzentrieren. Das Modell der Bonn-Kopenhagener Erklärungen 1955 ist ein beredtes Zeugnis dieser Chancen (vgl. Unterkapitel 3.3.2).

Die Impulse und Maßnahmen der innerstaatlichen Ebenen bleiben ein wichtiges Mittel zur Förderung der Mehrsprachigkeit, weil die historischen Besonderheiten und die Beispiele so vielfältig sind. So können die Mitgliedsstaaten u. a. auch im Rahmen der sechsmonatigen Ratspräsidentschaften aktiv werden und den Fokus auf Politikbereiche setzen, die für sie von Bedeutung sind. Die ungarische Ratspräsidentschaft im Jahr 2011 hatte es sich z. B. unter großer Kritik zur Aufgabe gemacht, die schwierige Situation der Roma Bevölkerung in Europa zu verbessern, und hat einen *Rahmenplan für nationale Roma-Strategien* erarbeitet, in dem die Staaten aufgefordert wurden, Reformprogramme bis 2020 zu erarbeiten. Darin sollten konkrete Ausarbeitungsformen benannt werden, anhand derer die Roma einen besseren Zugang zu Bildung, Beschäftigung und Gesundheitsvorsorge bekommen sollten (vgl. Weiss 2011). Die Situation der Roma ist aber nach wie vor ein umstrittenes Thema und die Umsetzung des Rahmenplans wird dafür kritisiert, dass zu viel Geld mittels des Europäischen Fonds für regionale Entwicklung investiert wurde, aber die Kommission nicht wirklich nachverfolgen kann, ob und inwiefern die Mitgliedsstaaten ihre Pläne durchgesetzt haben (vgl. Zentralrat Deutscher Sinti und Roma vom 02.07.2020; Riesbeck 2014).

Dahingegen sprach sich die französische Ratspräsidentschaft 2022 für die allgemeine Mehrsprachigkeit nicht nur in der Arbeit des Rates aus, sondern auch im digitalen Bereich sowie für die Förderung des internationalen Austauschs (vgl. Französischer Vorsitz im Rat der Europäischen Union 2022). Im Rahmen der Trio-Präsidentschaft (vgl. Rat der Europäischen Union (o. D.), Der Vorsitz im Rat der EU)[80] konnten die im Turnus anwesenden Mitgliedsstaaten Impulse für die Mehrsprachigkeitspolitik sowie die Zusammenarbeit setzen. So lagen die im Turnus 2022–2023 anwesenden Mitgliedsstaaten Frankreich, Tschechien und Schweden explizit einen Fokus auf die mehrsprachige Zusammenarbeit:

> *„(...) um der sprachlichen Vielfalt der Mitgliedsstaaten Rechnung zu tragen und Menschen mit unterschiedlichem sprachlichem Hintergrund näherzubringen, unter anderem indem Bürgerinnen und Bürger ermuntert werden, Fremdsprachen zu erlernen.“* (Rat der Europäischen Union 2022, 14441/21, S. 3)

Diese Ratspräsidentschaften vergeben Chancen, die von den beteiligten Mitgliedsstaaten genutzt werden könnten, um die Thematik der mehrsprachigen Regionen, oder der Konfliktlösung auf die supranationale Agenda zu bringen. So hat die französische Ratspräsidentschaft in einem Forum (7.–9. Februar 2022) den Schwerpunkt auf die Mehrsprachigkeit im digitalen Bereich gesetzt, um u. a. die erleichterte Übersetzung dank digitaler Programme zu fördern (vgl. Rat der Europäischen Union 2022, 14441/21, S. 74). Die technologischen Innovationen, die die Verbreitung von Inhalten im Internet erleichtern, waren ein Kernanliegen auch des französischen Ministeriums für Kultur im Rahmen der EU-Ratspräsidentschaft (vgl. Französische Präsidentschaft im Rat der Europäischen Union 2022).[81]

Diese Erläuterungen führen uns zum Ausblick und nicht zuletzt zu aktuellen Handlungsmöglichkeiten für die supranationale Ebene. Die Digitalisierung und die Chancen, die sie für die Zukunftsgestaltung der Mehrsprachigkeit beinhaltet, sind vielfältig. Die Digitalisierung ist mittlerweile aus dem Alltagsleben der Menschen nicht mehr wegzudenken, sie wird sowohl bei der Arbeit als auch im Privatleben eingesetzt. Die supranationale Ebene kann dabei die Entwicklung von Online-Sprachtechnologien oder Spracherkennungsinstrumenten unterstützen und auch das Sprachenlernen

80 www.consilium.europa.eu/de/council-eu/presidency-council-eu [03.02.2023].
81 wayback.archive-it.org/12090/20221120094549/https://presidence-francaise.consilium.europa.eu/de [15.09.2023].

anhand digitaler Instrumente attraktiver gestalten lassen (vgl. Französische Präsidentschaft im Rat der Europäischen Union 2022).[82]

Um dieses Vorhaben nachhaltig fortführen zu können, gilt es allerdings zuerst, die gesamte europäische Infrastruktur dahingehend auszubauen, dass jede Unionsbürgerin und jeder Unionsbürger einen guten Zugang zum Internet haben können. Vorherige Ratspräsidentschaften haben sich diesem Thema auch schon gewidmet, wie z. B. die lettische Ratspräsidentschaft 2015. Themen wie Cybersicherheit, Datenschutz oder digitale Instrumente zur Erleichterung von E-Government bilden Ziele, die nach wie vor von höchster Bedeutung sind auch angesichts der Erfahrungen, die sich seit der Coronapandemie gehäuft haben (vgl. Lettische Ratspräsidentschaft der Europäischen Union 2015).[83]

Zu guter Letzt bleibt die Frage der supranationalen Ebene als Vermittlungsebene in konflikthaften Situationen offen. Im Vergleich zu anderen europäischen Organisationen wie dem Europarat oder der OSZE kann die Europäische Union keine Rolle als Ansprech- oder Vermittlungspartner in Konflikten der Sprachen- und/oder Minderheitenrechte einnehmen, weil sie keine Kompetenzen hierin hat (Artikel 6 AEUV). Sie stützt sich lediglich auf die Zusammenarbeit mit dem Europarat und somit auf die Verträge und Instrumente des Europarates (vgl. Europarat (o. D.), Der Europarat und die Europäische Union).[84] Als Kompromisslösung hat sie zwar das symbolische Instrument der Unionsbürgerschaft in ihren Verträgen eingeführt (Artikel 20 EUV), wodurch sie die Gleichheit aller Bürgerinnen und Bürger in der EU betont (vgl. ABI. 2016/C 202/01 vom 07.06.2016). Die Fallstudien haben jedoch gezeigt, dass auch die supranationale Ebene, sich systematischer mit diesem Thema auseinandersetzen muss, um im Rahmen der Verträge nach Möglichkeiten zur Vermittlung zu suchen. Es entstehen zunehmend mehr Konflikte im Mehrebenensystem, für deren Lösung die Akteure auf die EU als Vermittler schauen. Wegen der Natur ihrer Integration und zur nachhaltigen Gestaltung der Zukunft sollte sie sich deshalb damit auseinandersetzen, wie sie bei Auseinandersetzungen nicht nur als Beobachterin, sondern auch als Beraterin auftreten kann.

---

82 wayback.archive-it.org/12090/20221120094549/https://presidence-francaise.consilium.europa.eu/de [15.09.2023].

83 eu2015.lv/de/die-ratsprasidentschaft-und-die-eu/prioritaeten-der-ratspraesidentschaft-lettlands [03.02.2023].

84 www.coe.int/de/web/portal/european-union/-/asset_publisher/OnOHFlZ5Awde/content/eu-council-of-europe-cooperation [03.02.2023].

Literaturverzeichnis

Ambasada României în Ungaria [Die Botschaft Rumäniens in Ungarn] (o. D.): Mass-media în limba română [Massenmedien in rumänischer Sprache], budapesta.mae.ro/node/804 [20.01.2023].

Ambasciata d'Italia, Vienna [Die Botschaft Italiens, Wien] (o. D.): Diplomazia culturale [Kulturelle Diplomatie], ambvienna.esteri.it/it/italia-e-austria/diplomazia-cultura le/ [31.01.2023].

Aministrazion–Provinzia de Bulsan [Verwaltung der Provinz Bozen] (o. D.): Geschichte der ladinischen Schule,www.provinzia.bz.it/formaziun-lingac/scora-ladi na/de/schulsystem/geschichte-ladinische-schule.asp [26.01.2023].

Amtsblatt der Europäischen Union (2005): Verordnung (EG) Nr. 920/20015 des Rates, L 156/3, Stand 13. Juni 2005, eur-lex.europa.eu/legal-content/DE/TXT/PDF/?uri=CE LEX:32005R0920&from=DE [13.01.2023].

Amtsblatt der Europäischen Union (2006): Verordnung (EG) Nr. 1082/2006 des Europäischen Parlaments und des Rates 5. Juli 2006 über den Europäischen Verbund für territoriale Zusammenarbeit (EVTZ), L210/19, eur-lex.europa.eu/legal-content/DE/TXT/HTML/?uri=CELEX:32006R1082&from=DE, Stand 31.07.2006, [31.01.2023].

Amtsblatt der Europäischen Union (2006): Verordnung (EG) Nr. 1791/2006 des Rates vom 20. November 2006, L 363/1, Stand 20.11.2006, eur-lex.europa.eu/LexUriServ/L exUriServ.do?uri=OJ:L:2006:363:0001:0080:DE:PDF [13.01.2023].

Amtsblatt der Europäischen Union (2016): Erklärung des Königreichs Belgien, der Republik Bulgarien, der Bundesrepublik Deutschland, der Hellenischen Republik, des Königreichs Spanien, der Italienischen Republik, der Republik Zypern, der Republik Litauen, des Großherzogtums Luxemburg, der Republik Ungarn, der Republik Malta, der Republik Österreich, der Portugiesischen Republik, Rumäniens, der Republik Slowenien und der Slowakischen Republik zu den Symbolen der Europäischen Union, C 202/355, Stand 07.06.2016, eur-lex.europa.eu/legal-content/EN/TXT/?uri= CELEX%3A12016L%2FAFI%2FDCL%2F52 [13.01.2023].

Amtsblatt der Europäischen Union (2016): Konsolidierte Fassungen des Vertrags über die Europäische Union und des Vertrags über die Arbeitsweise der Europäischen Union, 2016/C 202/01, Stand 07.06.2016, eur-lex.europa.eu/legal-content/DE/TXT/P DF/?uri=OJ:C:2016:202:FULL&from=DE [13.01.2023].

Amtsblatt der Europäischen Union (2019): Empfehlung des Rates zu einem umfassenden Ansatz für das Lehren und Lernen von Sprachen, ST/9015/2019/INIT, 2019/C 189/03, Stand 22. Mai 2019, eur-lex.europa.eu/legal-content/DE/TXT/?uri=uriser v%3AOJ.C_.2019.189.01.0015.01.DEU&toc=OJ%3AC%3A2019%3A189%3AFULL [04.02.2023].

Amtsblatt der Europäischen Gemeinschaften (2000): Charta der Grundrechte der Europäischen Union, C 364/1, Stand 18.12.2000 www.europarl.europa.eu/charter/pdf/text_de.pdf [13.01.2023].

Amtsblatt der Europäischen Gemeinschaften (2001): Mitteilung der Kommission „Europäisches Regieren - Ein Weißbuch, KOM (2001) 428 endgültig, Amtsblatt C 287, Stand 12.10.2001 eur-lex.europa.eu/legal-content/DE/TXT/PDF/?uri=CELEX:52001DC0428 [16.01.2023].

Anghel, Iulian (2013): Cine a guvernat cel mai mult în România ultimilor 23 de ani [Wer hat Rumänien in den letzten 23 Jahren regiert], Ziarul Financiar, Stand 26.05.2013, www.zf.ro/eveniment/cine-a-guvernat-cel-mai-mult-in-romania-ultimilor-23-de-ani-10902338 [18.01.2023].

Aschmann, Birgit (2018): Das katalanische Problem, Frankfurter Allgemeine Zeitung, Stand 09.01.2018, www.faz.net/aktuell/politik/die-gegenwart/spanien-das-katalanische-problem-15346784.html?printPagedArticle=true#pageIndex_2 [03.02.2023].

Association of European Border Regions (o. D.): History, www.aebr.eu/history/ [02.03.2023].

Association of European Border Regions (o. D.): Our members, www.aebr.eu/members/ [03.02.2023].

Auswärtiges Amt (2023): Deutschland und Dänemark: Zwischenstaatliche Beziehungen, Stand 01.03.2023, www.auswaertiges-amt.de/de/aussenpolitik/laender/daenemark-node/zwischenstaatlich/210160?openAccordionId=item-210162-0-panel [13.09.2023].

Autoguvernarea pe Țară a Românilor din Ungaria [Die nationale Selbstverwaltung der Rumänen aus Ungarn], atruroman.hu [03.02.2023].

Autonome Provinz Bozen-Südtirol: Tag der Autonomie 2021 – Eine Autonomie für drei Sprachgruppen, www.provinz.bz.it/autonomietag/autonomie.asp#accept-cookies [03.02.2023].

Autonome Provinz Bozen-Südtirol (2011): Landesinstitut für Statistik ASTAT– Sprachgruppenzugehörigkeit – Volkszählung 2011: Ladinische Sprachgruppenzugehörigkeit, astat.provincia.bz.it/barometro/upload/statistikatlas/de/atlas.html#!bev/sprach_vzs/lad [26.01.2023].

Autonome Provinz Bozen-Südtirol (2017): 500 feiern 25 Jahre Streitbeilegung im Meraner Kurhaus, Stand 11.06.2017, www.provinz.bz.it/news/de/news.asp?news_action=4&news_article_id=590314 [03.02.2023].

Autonome Provinz Bozen-Südtirol (2018): Astat Info Nr. 60. Weiterbildungsangebot – 2017, Stand Oktober 2018, www.provinz.bz.it/bildung-sprache/weiterbildung/downloads/Astat_WB_2017.pdf [01.02.2023].

Autonome Provinz Bozen-Südtirol (2019): Finanzen: Südtirol erhält erstmals Rating „aaa", Stand 16.07.2019, news.provinz.bz.it/de/news-archive/628500 [26.01.2023].

Autonome Provinz Bozen-Südtirol (2019): Südtirols Schüler punkten mit Sprachbegabung, Stand 14.03.2019, news.provinz.bz.it/de/news-archive/624749 [31.01.2023].

Avram, Marius (2014): Războiul rece dintre România și Ungaria [Der kalte Krieg zwischen Rumänien und Ungarn], in Sinteza revistă de cultură și gândire strategică [Sinteza, Zeitschrift für Kultur und strategisches Denken], Stand 28.10.2014, www.revistasinteza.ro/razboiul-rece-dintre-romania-si-ungaria [03.02.2023].

Badea, Felix Mihai (2018): Martie 1990: Pogromul de la Târgu-Mureș – o etapă a războaielor psihologice și de imagine duse împotriva României [März 1990: Das Pogrom in Târgu-Mureș – eine Etappe der psychologischen und Bilderkriege gegen Rumänien], in Evenimentul Zilei [Ereignis des Tages], Stand 20.03.2018, evz.ro/martie-1990-pogromul-de-la-targu-mures-o-etapa-a-razboaielor.html [17.01.2023].

BBC News (2003): Hungary amends status law, Stand 24.06.2003, news.bbc.co.uk/2/hi/europe/3015152.stm [03.02.2023].

Beauftragte der Bundesregierung für Aussiedlerfragen und nationale Minderheiten (o. D.): Nationale Minderheiten in Deutschland und Sprachgruppe Niederdeutsch, www.aussiedlerbeauftragter.de/Webs/AUSB/DE/themen/minderheiten-sprachgruppen/minderheiten-sprachgruppen-node.html [15.09.2023].

Beauftragter der Bundesregierung für Aussiedlerfragen und nationale Minderheiten (2019): Tätigkeitsbericht des Beauftragten der Bundesregierung für Aussiedlerfragen und nationale Minderheiten, 1. Amtsjahr April 2018-April 2019, Stand 06.2019, www.aussiedlerbeauftragte.de/SharedDocs/downloads/Webs/AUSB/DE/taetigkeitsbericht-2018-2019.pdf?__blob=publicationFile&v=3 [02.02.2023].

Benő, Attila (2015): Multilingualism and Education in Transylvania, in: Acta Universitas Sapientiae, Philologica, 7, 3, 25-36.

Benz, Arthur (2003): Mehrebenenverflechtung in der Europäischen Union, in Markus Jachtenfuchs; Beate Kohler-Koch (Hrsg.): Europäische Integration, 2. Auflage, Opladen: Leske+Budrich, 317-351.

Berber, Neval (2012): Minority Languages in Twenty-First Century Central Europe: Between Assimilation and Cohabitation, in: Sergiu Constantin, Emma Lantschner, Joseph Marko (Hrsg.): Practice of Minority Protection in Central Europe, Eurac Research, Minderheiten und Autonomien, Band 19, Baden-Baden: Nomos Verlag, 93-119.

Berchem, Theodor (2004): „If only we had the words, we would not need weapons". Deliberations on a European Language Policy, in: Rüdiger Ahrens (Hrsg.): Europäische Sprachenpolitik, Anglizistische Forschungen, Band 329, Heidelberg, Universitätsverlag Winter, 23-32.

Bliesener, Ulrich (2002): Mehrsprachigkeit – bloße Utopie oder doch realistische Forderung? Mögliche Wege zu ihrer Implementierung, in: Heinrich P. Kelz (Hrsg.): Die sprachliche Zukunft Europas. Mehrsprachigkeit und Sprachenpolitik, Baden-Baden: Nomos, 209-233.

Borbély, Ana (2013): Limbă română și identitatea românească în Ungaria [Rumänische Sprache und Identität], Publicația Institutului de Cercetări al Românilor din Ungaria [Veröffentlichung des Rechercheinstituts der Rumänen aus Ungarn], Giula, romanintezet.hu/files/2013/Borbelykonyv2013.pdf [18.01.2023].

Borboly Csaba (2019): Dél-Tirol követendő példa Székelyföld számára, Stand 21.02.2019, www.borbolycsaba.ro/del-tirol-kovetendo-pelda-szekelyfold-szamara/ [01.02.2023].

Bourdieu, Pierre (1991): Language and symbolic power, edited by John B. Thompson, translated by Gino Raymond and Matthew Adamson, Cambridge, Massachusetts: Harvard University Press.

Brădățeanu, V. (2017): Analiză, minorități naționale din România – între aspirații și realități [Analyse, nationale Minderheiten in Rumänien – zwischen Anspruch und Wirklichkeit], Stand 18.12.2017, www.rador.ro/2017/12/18/analiza-minoritatile-nationale-din-romania-intre-aspiratii-si-realitati-2/ [03.02.2023].

Bulletin of the European Communities (1973): The Declaration of European Identity 1973 beim Kopenhagen Summit erstellt, Stand 18.12.2013, www.cvce.eu/content/publication/1999/1/1/02798dc9-9c69-4b7d-b2c9-f03a8db7da32/publishable_en.pdf, December 1973, No 12. Luxembourg: Office for official publications of the European Communities. "Declaration on European Identity", 118-122 [13.01.2023].

Bund Deutscher Nordschleswiger (o. D.): Geschichte, nordschleswig.dk/geschichte/ [03.02.2023].

Bund Deutscher Nordschleswiger (o. D.): Sekretariat der Deutschen Minderheit in Kopenhagen https://bdn.dk/sekretariat/ [15.09.203].

Bundesgesetzblatt für die Republik Österreich (1954): Bundesgesetz vom 24. November 1954 über die Genehmigung des Bundesrechnungsabschlusses für 1953, Jahrgang 1954, 60. Stück, Stand 30.12.1954, www.ris.bka.gv.at/Dokumente/BgblPdf/1954_270_0/1954_270_0.pdf [31.01.2023].

Bundesgesetzblatt für die Republik Österreich (1955): Staatsvertrag betreffend die Wiederherstellung eines unabhängigen und demokratischen Österreich, 39. Stück, Nr. 152, Jahrgang 1955, Stand 30. Juli 1955, www.ris.bka.gv.at/Dokumente/BgblPdf/1955_152_0/1955_152_0.pdf [31.01.2023].

Bundesgesetzblatt für die Republik Österreich (1976): Bundesgesetz vom 7. Juli 1976 über die Rechtsstellung der Volksgruppen in Österreich (Volksgruppengesetz – VoGrG), BGBl. Nr. 396/1976, www.ris.bka.gv.at/Dokumente/BgblPdf/1976_396_0/1976_396_0.pdf [26.01.2023].

Bundesgesetzblatt (1976): Verwaltungsverfahrensgesetz (VwVfG), Jahrgang 1976, Nr. 59, Teil 1, Stand 29.05.1976, www.bgbl.de/xaver/bgbl/start.xav?startbk=Bundesanzeiger_BGBl&start=//*[@attr_id=%27bgbl176s1253.pdf%27]#__bgbl__%2F%2F*%5B%40attr_id%3D%27bgbl176s1253.pdf%27%5D__1675336335150 [02.02.2023].

Bundesgesetzblatt für die Republik Österreich (1995): EU-Beitrittsvertrag (NR: GP XIX RV 11 AB 25 S. 4 BR: AB 4933 S. 591), BGBI. Nr. 45/1995, Stand 13.01.1995, https://www.ris.bka.gv.at/Dokumente/BgblPdf/1995_45_0/1995_45_0.pdf [10.09.2023].

Bundesgesetzblatt für die Republik Österreich (2019): Bundesverfassungsgesetz: Änderung des Bundes-Verfassungsgesetzes, BGBl. I Nr. 57/2019, Stand 08.07.2019, www.ris.bka.gv.at/GeltendeFassung.wxe?Abfrage=Bundesnormen&Gesetzesnummer=10000138 [26.01.2023].

Bundeskanzleramt Österreich (2020): Aus Verantwortung für Österreich. Regierungsprogramm 2020-2024, Stand 2020, www.bundeskanzleramt.gv.at/bundeskanzleramt/die-bundesregierung/regierungsdokumente.html [03.02.2023].

Bundesministerium Bildung, Wissenschaft und Forschung: Schule mehrsprachig, www.schule-mehrsprachig.at [31.01.2023].

Bundesministerium des Inneren, für Bau und Heimat (2020): Nationale Minderheiten, Minderheitensprachen und die Regionalsprache Niederdeutsch in Deutschland, Stand 11.2020, 4. Auflage, www.bmi.bund.de/SharedDocs/downloads/DE/publikationen/themen/heimat-integration/nationale-minderheiten/minderheiten-und-regionalsprachen-vierte-auflage.pdf?__blob=publicationFile&v=10 [01.02.2023].

Burgard, Oliver (2000): Europa von oben, Zeit Online Nr. 3/2000, Stand 13.01.2000, www.zeit.de/2000/03/Europa_von_oben/komplettansicht [03.02.2023].

Burgenlandi Magyar Kultúregyesület [Kulturverein der Burgenländischen Ungarn], magyarulbeszelunk.hu/index.php/adatbazisunk/ausztria/item/162-burgenlandi-magyar-kulturegyesulet [01.02.2023].

Busch, Brigitta und Thomas (2008): Von Menschen, Orten und Sprachen. Multilingual leben in Österreich, Grüne Bildungswerkstatt Minderheiten, Klagenfurt: Drava Verlag.

Camera deputaților [Abgeordnetenkammer] (o. D.): Grupul parlamentar al minorităților naționale [Parlamentarische Gruppe der nationalen Minderheiten], www.cdep.ro/pls/parlam/structura2015.gp?idl=1&idg=6 [03.02.2023].

Camera deputaților [Abgeordnetenkammer] (2012): PL-x 502/2005, Proiect de lege privind statutul minorităților naționale din Romania [PL-x 502/2005 Gesetzesprojekt über das Statut der nationalen Minderheiten in Rumänien], Stand 25.09.2012, www.cdep.ro/pls/proiecte/upl_pck2015.proiect?cam=2&idp=6778 [17.01.2023].

Carson, Lorna (2003): Multilingualism in Europe. A Case Study, in: "Multiple Europes" No.18, Brüssel: P.I.E.-Peter Lang Verlag.

CEEPUS (o. D.): CEEPUS at a glance, www.ceepus.info/default.aspx?CMSPage=65#nbb [18.01.2023].

Cichon, Peter (2005): Historische Sozialkunde. Geschichte, Fachdidaktik, Politik, Bildung, Europasprachen 3/2009, Wien, Verein für Geschichte und Sozialkund, Juli-September 2005, 34–39.

Cichon, Peter (2008): Unterschiedliche Traditionen des sozialen und politischen Umgangs mit Mehrsprachigkeit in Europa, in: Angelika Redder und Konrad Ehlich (Hrsg.): Mehrsprachigkeit für Europa – sprachen- und bildungspolitische Perspektiven, Osnabrücker Beiträge zur Sprachtheorie 74, 21-33.

Ciccolone, Simone (2014): Minoranze linguistiche in Italia: un confronto tra tedesco sudtirolese e cimbro di Luserna [Sprachminderheiten in Italien: ein Vergleich zwischen dem Südtirolerdeutschen und dem Luserna-Zimbrischen], in: Ludwig Fesenmeier, Sabine Heinemann, Federico Vicario (Hrsg.): Sprachminderheiten: gestern, heute, morgen. Minoranze linguistiche: ieri, oggi, domani, Studia romantica et linguistica, Frankfurt am Main: Peter Lang, 65-82.

Consiliul Europei [Der Europarat] (2010): Primul raport periodic privind aplicarea Cartei europene a limbilor regionale sau minoritare în România [Der erste periodische Bericht über die Anwendung der Europäischen Charta der Regional- und Minderheitensprachen in Rumänien], MIN-LANG/PR (2010) 11, Stand 26.10.2010, rm.coe.int/CoERMPublicCommonSearchServices/DisplayDCTMContent?documentId=09000016806c8e68 [17.01.2023].

Council of Europe (1992): European Charter for Regional or Minority Languages – Strasbourg, 5.11.1992, ETS Series 148, rm.coe.int/1680695175 [04.02.2023].

Council of Europe (1995): Framework Convention for the Protection of National Minorities – Strasbourg, 1.02.1995, ETS Series 157, rm.coe.int/168007cdac [04.02.2023].

Council of Europe (1999): Report submitted by Italy pursuant to Article 25, paragraph 1 of the Framework Convention for the protection of national minorities, ACFC/SR(1999)007, Stand 03.05.1999, rm.coe.int/CoERMPublicCommonSearchServices/DisplayDCTMContent?documentId=090000168008af0e [13.01.2023].

Council of Europe (1999): Report submitted by Romania pursuant to Article 25, paragraph 1 of the Framework Convention for the protection of national minorities, ACFC/SR (99) 11, Stand 24.06.1999, rm.coe.int/CoERMPublicCommonSearchServices/DisplayDCTMContent?documentId=090000168008b135 [13.01.2023].

Council of Europe (1999): Report submitted by Denmark pursuant to article 25, paragraph 1 of the Framework Convention for the protection of national minorities, ACFC/SR (99) 9, Stand 06.05.1999, rm.coe.int/CoERMPublicCommonSearchServices/DisplayDCTMContent?documentId=090000168008aeed [01.02.2023].

Council of Europe (1999): The European Charter for Regional or Minority Languages. Initial periodical report presented to the Secretary General of the Council of Europe in accordance with Article 15 of the Charter – Hungary, MIN-LANG/PR (99) 6, Stand 07.09.1999, rm.coe.int/CoERMPublicCommonSearchServices/DisplayDCTMContent?documentId=09000016806c8ddf [18.01.2023].

Council of Europe (2003): European Charter for Regional or Minority Languages, Initial periodical report presented to the Secretary General of the Council of Europe in accordance with Article 16 of the Charter – Denmark, Stand 23.01.2003, rm.coe.int/CoERMPublicCommonSearchServices/DisplayDCTMContent?documentId=09000016806c8312, MIN-LANG/PR (2003) 1 [02.02.2023].

Council of Europe (2007): Memorandum of Understanding between the Council of Europe and the European Union, //rm.coe.int/CoERMPublicCommonSearchServices/DisplayDCTMContent?documentId=0900001680597b32 [03.02.2023].

Council of Europe (2010): Venice Commission – Opinion on the act on the State language of the Slovak Republic, Opinion no. 555/2009, CDL-AD(2010)035, Stand 21.10.2010, www.venice.coe.int/webforms/documents/?pdf=CDL-AD(2010)035-e [03.02.2023].

Council of Europe (2016): Second periodical report presented to the Secretary General for the Council of Europe in accordance with Article 15 of the Charter, Romania, MIN-LANG (2016) PR 2, rm.coe.int/CoERMPublicCommonSearchServices/DisplayDCTMContent?documentId=09000016806c8e69 [18.01.2023].

Council of Europe (2017): European Charter for Regional or Minority Languages, fifth periodical report presented to the Secretary General of the Council of Europe in accordance with Article 15 of the Charter, MIN-LANG (2017) PR 3, Stand 15.02.2017, rm.coe.int/16806faac7 [02.02.2023].

Council of Europe (2017): Seventh periodical report presented to the Secretary General of the Council of Europe in accordance with Article 15 of the Charter. Hungary, MIN-LANG (2018) PR 4, Stand 06.12.2017, rm.coe.int/hungarypr7-en-docx/16807b69d7 [18.01.2023].

Council of Europe (2018): Advisory Committee on the Framework for the protection of national minorities - Fourth Opinion on Romania – adopted on 22 June 2017, ACFC/OP/IV(2017)005,published on 17 February 2018, www.coe.int/en/web/minorities/romania [18.01.2023].

Council of Europe (2019): Fifth report submitted by Denmark pursuant to article 25, paragraph 2 of the Framework Convention for the Protection of National Minorities, ACFC/SR/V(2019)007, Stand 02.04.2019, rm.coe.int/5th-state-report-denmark-english-language-version/168093c73c [02.02.2023].

Council of Europe (2019): Fifth Opinion on Denmark, Advisory Committee on the Framework Convention for the protection of national minorities, ACFC/OP/V(2019)003, Stand 29.01.2020, rm.coe.int/5th-op-denmark-en/1680996202 [03.02.2023].

Council of Europe (2019): Advisory Committee on the Framework for the protection of national minorities - Fifth report submitted by Romania, pursuant to article 25, paragraph 2 of the Framework Convention for the protection of the national minorities, ACFC/SR/V(2019)013 www.coe.int/en/web/minorities/romania [18.01.2023].

Council of Europe (2019): Advisory committee on the Framework Convention for the protection of national minorities - Fifth report submitted by Hungary, pursuant to article 25, paragraph 2 of the Framework Convention for the protection of the national minorities, ACFC/SR/V(2019)005, Stand 05.02.2019, www.coe.int/en/web/minorities/hungary [18.01.2023].

Council of Europe (2020): Common European Framework of Reference for Languages: Learning, Teaching, Assessment, Language Policy Unit Strasbourg, rm.coe.int/common-european-framework-of-reference-for-languages-learning-teaching/16809ea0d4 [13.01.2023].

Council of Europe (o. D.): About the Framework Convention for the protection of National Minorities. What is a national minority?, www.coe.int/en/web/minorities/at-a-glance#{%2279030665%22:[1]} [03.02.2023].

Council of Europe (o. D): Framework Convention for the Protection of national minorities: Institutional history, www.coe.int/en/web/minorities/institutional-history [03.02.2023].

Council of Europe (o. D.): Monitoring the implementation of the Framework Convention for the protection of national minorities, www.coe.int/en/web/minorities/monitoring [03.02.2023].

Council of Europe (o. D.): State parties to the Framework Convention for the Protection of national minorities, www.coe.int/en/web/minorities/etats-partie [03.02.2023].

Czernifolsky, Barbara (2000): Regionale Sprachenpolitik in Europa. Südtirol und Languedoc-Roussillon: zwei Eckpunkte? Wien: Edition Prasens.

Danske regioner [Dänische Regionen] (o. D.): Danish regions, www.regioner.dk/services/in-english [02.02.2023].

Danube-Kris-Mures-Tisa Euroregion, www.dkmt.net/en/index.php [03.02.2023].

David, Emma-Katharina (2020): Regionalisierungsdebatten in Rumänien. Historischer Rückblick und aktuelle Gesetzentwürfe zur Territorialverwaltung, Forschungshorizonte Politik & Kultur, Vol. 4 Nr. 5, Stand 23 Mai 2020, www.culture-politics.international/wp-content/uploads/2020/05/FPK_David_Rumänien_5-2020.pdf [03.02.2023].

Dänisches Außenministerium (o. D.): Dänemark in Deutschland, Organisationen und Einrichtungen, tyskland.um.dk/de/uber-danemark/daenische-minderheit/organisationen-und-einrichtungen [02.02.2023].

Departamentul pentru relații interetnice [Departement für interethnische Beziehungen] (o. D.): Organizațiile minorităților naționale [Organisationen der nationalen Minderheiten], dri.gov.ro/w/lista-organizatiilor-cmn/ [04.02.2023].

Deutsche UNESCO-Kommission (o. D.): Zusammenleben von Minderheiten und Mehrheiten im deutsch-dänischen Grenzland, www.unesco.de/kultur-und-natur/immaterielles-kulturerbe/immaterielles-kulturerbe-deutschland/minderheiten [02.02.2023].

Deutscher Schul- und Sprachverein für Nordschleswig (o. D.): Organisation, dssv.dk/organisation/ [02.02.2023].

Deutsche Welle (2006): Focus on Multilingualism, Stand 12.11.2006, www.dw.com/en/romanian-to-become-eus-first-commissioner-for-multilingualism/a-2253068 [03.02.2023].

Deutsche Welle (2012): Europa. Sprachen der Minderheiten, Stand 09.03.2012, www.dw.com/de/sprachen-der-minderheiten/a-15684457 [04.02.2023].

Dorostkar, Niku (2014): (Mehr-)sprachigkeit und Lingualismus. Die diskursive Konstruktion von Sprache im Kontext nationaler und supranationaler Sprachenpolitik am Beispiel Österreichs, Göttingen: V&R unipress.

Durà A., Camonita F., Berzi M. and Noferini A. (2018). Euroregions, Excellence and Innovation across EU borders. A Catalogue of Good Practices. Barcelona: Department of Geography, Universidad Autonoma de Barcelona.

Ehm, Markus (2018): Warum sich EU-Staaten über die Ungarnwahl wundern? Ungarn ist anders, Hanns-Seidel-Stiftung, Stand 18.04.2018, www.hss.de/news/detail/ungarn-ist-anders-news2744/ [18.01.2023].

Eichinger, Ludwig M. (1991): Sprachenpolitik gegenüber fremdsprachigen Minderheiten im 19. Jahrhundert, Einleitung in: Rainer Wimmer: Das 19. Jahrhundert. Sprachgeschichtliche Wurzeln des heutigen Deutsch, Belin: de Gruyter Verlag, 95-106.

EUNIC (2018): Heritage connects – EUNIC Hungary, www.eunicglobal.eu/projects/heritage-connects [20.01.2023].

Eurac Research (o. D.): EUMINT – Euroregionen, Migration, Integration 2018-2020, www.eurac.edu/en/institutes-centers/institute-for-minority-rights/projects/eumint [01.02.2023].

Erdélyi napló [Siebenbürgisches Journal], erdelyinaplo.ro [04.02.2023].

Erdélyi Netkatalogus [Siebenbürgischer Internetkatalog] (o. D.): III. Nyilvánosság [Öffentlichkeit], netkatalogus.adatbank.transindex.ro/?#nyilvanossag [04.02.2023].

Erdélyi Netkatalogus [Siebenbürgischer Internetkatalog] (o. D.): Ungarische Verbände in Rumänien, netkatalogus.adatbank.transindex.ro/?q=87 [18.01.2023].

Europa Liberă România [Freies Europa Rumänien] (2019): Scandalul de la cimitirul din Valea Uzului dintre români şi unguri continuă [Der Skandal auf dem Friedhof im Uz Tal zwischen den Ungarn und Rumänen geht weiter], Stand 06.06.2019, romania.europalibera.org/a/scandalul-de-la-cimitirul-din-valea-uzului-între-români-şi-maghiari-continuă/29985185.html [20.01.2023].

Europarat (o. D.): Der Europarat und die Europäische Union, www.coe.int/de/web/portal/european-union/-/asset_publisher/OnOHFlZ5Awde/content/eu-council-of-europe-cooperation [03.02.2023].

Europarat (o. D.): Europäische Charta der Regional- und Minderheitensprachen – 20. Jahrestag der Europäischen Charta der Regional- oder Minderheitensprachen, www.coe.int/de/web/european-charter-regional-or-minority-languages/20th-anniversary [03.02.2023].

Europarat (o. D.): Europäische Charta der Regional- und Minderheitensprachen – Förderung der Charta-Ratifizierung in Frankreich, www.coe.int/de/web/european-charter-regional-or-minority-languages/forderung-von-charta-ratifizierungen-in-frankreich [03.02.2023].

Europarat (o. D.): Europäische Charta der Regional- und Minderheitensprachen – Berichte und Empfehlungen, www.coe.int/de/web/european-charter-regional-or-minority-languages/reports-and-recommendations [03.02.2023].

Europarat (o. D.): Unsere Geschichte, www.coe.int/de/web/about-us/founding-fathers [03.02.2023].

Europarat (o D.) : Unsere Mitgliedsstaaten, www.coe.int/de/web/about-us/our-member-states [03.02.2023].

Europarat (1999): Erster Bericht der Bundesrepublik Deutschland gemäß Artikel 25 Absatz 1 des Rahmenübereinkommens des Europarates zum Schutz nationaler Minderheiten, rm.coe.int/CoERMPublicCommonSearchServices/DisplayDCTMContent?documentId=090000168008af07 [02.02.2023].

Europaregion Tirol-Südtirol-Trentino (o. D.): Brüssel – Euregio Brussels School, www.europaregion.info/bruessel/jugend/euregio-brussels-school/ [01.02.2023].

Europaregion Tirol-Südtirol-Trentino (o. D.): Bildung und Forschung, www.europaregion.info/euregio/projekte/bildung-forschung/euregio-master/ [31.01.2023].

Europäische Kommission (o. D.): Sprachenregelung. Sprachenpolitik der EU und Rolle der Dolmetsch- und Übersetzungsdienste, commission.europa.eu/about-european-commission/service-standards-and-principles/commissions-use-languages_de#translationandinterpretation [04.02.2023].

Europäische Kommission, Vertretung in Deutschland (2021): Kommission reagiert auf Europäische Bürgerinitiative zur Stärkung von Minderheiten, Stand 15.01.2021, germany.representation.ec.europa.eu/news/kommission-reagiert-auf-europaische-burgerinitiative-zur-starkung-von-minderheiten-2021-01-15_de [02.02.2023].

Europäische Kommission (o. D.): Faktencheck zum EU-Haushalt, ec.europa.eu/info/strategy/eu-budget/eu-budget-added-value/fact-check_de#howmuchisspentintranslationandwhy [04.02.2023].

Europäischer Ausschuss der Regionen (2014): Europäische Hochschulbildung in der Welt, Opinion Number: CDR 5961/2013, Berichterstatter: Borboly Csaba, Stand 30.01.2014, cor.europa.eu/DE/our-work/Pages/OpinionTimeline.aspx?opId=CDR-5961-2013 [20.01.2023].

Europäischer Ausschuss der Regionen (2017): Modernisierung der Schul- und Hochschulbildung, Opinion Number: CDR 3139/2017, Berichterstatter Borboly Csaba, Stand 30.11.2017, cor.europa.eu/DE/our-work/Pages/OpinionTimeline.aspx?opId=CDR-3139-2017 [20.01.2023].

Europäischer Ausschuss der Regionen (2019): Ausbau des Unterrichts der MINT-(und Kunst) Fächer in der EU, Opinion Number: CDR 6435/2018, Berichterstatter: Borboly Csaba, cor.europa.eu/DE/our-work/Pages/OpinionTimeline.aspx?opId=CDR-6435-2018 [20.01.2023].

Europäischer Ausschuss der Regionen (o. D.): Unsere Arbeit, cor.europa.eu/de/our-work/Pages/default.aspx [03.02.2023].

Europäischer Ausschuss der Regionen (o. D.): Interregionale Gruppen, cor.europa.eu/de/our-work/Pages/interregional-groups.aspx#3 [03.02.2023].

Europäisches Parlament (2017): Geschäftsordnung des Europäischen Parlaments, 8. Wahlperiode – Januar 2017, Stand Januar 2017, www.europarl.europa.eu/doceo/document/RULES-8-2017-01-16_DE.pdf?redirect [04.02.2023].

European Central Bank (o. D.): What is the official language of the ECB? In which language do I need to apply? www.ecb.europa.eu/careers/faq/html/index.en.html [04.02.2023].

European Centre for Minority Issues: ECMI Mission, www.ecmi.de/the-centre/our-mission [02.02.2023].

European Commission (2007): MEMO/07/80 – Brussels, 23/02/2007: A political agenda for multilingualism, Stand 23.07.2007, ec.europa.eu/commission/presscorner/detail/en/MEMO_07_80 [04.02.2023].

European Commission (2010): The members of the Barroso Commission (2004-2009), Stand 16.02.2010, ec.europa.eu/archives/commission_2004-2009/index_en.htm [03.02.2023].

European Commission (2010): European Website on Integration – The MigrAlp project: Integration of immigrants in communities of small dimension in North and South Tyrol, Stand 19.04.2010, ec.europa.eu/migrant-integration/news/migralp-project-integration-immigrants-communities-small-dimension-north-and-south-tyrol_en [31.01.2023].

European Commission (2019): Cordis EU research results, Advancing the European Multilingual Experience, Stand 10.09.2019, cordis.europa.eu/project/id/613465/reporting [03.02.2023].

European Commission (2021-2027): EU regional and urban development – Priorities for 2021-2027, ec.europa.eu/regional_policy/policy/how/priorities_en [03.02.2023].

European Commission (o. D.): European Education area, Focus topics: About multilingualism policy, ec.europa.eu/education/policies/multilingualism/about-multilingualism-policy_en [03.02.202].

European Parliament (2013): Debates, Wednesday 11 September 2013, 6.1. Endangered European languages and linguistic diversity (A7-0239/2013 – François Alfonsi) – Herbert Dorfmann (PPE), www.europarl.europa.eu/sides/getDoc.do?pubRef=-//EP//TEXT+CRE+20130911+ITEM-006-01+DOC+XML+V0//EN&language=EN&query=INTERV&detail=3-141-500 [01.02.2023].

European Parliament (2017): Debates, Wednesday, 13 September 2017 – Strasbourg – State of the Union – Iuliu Winkler, www.europarl.europa.eu/sides/getDoc.do?pubRef=-//EP//TEXT+CRE+20170913+ITEM-007+DOC+XML+V0//EN&language=EN [20.01.2023].

European Parliament (2018): Debates, Monday, 11 June 2018 – Strasbourg – Modernisation of education system in EU, CRE 11/06/2018 - 18 – Csaba Sógor, www.europarl.europa.eu/sides/getDoc.do?pubRef=-//EP//TEXT+CRE+20180611+ITEM-018+DOC+XML+V0//EN&language=EN [20.01.2023].

European Parliament (2018): Debates, Monday 11 June 2018 – Strasbourg – One minute speeches on matters of political importance – Iuliu Winkler, www.europarl.europa.eu/sides/getDoc.do?pubRef=-//EP//TEXT+CRE+20180611+ITEM-021+DOC+XML+V0//EN&language=EN [20.01.2023].

European Parliament (2018): Debates, Wednesday, 3 October 2018 – Strasbourg – The rule of law in Romania – László Tőkés, www.europarl.europa.eu/sides/getDoc.do?pubRef=-//EP//TEXT+CRE+20181003+ITEM-003+DOC+XML+V0//EN&language=EN [20.01.2023].

European Union (2018): Debates, Monday, 12 November 2018 – Strasbourg, Minimum standards for minorities in the EU (short presentation), CRE 12/11/2018 - 17 – Maria Gabriela Zoană, www.europarl.europa.eu/doceo/document/CRE-8-2018-11-12-ITM-017_EN.html [20.01.2023].

European Parliament (2020): Parliamentary question – P-004554/2020: Discrimination against the Hungarian minority in Romania – Priority question for written answer P-004554/2020 to the Commission, Stand 12.08.2020, www.europarl.europa.eu/doceo/document/P-9-2020-004554_EN.html, [20.01.2023].

European Union National Institutes for Culture, www.eunicglobal.eu [04.02.2023].

European University Institute (o. D.): A Brief History of the EUI, www.eui.eu/About/HistoryofEUI [03.02.2023].

Eurostat (o. D.): NUTS – Systematik der Gebietseinheiten für die Statistik – Hintergrund, ec.europa.eu/eurostat/de/web/nuts/background [04.02.2023].

Eurostat (2020): Entsprechungstabelle NUTS zu nationalen administrativen Einheiten, Stand 11.06.2020, ec.europa.eu/eurostat/de/web/nuts/national-structures-eu [03.02.2023].

Euroregion Karpacki, www.karpacki.pl/en/ [03.02.2023].

Figl, Bettina (2012): Minderheiten – 6 Minderheiten, 7 Sprachen und eine Urangst, Wiener Zeitung, Stand 27.02.2023, www.wienerzeitung.at/nachrichten/politik/oesterreich/439771_6-Minderheiten-7-Sprachen-und-eine-Urangst.html?em_cnt_page=2 [31.01.2023].

Fischer, Gero; Doleschal, Ursula (2013): Von Minderheitensprachen zu Nachbarsprachen. Die Rolle der Minderheitensprachen im österreichischen Bildungswesen 2011, in: Rudolph de Cillia, Eva Vetter (Hrsg.): Sprachenpolitik in Österreich. Bestandsaufnahme 2011, Frankfurt am Main: Peter Lang Edition, 68-94.

Folketinget [Das dänische Parlament] (2014): My constitutional act with explanations, 12th edition, Stand 03.2014, www.thedanishparliament.dk/-/media/sites/ft/pdf/publikationer/engelske-publikationer-pdf/my_constitutional_act_with_explanations.ashx [02.02.2023].

Franceschini, Rita (2006): Mehrsprachigkeit: das Lernpotenzial von Grenzregionen, in Andrea Abel, Mathias Stuflesser, Magdalena Putz (Hrsg.): Mehrsprachigkeit in Europa, im 24.-26.08.2006, Bolzano/Bozen, www.plattform-migration.at/fileadmin/data/Publikationen/Mehrsprachigkeit_in_Europa.pdf [04.02.2023].

Franckx, Nicolas (2012): The Hungarian Minority in Transylvania. A first assessment of the Transition period 1990-2007, Prager Schriften zur Zeitgeschichte und zum Zeitgeschehen, Band 4, Frankfurt am Main: Peter Lang Verlag.

Französische Präsidentschaft im Rat der Europäischen Union (2022), wayback.archive-it.org/12090/20221120094549/https://presidence-francaise.consilium.europa.eu/de/ [15.09.2023].

Friedensvertrag von Trianon (1920): Friedensvertrag zwischen Ungarn und den alliierten und assoziierten Mächten, www.versailler-vertrag.de/trianon/index.htm [04.02.2023].

FUEN, The Federal Union of European Nationalities (o. D.): Minority Safepack, minority-safepack.eu [20.01.2023].

FUEN, The Federal Union of European Nationalities (o. D.): Our work, www.fuen.org/de/article/Unsere-Arbeit [02.02.2023].

FUEN, The Federal Union of European Nationalities (2017): The Romanian government sues the European Commission for registering the Minority Safepack Citizens' Initiative – This will not make us stop gathering the necessary signature, Stand 18.08.2017, www.fuen.org/en/article/The-Romanian-Government-sues-the-European-Commission-for-registering-the-Minority-SafePack-citizens-initiative-this-will-not-make-us-stop-gathering-the-necessary-signatures [20.01.2023].

Ganescu, Eleonora (2005): Ethnische Minderheiten in der rumänischen Presse. Eine quantitative und diskurshistorische Zeitungsanalyse, Europäische Hochschulschriften, Reihe XL, Kommunikationswissenschaft und Publizistik, Band 93, München: Peter Lang Verlag.

Garnitschnig, Ines (2016): Der muttersprachliche Unterricht in Österreich. Statistische Auswertung für das Schuljahr 2015/16, Informationsblätter zum Thema Migration und Schule Nr. 5/2016-17 18. Aktualisierte Auflage, Bundesministerium für Bildung (Hrsg.), docplayer.org/58866472-Der-muttersprachliche-unterricht-in-oesterreich-statistische-auswertung-fuer-das-schuljahr-2015-16-verfasst-von-mag-ines-garnitschnig-buero-trafo.html [31.01.2023].

Gazzetta Ufficiale della Repubblica Italiana [Amtsblatt der Italienischen Republik] (1972): Decreto del Presidente della Repubblica 31 agosto 1972, n. 670 [Dekret des Präsidenten der Italienischen Republik], Approvazione del testo unico delle leggi costituzionali concernenti lo statuto speciale per il Trentino-Alto Adige [Genehmigung des konsolidierten Textes der Verfassungsgesetze zum Sonderstatut für Trentino-Südtirol], Nr. 301, Stand 20.11.1972, 7603-7613, www.gazzettaUfficiale.it/eli/gu/1972/11/20/301/sg/pdf [01.02.2023].

Gazzetta Ufficiale della Repubblica Italiana [Amtsblatt der Italienischen Republik] (1999): Legge 15 dicembre 1999, n. 482: Norme in materia di tutela delle minoranze linguistiche storiche [Gesetz vom 15. Dezember 1999, Nr. 482: Regeln zum Schutz der historischen Sprachminderheiten], Nr. 297, Stand 20.12.1999, www.gazzettaUfficiale.it/eli/gu/1999/12/20/297/sg/pdf [26.01.2023].

Gazzetta Ufficiale della Repubblica Italiana [Amtsblatt der Italienischen Republik] (2001): Decreto legislativo 22 maggio 2001, n. 261 – Norme di attuazione dello statuto speciale della regione Trentino-Alto Adige recanti modifiche e integrazioni al decreto legislativo 16 dicembre 1993, n. 592, in materia di tutela delle popolazioni ladina, mochena e cimbra in provincia di Trento [Gesetzesdekret vom 22. Mai 2001, Nr. 261 – Durchführungsbestimmungen des Sonderstatuts der Region Trentino-Südtirol mit Änderungen und Ergänzungen des Gesetzesdekrets Nr. 592 vom 16. Dezember 1993 zum Schutz der ladinischen, mochenischen und zimbrischen Bevölkerung in der Provinz Trient], Nr. 154, www.gazzettaUfficiale.it/eli/gu/2001/07/05/154/sg/pdf [01.02.223].

Gerhards, Jürgen (2010): Kritik des neuen Kultes der Minderheitensprachen, Berliner Studien zur Soziologie Europas 22, Berlin: Freie Universität, Stand 05.2010, www.ssoar.info/ssoar/handle/document/35528 [04.02.203].

Gerst, Dominik; Klessmann, Maria; Krämer, Hannes (2021): Einleitung, in: Dominik Gerst, Maria Klessmann, Hannes Krämer (Hrsg.): Grenzforschung. Handbuch für Wissenschaft und Studium, Border Studies. Cultures, Spaces, Orders Band 3, Baden-Baden: Nomos Verlag, 9-26.

Gerst, Dominik; Krämer, Hannes (2021): Methodologie der Grenzforschung, in Dominik Gerst, Maria Klessmann, Hannes Krämer (Hrsg.): Grenzforschung. Handbuch für Wissenschaft und Studium, Border Studies. Cultures, Spaces, Orders Band 3, Baden-Baden: Nomos Verlag, 121-140.

Gesellschaft für schleswig-holsteinische Geschichte (o. D.): Bonn-Kopenhagener Erklärungen, www.geschichte-s-h.de/bonn-kopenhagener-erklaerungen/ [02.02.2023].

Gesetz- und Verordnungsblatt für das Land Brandenburg (2014): Gesetz zur Änderung von Rechtsvorschriften über die Rechte der Sorben/Wenden im Land Brandenburg (Sorben/Wenden-Gesetz-SWG), 25. Jahrgang, Nr. 7, Stand 12.02.2014, bravors.brandenburg.de/sixcms/media.php/76/GVBl_I_07_2014.pdf [02.02.2023].

Gesetz- und Verordnungsblatt für Schleswig-Holstein (2014): Bekanntmachung der geltenden Fassung der Verfassung des Landes Schleswig-Holstein, Ausgabe 11, Nr. 14, Stand 11.12.2014, www.schleswig-holstein.de/DE/landesregierung/ministerien-behoerden/IV/Service/GVOBl/GVOBl/2014/gvobl_14_2014.pdf?__blob=publicationFile&v=2 [02.02.2023].

Giurescu, Constantin C.; Giurescu, Dinu C. (1980): Geschichte der Rumänen. Aus dem Rumänischen übersetzt von Adolf Armbruster, Bukarest: Wissenschaftlicher und Enzyklopädischer Verlag.

Gouardères, Frédéric (2022): Kurzdarstellungen zur Europäischen Union – Europäische Verbünde für territoriale Zusammenarbeit (EVTZ), Europäische Parlament, Stand 03.2022, www.europarl.europa.eu/factsheets/de/sheet/94/europaische-verbunde-fur-territoriale-zusammenarbeit-evtz- [26.01.2023].

Government of UK [Regierung des Vereinigten Königreichs] (2013): Devolution of powers to Scotland, Wales and Northern Ireland, Stand 08.05.2019, www.gov.uk/guidance/devolution-of-powers-to-scotland-wales-and-northern-ireland [04.02.2023].

Grosjean, François (1982). Life with Two Languages: An Introduction to Bilingualism. Cambridge, Massachusetts, Harvard University Press.

Gruber, Alfons (2017): Geschichte Südtirols. Streifzüge durch das 20 Jahrhundert, Bozen, Athesia Verlag.

Guvernul României (2016) [Die Regierung Rumäniens]: Al doilea raport periodic prezentat de Guvernul României către Secretarul General al Consiliului Europei în baza Articolului 15 al Cartei Europene a Limbilor Regionale sau Minoritare [Zweiter periodischer Bericht der Regierung Rumäniens an den Generalsekretär des Europarates gemäß Artikel 15 der Europäischen Charta der Regional- oder Minderheitensprachen], Stand 02.03.2016, rm.coe.int/CoERMPublicCommonSearchServices/DisplayDCTMContent?documentId=09000016806c8e6a [04.02.2023].

Hauser, Markus (2013): Der Mehrwert der Mehrsprachigkeit erkannt, Tiroler Tageszeitung, Stand 03.05.2013, www.tt.com/artikel/6500150/den-mehrwert-der-mehrsprachigkeit-erkannt [01.02.2023].

Heinemann, Sophie (2014): Sprachgesetzgebung in Italien, in Ludwig Fesenmeier, Sabine Heinemann, Federico Vicaro (Hrsg.): Sprachminderheiten: gestern, heute, morgen. Minoranze linguistiche: ieri, oggi, domani, Studia romantica et linguistica, Frankfurt am Main: Peter Lang, 105-125.

Hermanik, Klaus-Jürgen (2017): Deutsche und Ungarn im südöstlichen Europa. Identitäts- und Ethnomanagement, Zur Kunde Südosteuropas II/43, Wien, Köln, Weimar, Böhlau Verlag.

Herrmann, Goetz; Vasilache, Andreas (2021): Grenze, Staat und Staatlichkeit, in Dominik Gerst, Maria Klessmann, Hannes Krämer (Hrsg.): Grenzforschung. Handbuch für Wissenschaft und Studium, Border Studies. Cultures, Spaces, Orders Band 3, Baden-Baden: Nomos Verlag, 68-88.

Hofmann, Rainer (2017): Minderheitenschutz in Europa: Entwicklung und aktueller Stand. Aus Politik und Zeitgeschichte. Bundeszentrale für politische Bildung, Stand 10.03.2017, www.bpb.de/apuz/243858/minderheitenschutz-in-europa-entwicklung-und-aktueller-stand?p=all [03.02.2023].

Hofwiler, Roland (1990): Pogrom in Siebenbürgen, Berlin, taz Archive, Stand 21.03.1990, taz.de/!1775722/ [04.02.2023].

Horváth, István (2008): Elemzések a romániai magyarok kétnyelvűségéről [Analysen über die Zweisprachigkeit der in Rumänien lebenden Ungarn], Studii der atelier. Cercetarea minorităţilor din România [Workshop Studien. Die Forschung der Minderheiten in Rumänien], Nr. 8, Institutul pentru studierea minorităţilor naţionale [Das Institut zum Studium der nationalen Minderheiten], Cluj-Napoca: Fundaţia CRDE.

Horváth, István (2008): Evaluarea politicilor lingvistice din România [Die Evaluierung der Sprachenpolitiken in Rumänien], in Salat, Levente (Hrsg.): Politici de integrare a minorităţilor naţionale din România. Aspecte legale şi instituţionale într-o perspectivă comparată [Integrationspolitiken der nationalen Minderheiten in Rumänien. Rechtliche und institutionelle Aspekte in einer vergleichenden Perspektive], Colecţia Diversitate etnoculturală în România [Die Kollektion etnokulturelle Diversität in Rumänien], Cluj-Napoca: Fundaţia CRDE.

Horváth, István (2012): Románia: a kisebbségi nyelvi jogok és intézményes érvényesülésük [Rumänien: die Sprachrechte der Minderheiten und ihre institutionelle Durchsetzung], in: Eplényi Kata, Kántor Zoltán (Hrsg.): Térvesztés és határtalanitás: a magyar nyelvpolitika 21. századi kihívásai [Gebietsverlust und Grenzenlosigkeit: die Herausforderungen der ungarischen Sprachpolitik im 21. Jahrhundert], Budapest: Lucius Verlag.

Höder, Steffen; Krämer, Philipp: Nachbarsprachen – Sprachnachbarn: Mehrsprachigkeit und Sprachenpolitik in Deutschlands Grenzregionen, Baden-Baden: Nomos Verlag, im Druck.

Humanrights.ch (2016): Rechte von Minderheiten und indigenen Völker – Dossier: Was ist eine „nationale Minderheit"? Stand 26.07.2016, www.humanrights.ch/de/ipf/menschenrechte/diskriminierung/minderheitenrechte-dossier/begriffe/definition-nationale-minderheit [13.01.2023].

Hutterer, Claus Jürgen (1991): Sprachenpolitik gegenüber fremdsprachigen Minderheiten in der k. (u.) k. Monarchie, in: Rainer Wimmer: Das 19. Jahrhundert. Sprachgeschichtliche Wurzeln des heutigen Deutsch, Berlin: de Gruyter Verlag, DOI:10.1515/9783110622430, 164-172.

Interreg Europe: 2021-2027 Programme, www.interregeurope.eu/about-us/2021-2027/, [04.02.2023].

Interreg Italia-Österreich (o. D.): CLLD – Regionalentwicklung auf lokaler Ebene, www.interreg.net/downloads/CLLDBroschuere.pdf [01.02.2023].

Interreg Deutschland-Danmark (o. D.), www.interreg5a.eu/ueber-uns/was-ist-interreg/ [02.02.2023].

Interreg Romania-Hungary (2019): Contracted projects – Second open call, interreg-rohu.eu/wp-content/uploads/2019/08/Signed-contracts-2nd-open-call-website-01.08.2019.pdf [20.01.2023].

Interreg Romania-Hungary (o. D.): Priority axes, interreg-rohu.eu/en/priority-axes/ [15.09.2023].

Institutul Cultural Român [Rumänisches Kulturinstitut] (2017): EUNIC events – European Comics festival in Bucharest, EUNIC Romania, www.icr.ro/praga/salonul-european-de-banda-desenata/en [20.01.2023].

Institutul de cercetări al românilor din Ungaria [Recherchеinstitut der Rumänen aus Ungarn], www.romanintezet.hu/index.php/ro/ [04.02.2023].

Institutul Național de statistică (2021) [Das nationale statistische Institut]: Recensământul populației și locuințelor 2021 – Populația rezidentă după limba maternă (Limba maternă, Sexe, Grupe de vârstă, Medii de rezidență, Județe) [Volks- und Wohnungszählung 2021 – Wohnbevölkerung nach Muttersprache (Muttersprache, Geschlechter, Altersgruppen, Wohnorte, Landkreise)], www.recensamantromania.ro/rezultate-rpl-2021/rezultate-definitive/ [09.09.2023].

Institutul pentru studierea problemelor minorităților naționale (o. D.): Drepturile lingvistice și situația sociolingvistică a minorităților etnolingivstice din România [Die sprachlichen Rechte und die soziolinguistische Situation der etnolinguistischen Minderheiten in Rumänien], ispmn.gov.ro/node/drepturile-lingvistice-i-situaia-sociolingvistic-a-minoritilor-etnolingvistice-din-romnia [04.02.2023].

Institutul pentru studierea problemelor minorităților naționale [Das Institut zum Studium der Probleme der nationalen Minderheiten] (2011): Proporția vorbitorilor de limba maghiară (limba maternă) [Anteil der ungarischsprachigen Bevölkerung (nach Muttersprache)], ispmn.gov.ro/maps [17.01.2023].

Ionașc, Sorina; Dinu, Clarice (2012): Strategia UDMR pentru parlamentare. Marko: „Nu facem coaliție cu PCM și PPMT. Mereu ne-am confruntat cu problema pragului electoral, dar am reușit să-l depășim" [UDMR-Strategie für das Parlament. Marko: "Wir bilden keine Koalition mit der PCM und der PPMT. Wir hatten immer mit dem Problem der Wahlhürde zu kämpfen, aber wir haben es geschafft, sie zu überwinden."], in Gândul.ro, Stand 05.09.2012, www.gandul.ro/politica/strategia-udmr-pentru-parlamentare-marko-nu-facem-coalitie-cu-pcm-si-ppmt-mereu-ne-am-confruntat-cu-problema-pragului-electoral-dar-am-reusit-sa-l-depasim-10018822 [15.09.2023].

Iskra, Katarzyna Anna (2022): Europäisches Parlament Kurzdarstellungen zur Europäischen Union – Sprachenpolitik, Stand 04.2022, www.europarl.europa.eu/factsheets/de/sheet/142/sprachenpolitik [03.02.2023].

Istituto Nazionale di Statistica [Nationales Statistisches Amt] (2017): Comunicato Stamp. L'uso della linguaitaliana, dei dialetti e di altre lingue in Italia, Stand 27.12.2017, www.istat.it/it/archivio/207961 [26.01.2023].

Jachtenfuchs; Kohler-Koch (1996): Regieren im dynamischen Mehrebenensystem, Mannheimer Zentrum für Europäische Sozialforschung, www.researchgate.net/publication/238309484_Regieren_im_dynamischen_Mehrebenensystem [04.02.2023].

Jachtenfuchs, Markus; Kohler-Koch, Beate (Hrsg.) (2003): Europäische Integration, 2. Auflage, Opladen: Leske+Budrich.

Kárpát-medencei magyar képviselők fóruma [Forum der ungarischen Vertreter im Karpatenbecken], www.kmkf.hu/common/main.php?pgid=fooldal&tema_id=65 [04.02.2023].

Klatt, Martin (2021): Diesseits und jenseits der Grenze – das Konzept der Grenzregion, in Dominik Gerst, Maria Klessmann, Hannes Krämer (Hrsg.): Grenzforschung. Handbuch für Wissenschaft und Studium, Border Studies. Cultures, Spaces, Orders Band 3, Baden-Baden: Nomos Verlag, 141-155.

Knodt, Michele; Große Hüttmann, Martin (2006): Der Multi-Level Governance-Ansatz, in Hans Jürgen Bieling, Marika Lerch (Hrsg.): Theorien der europäischen Integration, 2. Auflage, Wiesbaden: VS Verlag für Sozialwissenschaften, 223–249.

Kraus, Peter A. (2004): Europäische Öffentlichkeit und Sprachpolitik. Integration durch Anerkennung, Frankfurt/New York: Campus Verlag.

Kriesi, Hanspeter (1988): The transformation of cleavage politics. The 1997 Stein Rokkan lecture, European Journal of Political Research 33, 165–185 piketty.pse.ens.fr/files/Kriesi1998.pdf [03.02.2023].

Konferenz über Sicherheit und Zusammenarbeit in Europa (1992) : Helsinki Dokument 1992 – Herausforderungen des Wandels, www.osce.org/files/f/documents/c/1/39532.pdf [03.02.2023].

Kulturministeriet [Ministerium für Kultur] (2019): Year of cultural friendship 2020, Stand 01.02.2019, slks.dk/english/work-areas/international-focus/current-projects/germany-effort-2018-2020/events-and-projects/year-of-cultural-friendship-2020 [02.02.2023].

Küpper, Herbert (2007): Ungarn und die magyarischen Minderheiten in den Nachbarstaaten, in Ost-West Europäische Perspektiven OWEP 2/2007, www.owep.de/artikel/597/ungarn-und-magyarischen-minderheiten-in-den-nachbarstaaten [17.01.2023].

Kürschner, Sebastian (2014): Alte und neue Sprachminderheiten – alte und neue Forschungsperspektiven in Ludwig Fesenmeier, Sabine Heinemann, Federico Vicaro (Hrsg.): Sprachminderheiten: gestern, heute, morgen. Minoranze linguistiche: ieri, oggi, domani, Studia romantica et linguistica, Frankfurt am Main: Peter Lang.

Ladurner, Ulrich (2017): Katalonien. Die EU muss sich einmischen, Die Zeit Online, Stand 28.09.2017, www.zeit.de/politik/ausland/2017-09/katalonien-referendum-separatisten-spanien [04.02.2023.]

Landesinstitut für Statistik – ASTAT (2011): Sprachgruppenzugehörigkeit (in %) – 2011, astat.provinz.bz.it/barometro/upload/statistikatlas/de/atlas.html#!bev/sprach_vzs/sgze_total [01.02.2023].

Landtag Schleswig-Holstein (2016): DialogForumNorden, Stand 09.2016, www.landtag.ltsh.de/export/sites/ltsh/parlament/minderheitenpolitik/Booklet_Dialogforum.pdf [03.02.2023].

Leonhard, Jörg (2019): Erwartung und Überforderung. Die Pariser Friedenskonferenz 1919, in: „Aus Politik und Zeitgeschichte“ Nr. 15/2019, 69. Jahrgang, Bundeszentrale für politische Bildung, Stand 08.04.2019, 4-11, www.bpb.de/system/files/dokument_pdf/APuZ_2019-15_online_0.pdf [02.02.2023].

Lettische Ratspräsidentschaft der Europäischen Union (2015): Prioritäten der Ratspräsidentschaft Lettlands, eu2015.lv/de/die-ratsprasidentschaft-und-die-eu/prioritaeten-der-ratspraesidentschaft-lettlands [03.02.2023].

Lill, Rudolf (2002): Südtirol in der Zeit des Nationalismus, Konstanz, UVK Verlagsgesellschaft mbH.

Lipset, Seymour Martin; Rokkan, Stein (1967): Cleavage structures, party systems, and voter alignments: an introduction, in Lipset, Seymour Martin; Rokkan, Stein (Hrsg.). Party Systems and Voter Alignments: Cross-National Perspectives. New York: The Free Press.

Loxtermann, Thomas (2004): Das deutsch-dänische Grenzgebiet als Modell nationalstaatlicher Minderheitenpolitik? Die Minderheitenfrage in Schleswig-Holstein von den Bonn-Kopenhagener Erklärungen von 1955 bis zum Beitritt Dänemarks zur EWG 1973, Band 3 in: Ingeborg Koza, Thomas Stahl (Hrsg.). Geschichte der Internationalen Beziehungen nach 1945, Münster, LIT Verlag.

Magyar Közlöny [Ungarisches Amtsblatt]: 2001 évi LXII. törvény a szomszédos államokban élő magyarokról [Gesetz LXII. (2001) über die in den Nachbarstaaten lebenden Ungarn] Nummer 77, Stand 07.07.2001, magyarkozlony.hu/dokumentumok/68f117ae4b7f3160046ce3d9a74fca32195c456d/megtekintes [17.01.2023].

Magyar Közlöny [Ungarisches Amtsblatt]: 2011 évi CLXXIX. törvény a nemzetiségek jogairól [Gesetz CLXXIX über die Rechte der Nationalitäten], Nummer 154, Stand 19.12.2011, magyarkozlony.hu/dokumentumok/358c99fbfd8ee29feac61ea2783cc50f1afca490/megtekintes [10.09.2023].

Malloy, H. Tove; Wolf, Sonja (2016): Linguistic Minority Rights in the Danish-German Border Region, in: International Journal on Minority and Group Rights, Vol. 23, No. 4, 484-504, www.jstor.org/stable/26557840?seq=1 [02.02.2023] .

Marácz, László (2016): Power and multilingualism: The case of the Hungarian linguistic community in Romania, in: Tomsk State University, Journal of Cultural Studies and Art History, No. 4(20), 2015, 66-72.

May, Stephen (2011): Language and Minority rights: Ethnicity, Nationalism and the Politics of Language, New York: Routledge Taylor & Francis Group.

Mayntz, Renate; Scharpf, Fritz W. (1995): Der Ansatz des akteurszentrierten Institutionalismus, in: Renate Mayntz, Fritz W. Scharpf (Hrsg.): Gesellschaftliche Selbstregelung und Steuerung, Frankfurt am Main: Campus Verlag.

Minderheitensekretariat (o. D.): Tätigkeiten und Aufgaben, www.minderheitensekretariat.de/taetigkeiten-aufgaben/ [15.09.2023].

Ministero dell'Istruzione e del merito [Ministerium für Bildung und Verdienste] (o. D.): Apprendimento permanente [Lebenslanges Lernen], www.miur.gov.it/web/guest/tematiche-e-servizi/istruzione-degli-adulti/apprendimento-permanente [04.02.2023].

Ministero dell'Istruzione e del merito [Ministerium für Bildung und Verdienste] (o. D.): Piani di intervento e finanziamenti 2022-2024 [Interventions- und Finanzierungspläne 2022-2024], www.miur.gov.it/web/guest/piani-di-intervento-e-finanziamenti [04.04.2023].

Ministerul Afacerilor Externe [Ministerium für Auswärtige Angelegenheiten] (o. D.): Parteneriate strategice și relații speciale [Strategische Partnerschaften und besondere Beziehungen], www.mae.ro/node/1861 [18.01.2023].

Ministerul Afacerilor Externe [Ministerium für Auswärtige Angelegenheiten] (o. D.): Rezultatele consultărilor politice ale ministrului afacerilor externe Bogdan Aurescu cu omologul său, Péter Szijjártó, la Jula, Ungaria. Semnarea unor documente zwischenstaatliche importante [Die Ergebnisse der politischen Konsultationen der Außenminister Bogdan Aurescu und Péter Szijjártó in Gyula, Ungarn. Die Unterzeichnung wichtiger zwischenstaatlicher Dokumente.], Stand 28.04.2021, www.mae.ro/node/55553 [18.01.2023].

Ministerul Afacerilor Externe [Ministerium für Auswärtige Angelegenheiten] (2003): Agreement between the Government of Romania and the Government of Hungary Stand 23.09.2003, www.mae.ro/tratate-zwischenstaatliche [08.02.2021].

Ministerul Afacerilor Externe [Ministerium für Auswärtige Angelegenheiten] (2021): Parteneriat strategic cu Ungaria [Strategische Partnerschaft mit Ungarn], Stand 03.2021, www.mae.ro/node/5181 [18.01.2023].

Ministerul Educației Naționale [Bildungsministerium] (2016): Comisiile Naționale de specialitate pe discipline [Die nationalen Fachkommissionen zu den Unterrichtsfächern], Stand 16.11.2016, www.edu.ro/comisiile-naționale-de-specialitate-pe-discipl ine [17.01.2023].

Ministerul Educației Naționale [Das Ministerium der nationalen Bildung] (2017): Oferta locurilor de studii (licență) pe universități, în anul 2017-2018, alocate românilor de pretutindeni care doresc să aplice pe locuri de studii fără plata taxelor de școlarizare, dar cu bursă, respectiv fără plata taxelor de școlarizare și fără bursă [Das Angebot an Studienplätzen (Bachelor) verteilt nach Universitäten im Jahr 2017-2018 für die Rumänen aus aller Welt, die sich für Studienplätze bewerben wollen, ohne die Gebühren aber mit einem Stipendium und ohne Gebühren wie auch ohne Stipendium], Stand 26.06.2017, www.edu.ro/oferta-locurilor-de-studii-licență-pe-uni verstăți-în-anul-2017-2018-alocate-românilor-de [04.02.2023].

Ministerul Educației Naționale [Bildungsministerium] (2017): Olimpiade și concursuri [Olympiaden und Wettbewerbe], Stand 14.09.2017, www.edu.ro/olimpiade-si-concurs uri-0 [17.01.2023.]

Minority Rights Group International (o. D.): World directory of minorities and indigenous people – Italy, minorityrights.org/country/italy/ [26.01.2023].

Mitrany, David (1943): A working peace system. An argument for the functional development of international organizations, in: The Royal Institute of International Affairs, Welwyn: The Broadwater Press.

Mitrany, David (1975): The functional theory of politics, London School of Economics and Political Science, London: Martin Robertson.

Monitorul Oficial [Amtsblatt] (1945): Gesetz Nr. 87 vom 6. Februar 1945 über das Statut der nationalen Minderheiten, Monitorul Oficial Nr. 30, www.monitoruljuridic. ro/act/lege-nr-86-din-6-februarie-1945-privind-statutul-nationalitatilor-minoritare-e mitent-regele-mihai-publicat-n-monitorul-22932.html [17.01.2023].

Monitorul Oficial (1996) [Amtsblatt]: Tratat din 16 septembrie 1996 de înțelegere, cooperare și bună vecinătate între România și Republica Ungară (1996) [Vertrag vom 16. September 1996 über Verständnis, Kooperation und gute Nachbarschaft zwischen Rumänien und der Ungarischen Republik], Monitorul Oficial Nr. 250, Stand 16.10.1996, www.monitoruljuridic.ro/act/tratat-din-16-septembrie-1996-de-intelegere -cooperare-si-buna-vecinatate-intre-romania-si-republica-ungara-emitent-parlamen tul-publicat-n-39628.html [17.01.2023].

Monitorul Oficial [Amtsblatt] (1998): Lege nr. 151 din 15 iulie 1998 privind dezvoltarea regională în România [Gesetz Nr. 151 vom 15 Juli 1998 über die regionale Entwicklung in Rumänien], Monitorul oficial Nr. 265, www.cdep.ro/pls/legis/legis_pck.htp_a ct_text?idt=17411 [18.01.2023].

Monitorul Oficial [Amtsblatt] (2001): Lege nr. 215 din 23 aprilie 2001 [Gesetz 215 vom 23. April 2001], Monitorul Oficial Nr. 123, legislatie.just.ro/Public/DetaliiDocumentAfis/79638 [18.051.2023].

Monitorul Oficial [Amtsblatt] (2002): Legea Nr. 504 din 11 iulie 2002, legea audiovizualului [Gesetz Nr. 504 vom 11 Juli 2002, das audiovisuelle Gesetz], Stand 11.07.2002, www.cna.ro/IMG/pdf/LEGEA_AUDIOVIZUALULUI_CU_MODIFICARI_SI_COMPLETARI_DIN_2014.pdf [18.01.2023].

Monitorul Oficial [Amtsblatt] (2003): Constituția României [Rumänische Verfassung], Nr. 767, Stand 31.10.2003, legislatie.just.ro/Public/DetaliiDocumentAfis/47355 [03.02.2023].

Monitorul Oficial [Amtsblatt] (2004): Lege nr. 315 din 28 iunie 2004 privind dezvoltarea regională în România [Gesetz Nr. 315 vom 28 Juni 2004 über die regionale Entwicklung in Rumänien, Monitorul Oficial Nr. 577, www.cdep.ro/pls/legis/legis_pck.htp_act_text?idt=56280 [18.01.2023].

Monitorul Oficial [Amtsblatt] (2004): Legea Nr. 500/2004 privind folosirea limbii române în locuri, relații și instituții publice [Gesetz Nr. Nr. 500/2004 über die Benutzung der rumänischen Sprache in öffentlichen Plätze, Beziehungen und Institutionen], Monitorul Oficial Teil I Nr. 1067, Stand 17.11.2004, lege5.ro/Gratuit/gu3dsnbt/legea-nr-500-2004-privind-folosirea-limbii-romane-in-locuri-relatii-si-institutii-publice [17.01.2023].

Monitorul Oficial (2007): Protocol între Guvernul României și Guvernul Republicii Ungare în vederea sprijinirii cercetării în domeniul minorităților naționale [Protokoll zwischen der rumänischen und ungarischen Regierung zur Unterstützung der Forschung auf dem Gebiet der nationalen Minderheiten], Monitorul Oficial Nr. 121, Stand 14.11.2007, legislatie.just.ro/Public/DetaliiDocumentAfis/89607 [18.01.2023].

Monitorul Oficial [Amtsblatt] (2011): Legea Nr. 1/2011 Legea educației naționale actualizată 2018 [Gesetz Nr. 1/2001 der nationalen Bildung, aktualisierte Version 2018], Monitorul Oficial, Teil I NR. 18, www.edu.ro/sites/default/files/legea-educatiei_actualizata%20august%202018.pdf [17.01.2023].

MTI (2019): UMF Târgu-Mureș va înființa o facultate în limba engleză, spre nemulțumirea liniei maghiare [Die Medizinische und Pharmazeutische Universität in Târgu-Mureș wird eine englischsprachige Fakultät eröffnen; zur Unzufriedenheit der ungarischsprachigen Linie], Stand 16.01.2019, hirado.hu/2019/01/16/umf-targu-mures-va-infiinta-o-facultate-in-limba-engleza-sprenemultumirea-liniei-maghiare/?fbclid=IwAR2pUvJFDLGmvjW7hogITXYFSWghLw6iDlpmCOt3XBIo0n1fDcrRWinlZEQ# [18.01.2023].

MTI (2019): Partidul Civic Maghiar și Partidul Popular Maghiar din Transilvania vor încheia o alianță [Die Ungarische Bürgerpartei und die Partei der Siebenbürgisch Ungarischen werden ein Bündnis schließen], Stand 20.11.2019, www.punctul.ro/partidul-civic-maghiar-si-partidul-popular-maghiar-din-transilvania-vor-incheia-o-alianta/ [18.01.2023].

Muntean, Cora (2019): Trei județe din Transilvania vor colabora cu regiunea Tirolul de Sud [Drei Landkreise aus Siebenbürgen werden mit Südtirol kooperieren], Stand 21.02.2019, www.radiomures.ro/stiri/trei-judete-din-transilvania-vor-colabora-cu-regiunea-tirolul-de-sud.html [03.12.2023].

Mureşan, Darius (2018): Liceul romano-catolic, Târgu-Mureş. Paşcan: Se pregăteşte evacuarea Colegiului National "Unirea" [Römisch-Katholisches Gymnasium, Târgu-Mureş. Paşcan: Die Räumung des Gymnasiums „Unirea" wird angefangen], Stand 07.09.2018, www.dcnews.ro/liceul-romano-catolic-targu-mure-pa-can-se-pregate-te-evacuarea-colegiului-na-ional-unirea_611979.html [20.01.2023].

Nationalinstitut für Statistik – ISTAT (2013): Die Ergebnisse der Volkszählung in Italien. Bevölkerungsstruktur und Erhebungsverfahren in der Autonomen Provinz Bozen-Südtirol, astat.provincia.bz.it/downloads/volume_bolzano.pdf [01.02.2023].

Nelde, Peter (2004): Prerequisites for a European Language Policy, in: Rüdiger Ahrens (Hrsg.): Europäische Sprachenpolitik. European Language Policy, Heidelberg: Universitätsverlag Winter, 415-431.

Népszámlálás 2011 [Volkszählung 2011]: 1.2 A népesség nemzetiség és nemek szerint [1.2 Die Bevölkerung nach Nationalität und Geschlecht], www.ksh.hu/nepszamlalas/tablak_nemzetiseg [18.01.2023].

Népszámlálás 2011 [Volkszählung 2011]: Román nemzetiségűek aránya 2011 [Der Anteil der rumänischen Nationalität], www.ksh.hu/interaktiv/terkepek/nsz2011/nemz.html?mapid=WDSD011&layer=dist&color=1&meth=sug&catnum=6 [18.01.2023].

Niebel, Ingo (2020): Baskenland, Bundeszentrale für politische Bildung, Stand 26.08.2020, www.bpb.de/internationales/weltweit/innerstaatliche-konflikte/54582/baskenland [04.02.2023].

Niederdeutschsekretariat und Bundesraat för Nedderdüütsch (o.D.), www.niederdeutschsekretariat.de [02.02.2023].

Official Journal (1958): Council Regulation No. 1 of 15 April 1958 determining the languages to be used by the European Economic Community, Official Journal No. 017, 06/10/1958 P. 0385 – 0386, Stand 06.10.1958, eur-lex.europa.eu/LexUriServ/LexUriServ.do?uri=CELEX:31958R0001:EN:HTML [13.01.2023].

Okto, www.okto.tv/de/page/uber_okto [31.01.2023].

ORF, Der Österreichische Rundfunk (2023): ORF-Angebot für österreichische Volksgruppen, Stand 14.06.2023, der.orf.at/kundendienst/volksgruppen100.html [13.09.2023].

Organization for Security and Co-operation in Europe (2009): Statement by OSCE Minorities Commissioner on Slovakia's State Language Act, Stand 03.09.2009, www.osce.org/hcnm/51272 [03.02.2023].

Organization for Security and Co-operation in Europe (o. D.): Who we are, www.osce.org/whatistheosce [03.02.2023].

Organization for Security and Co-operation in Europe (o. D.): Where we are, www.osce.org/where-we-are [03.02.2023].

Organization for Security and Co-operation in Europe (o. D.): High Commissioner on National Minorities – Mandate, www.osce.org/hcnm/107878 [03.02.2023].

Országgyűlés [Das Ungarische Parlament] (o. D.): Nemzetiségi szószólók [Vertreter der Nationalitäten], im Internet unter: www.parlament.hu/hu/szoszolok-listaja, [18.01.2023].

Országgyűlés [Parlament] (2011): 2011. évi CCIII. törvény az országgyűlési képviselők választásáról [Gesetz CCIII 20119 über die Wahl der Parlamentsvertreter], Stand 30.12.2011, net.jogtar.hu/jogszabaly?docid=a1100203.tv [18.01.2023].

Országgyűlés Hivatala [Büro des Parlamentes] (o. D.): Magyarország Alaptörvénye [Die Verfassung Ungarns], T/2627, www.parlament.hu/irom39/02627/02627.pdf [18.01.2023].

Österreichische Botschaft Rom, www.bmeia.gv.at/oeb-rom/ [31.01.2023].

Österreichisches Sprachenkomitee, www.oesz.at/oesko_domain/main.php?page=04 [31.01.2023].

Österreichisches Sprachenzentrum (o. D.): Das Europäische Sprachenportfolio, www.oesz.at/OESZNEU/main_01.php?page=013&open=11 [31.01.2023].

Ozsváth, Stephan (2010): Ungarn und die doppelte Staatsbürgerschaft, Deutschlandfunk, Stand 27.05.2010, www.deutschlandfunk.de/ungarn-und-die-doppelte-staatsbuergerschaft.795.de.html?dram:article_id=118788 [03.02.2023].

Pan, Christian (2006): Die Minderheitenrechte in Italien, in; Christoph Pan, Beate Sibylle Pfeil: Minderheitenrechte in Europa, Handbusch der europäischen Volksgruppen, Band 2, 2. Überarbeitete und aktualisiert Auflage, Wien: Springer, 219-242.

Pan, Christoph (2006): Die Minderheitenrechte in Dänemark, in: Christoph Pan, Beate Sibylle Pfeil: Minderheitenrechte in Europa, Handbuch der europäischen Volksgruppen Band 2, 2 überarbeitete und aktualisierte Auflage, Wien: Springer, 97-110.

Perkmann, Markus (2003): Cross-Border Regions in Europe. Significance and Drivers of Regional Cross-Border Co-operation, in: European Urban and Regional Studies 10, H. 2, 153-171.

Péterfy, Orsolya Laura (2018): Multilingual Transylvania, transylvanianow.com/multilingual-transylvania/ [18.01.2023].

Pfeil, Beate Sibylle (2006): Die Minderheiterechte in Österreich, in: Christoph Pan; Beate Sibylle Pfeil: Minderheitenrechte in Europa, Handbuch der europäischen Volksgruppen, Band 2, 2. überarbeitete und aktualisierte Auflage, Wien: Springer Springer, 355-369.

Pfeil, Beate Sibylle (2006): Die Minderheitenrechte in Deutschland, in: Christoph Pan, Beate Sibylle Pfeil: Minderheitenrechte in Europa, Handbuch der europäischen Volksgruppen, Band 2, 2 überarbeitete und aktualisierte Auflage, Wien: Springer, 110-127.

Poggeschi, Giovanni (2010): I diritti linguistici. Un'analisi comparata, Roma, Carocci.

Popa-Lisseanu, Gheorghe (2003): Originea secuilor și secuizarea românilor [Der Ursprung der Szekler und die Szeklerierung der Rumänen], București: Editura România pur și simplu.

Praxisvolksschule der Pädagogischen Hochschule Tirol, pvs.ph-tirol.at/stundenplaene/ [01.01.2023].

Presseamt der Südtiroler Landesregierung (2006): Gruber-DeGasperi-Abkommen (1946), www.provinz.bz.it/pariservertrag/vertrag/vertrag.asp [03.02.2023].

Provincia Autonoma di Bolzano-Alto Adige [Autonome Provinz Bozen-Südtirol] (1972): Dekret des Präsidenten der Republik vom 31. August 1972, Nr. 6701 Genehmigung des vereinheitlichten Textes der Verfassungsgesetze, die das Sonderstatut für Trentino-Südtirol betreffen, lexbrowser.provinz.bz.it/doc/de/dpr-1972-670/dekret_des_pr_sidenten_der_republik_vom_31_august_1972_nr_670.aspx [04.02.2023].

Provincia Autonoma di Trento [Autonome Provinz Trient] (2017): La tutela delle comunità linguistiche storiche nella Provincia autonoma di Trento [Der Schutz historischer Sprachgruppen in der Provinz Trient], im Internet unter: www.minoranzelinguistiche.provincia.tn.it/normativa/tutela_comunita_linguistiche/, [26.01.2023].

Raasch, Albert (2003): Europäische Sprachenpolitik – bottom up. Persönliche Erfahrungen und subjektive Perspektiven, in: Rüdiger Ahrens (Hrsg.): Europäische Sprachenpolitik, Heidelberg: Universitätsverlag Winter, 257-266.

Rat der Europäischen Union (o. D.): Der Vorsitz im Rat der EU – ein turnusmäßig wechselnder Vorsitz, www.consilium.europa.eu/de/council-eu/presidency-council-eu/ [03.02.2023].

Rat der Europäischen Union (2022): Die Strategie voranbringen. Achtzehnmonatsprogramm des Rates (1. Januar 2022 bis 30. Juni 2023), 14441/21, Stand 10.12.2021, data.consilium.europa.eu/doc/document/ST-14441-2021-INIT/de/pdf [03.02.2023].

Region Sønderjylland-Schleswig (2020): 1920-2020: Das deutsch-dänische Grenzgebiet – von der Grenzziehung bis zur Zusammenarbeit, Stand März 2020, www.region.de/downloads/Publikationen/DE/graensen_1920-2020_DE.pdf?m=1585648106& [02.02.2023].

Region Sønderjylland-Schleswig (o. D.): Die Zusammenarbeit in der Region, www.region.de/region/de/ueber_uns/region/kooperation.php [02.02.2023].

Reichel, Günther (2015): Wettbewerbsvorteil durch Mehrsprachigkeit, MeinBezirk.at, Stand 15.10.2015, www.meinbezirk.at/reutte/c-politik/wettbewerbsvorteil-durch-mehrsprachigkeit_a1513653 [31.01.2023].

Reichsgesetzblatt (1867): Staatsgrundgesetz vom 21. December 1867, über die allgemeinen Rechte der Staatsbürger für die im Reichsrathe vertretenen Königreiche und Länder, RGBl. Nr. 142/1867, Stand 21.12.1867, www.ris.bka.gv.at/GeltendeFassung.wxe?Abfrage=Bundesnormen&Gesetzesnummer=10000006 [31.01.2023].

Riedel, Sabine (2005): Die Erfindung der Balkanvölker. Identitätspolitik zwischen Konflikt und Integration, Wiesbaden: VS Verlag für Sozialwissenschaften.

Riedel, Sabine (2012): Doppelte Staatsbürgerschaften als Konfliktpotential. Nationale Divergenzen unter europäischer Flagge, SWP-Studie, Stiftung Wissenschaft und Politik, Oktober 2012, Berlin, Stand 10.2012, www.swp-berlin.org/publications/products/studien/2012_S24_rds.pdf [03.02.2023].

Riedel, Sabine (2016): Ein Brexit ohne Schotten und Nordiren? SWP-Aktuell, Stand August 2016, www.swp-berlin.org/fileadmin/contents/products/aktuell/2016A54_rds.pdf [04.02.2023].

Riedel, Sabine (2016): Föderalismus statt Separatismus. Politische Instrumente zur Lösung von Sezessionskonflikten in Europa, SWP-Studie, Berlin, April 2016, www.swp-berlin.org/fileadmin/contents/products/studien/2016S05_rds.pdf [04.02.2023].

Riehl, Claudia Maria (2014): Mehrsprachigkeit: Eine Einführung, Darmstadt: Wissenschaftliche Buchgesellschaft.

Riesbeck, Peter (2014): Keine Hoffnung, nirgends? Was Europa für die Roma tut, Bundeszentrale für politische Bildung, Stand 24.02.2014, www.bpb.de/themen/europa/sinti-und-roma-in-europa/179528/keine-hoffnung-nirgends-was-europa-fuer-die-roma-tut/ [03.02.2023].

Rindler-Schjerve, Rosita (2011): In: Cichon, P. / Mitterauer, M. (Hrsg.): Europasprachen. Böhlau: Wien et al., 145-158.

Rindler-Schjerve, Rosita; Vetter, Eva (2012): European Multilingualism. Current perspectives and challenges, Bristol: Multilingual Matters.

Risse, Stephanie (2013): Sieg und Frieden. Zum sprachlichen und politischen Handeln in Südtirol/Sudtirolo/Alto Adige, München: Iudicium Verlag.

Roche, Jörg; Terrasi-Haufe Elisabetta (Hrsg.) (2018), Mehrsprachigkeit und Sprachenerwerb. Kompendium Deutsch als Fremdsprache/Deutsch als Zweitsprache. Tübingen: Gunter Narr Verlag.

Rosamond, Ben (2005): The uniting of Europe and the foundation of EU studies: Revisiting the neo-functionalism of Ernst B. Haas, Journal of European Public Policy, Vol. 12, Nr. 2, 237–254.

Ross, Andreas (2003): Europäische Einheit in babylonischer Vielfalt. Die Reform des Sprachenregimes der Europäischen Union im Spannungsfeld von Demokratie und Effizienz, Duisburger Arbeiten zur Sprach- und Kulturwissenschaft, Band 51, Frankfurt am Main: Peter Lang Europäischer Verlag der Wissenschaften.

Sallanz, Josef (2007): Minderheiten- und Kulturpolitik in Rumänien – Perspektiven und Chancen aus politisch-geographischer Sicht: Das Beispiel Dobrudscha, in Wilfried Heller, Jörg Becker, Bernd Belina, Waltraud Lindner (Hrsg.): Ethnizität in der Globalisierung. Zum Bedeutungswechsel ethnischer Kategorien in Transformationsländern Südosteuropas, Südosteuropa-Studien 74, München: Verlag Otto-Sagner, 303-334.

Saramandu, Nicolae; Nevaci, Manuela (2009): Multilingvism și limbi minoritare în România, [Mehrsprachigkeit und Minderheitensprachen in Rumänien], Academia Română [Rumänische Akademie], Institutul de Lingvistică „Iorgu Iordan – Alexandru Rosetti“ [Institut für Linguistik „Iorgu Iordan – Alexandru Rosetti"], www.academia.edu/4826959/Nicolae_Saramandu_și_Manuela_Nevaci_Multilingvism_si_limbi_minoritare_in_Romania_Cluj_Napoca_Ed_Qual_Media_2009_92_p?email_work_card=view-paper [04.02.2023].

Sassu, Constantin (1973): Rumanians and Hungarians. Historical premises, Collection "Études Roumaines" Munich: Verlag Rumänische Studien.

Sächsisches Gesetz- und Verordnungsblatt (SächsGVBI) (2022): Sächsisches Sorbengesetz, Stand 20.12.2020, www.revosax.sachsen.de/vorschrift/3019-Saechsisches-Sorbengesetz#p9, SächsGVBl. [02.02.2023].

Schaeffer-Rolffs, Adrian, Schnapp, Kai-Uwe (2014): Special politics for minority political participation in the Danish-German border region, International Journal on Minority and Group Rights, Vol. 21, No. 1, 48-71, www.jstor.org/stable/24676551?seq=1 [02.02.2023].

Scharpf, Fritz W. (2000): Institutions in comparative policy research, Comparative Political Studies 2000, Sage Journals Volume 33, Issue 6-7, DOI:10.1177/001041400003300604.

Schiffauer, Werner; Koch, Jochen; Reckwitz, Andreas; Schoor, Kerstin; Krämer, Hannes (2018): Borders in Motion. Durabilität, Permeabilität, Liminalität. *Working papers series B/Orders in Motion*, Nr. 1, Frankfurt (Oder): Viadrina, DOI: 10.11584/B-ORDERS.1.

Schmidt, Gerhard (1992): Die deutsche Volksgruppe in Nordschleswig, in: Landeszentrale für politische Bildung (Hrsg.): Schleswig-Holstein. Eine politische Landeskunde, Gegenwartsfragen 68, Kiel: Schmidt & Klaunig, 313-321.

Schmitter, Philippe C. (2005): Ernst. B. Haas and the legacy of neo-functionalism, Journal of European Public Policy, Vol. 12, Nr. 2, 255–272.

Schleswig-Holsteinischer Landtag (o. D.): Gremium für Fragen der deutschen Minderheit in Nordschleswig, www.landtag.ltsh.de/parlament/nordschleswig-gremium/ [02.02.2023].

Schleswig-Holsteinischer Landtag (o. D.): Die Abgeordneten des Landtages, 19. Wahlperiode (2017-2022), SSW-Landtagsfraktion, www.landtag.ltsh.de/abgeordnete/abgeordnete-ssw/ [02.02.2023].

Schleswig-Holsteinischer Landtag (o. D.): Minderheitenpolitik des Schleswig-Holsteinischen Landtags, www.landtag.ltsh.de/parlament/minderheitenpolitik/ [02.02.2023].

Schlüter (2014): Die Rolle der Kommunalebene und deren Formen der Zusammenarbeit in Rumänien, in: Elisabeth Alber, Carolin Zwilling (Hrsg.): Gemeinden im Meh rebenensystem: Herausforderungen im 21. Jahrhundert, Schriftenreihe der Europäis chen Akademie Bozen, Bereich „Minderheiten und Autonomien", Band 26, Baden-B aden: Nomos Verlag, 147-161.

Schoen, Ariane (2020): Nordirland, Bundeszentrale für politische Bildung, Stand 18.11.2020, www.bpb.de/internationales/weltweit/innerstaatliche-konflikte/5466 4/nordirland [04.02.2023].

Schreiner, Patrick (2006): Staat und Sprache in Europa. Nationalstaatliche Einsprachigkeit und die Mehrsprachigkeit der Europäischen Union, Peter Lang Europäischer Verlag der Wissenschaften, Frankfurt am Main: Frankfurter Forschungen zur Kultur- und Sprachwissenschaft, Band 11.

Senato della Repubblica [Das Senat der Republik] (2020): Costituzione della Repubblica [Die Verfassung der Republik], Stand 07.2020, 7-91, www.senato.it/documenti/repository/istituzione/costituzione.pdf [26.01.2023].

Servizio Statistica della Provincia Autonoma di Trento [Statistikamt der Autonomen Provinz Trient] (2014): La popolazione trentino al 1. Gennaio 2014 [Die trentinische Bevölkerung am 1. Januar 2014], Stand Juli 2014, www.statistica.provincia.tn.it/binary/pat_statistica_new/popolazione/LaPopolazioneTrentinaAl1_gennaio2014.1405430203.pdf [01.02.2023].

Servizio Statistica della Provincia Autonoma di Trento [Statistikamt der Autonomen Provinz Trient] (2014): Rilevazione sulla consistenza e la dislocazione territoriale degli appartenenti alle popolazioni di lingua ladina, mòchena e cimbra (15° Censimento generale della popolazione e delle abitazioni - dati definitivi) [Erhebung der Zusammengehörigkeit und territorialen Verteilung der Angehörigen der ladinisch-, mòchena- und zimbrischsprachigen Bevölkerung (15. Allgemeine Volks- und Wohnungszählung - definitive Daten)], Stand März 2014, www.statistica.provincia.tn.it/binary/pat_statistica_new/popolazione/RilevazionePopolazioniLadinaMochenaCimbra.1394031752.pdf [01.02.2023].

Sheffer, Gabriel (o. D.): Kin-Group and Kin-State, in Encyclopedia Princetoniensis, pesd.princeton.edu/node/506 [31.01.2023].

Siarl, Ferdinand (2016): Situation of the Csángó Dialect of Moldavia in Romania, in Hungarian Cultural Studies, Volume 9, DOI: 10.5195/ahea.2016.231, 72-89 [04.02.2023].

Slowenska Gimnazija [Slowenisches Gymnasium]: Die Julius-Kugy-Klassen als sprachinnovatives Projekt der Teamarbeit, www.slog.at/schule/detail/C13/die-julius-kugy-klassen [31.01.2023].

Solly, Meilan (2020): A not-so-brief history of Scottish independence, Smithsonian Magazine, Stand 30.01.2020, www.smithsonianmag.com/history/brief-history-scottish-independence-180973928/ [04.02.2023].

Staatskanzlei des Landes Schleswig-Holstein (2015): Handlungsplan Sprachenpolitik der Schleswig-Holsteinischen Landesregierung im Kontext von Regional- und Minderheitensprachen für die 18. Legislaturperiode, Stand 05.2015, transparenz.schleswig-holstein.de/dataset/acfb1262-b36c-48b0-83ff-77d04ed40853/resource/be174574-7ac3-4a93-9627-82e81d89eff9/download/20200505_18wp_hpsp_barrierefrei.pdf [02.02.2023].

Staatsvertrag von Saint-Germain-en-Laye (1919): Friedensvertrag zwischen den alliierten und assoziierten Mächten und Österreich, Stand 10.09.1919, www.versailler-vertrag.de/svsg/svsg-i.htm [26.01.2023].

Statistik Austria (2001): Volkszählung – Hauptergebnisse I – Österreich, Bevölkerung 2001 nach Umgangssprache, Staatsangehörigkeit und Geburtsland, www.statistik.at/fileadmin/publications/Volkszaehlung_2001__Hauptergebnisse_I_-_OEsterreich.pdf [31.01.2023].

Statistik Austria (2018): Erwachsenenbildung – Ergebnisse des Adult Education Survey (AES), www.statistik.at/fileadmin/publications/Erwachsenenbildung_2016-2017__Ergebnisse_der_AES.pdf [31.01.2023].

Statistik Austria (2019): Bildung in Zahlen. Tabellenband, www.statistik.at/fileadmin/pages/325/Bildung_in_Zahlen_17_18_Tabellenband.pdf [31.01.2023].

Statistisches Bundesamt (o. D.): NUTS-Klassifikationen, www.destatis.de/Europa/DE/Methoden-Metadaten/Klassifikationen/UebersichtKlassifikationen_NUTS.html [04.02.2023].

Statuto speciale per il Trentino-Alto Adige [Sonderstatut für Trentino-Südtirol], www.minoranzelinguistiche.provincia.tn.it/normativa/ [04.02.2023].

Südtiroler Landesverwaltung (2018): Minority Safepack: Bis 3. April für Minderheitenschutz unterschreiben, Stand 08.03.2018, www.provinz.bz.it/news/de/news.asp?news_action=4&news_article_id=609546 [04.02.2023].

Südtiroler Landesverwaltung (o. D.): Bildung und Sprache – Mehrsprachige Onlineressourcen, www.provinz.bz.it/bildung-sprache/sprachen/selbstlernen/mehrsprachige-online-ressourcen.asp [01.02.2023].

Südtiroler Landtag (o. D.): Dreier-Landtag: Zusammensetzung- Aufgaben, www.landtag-bz.org/de/dreier-landtag/zusammensetzung-aufgaben.asp [31.01.2023].

Südtiroler Volkspartei (o. D.): Geschichte, www.svp.eu/de/partei/geschichte-937.html [03.02.2023].

Székely hírmondó [Szekler Nachrichtenanzeiger], www.hirmondo.ro [04.02.2023].

Tămaş, Petronela (2018): 50 de etnici români din Ungaria, la Deva, în cadrul proiectului "Descoperă şi cunoaşte România" [50 ethnische Rumänen aus Ungarn in Deva im Rahmen des Projektes „Entdecke und kenne Rumänien], Servus Hunedoara. Cotidian judeţean independent [Servus Hunedoara. Unabhängige Tageszeitung des Kreises], Stand 23.04.2018, www.servuspress.ro/50-de-etnici-romani-din-ungaria-la-deva-in-cadrul-proiectului-descopera-si-cunoaste-romania_154676.html [04.02.2023].

Teebken, Andrea; Christiansen, Eva Maria (Hrsg.) (2001): Living together: The minorities in the German-Danish border regions, Flensburg, European Centre for Minority Issues.

Tirol, Bildungsdirektion (o. D.): Muttersprachlicher Unterricht, bildung-tirol.gv.at/service/migrantinnenberatung/muttersprachlicher-unterricht [01.02.2023].

Tirol (o. D.): Wirtschaftsförderungsinstitut WIFI-Kursbuch – Sprachen, im Internet unter: www.tirol.wifi.at/kategorie/c-sprachkurse [01.02.2023].

Toca, Constantin Vasile (2013). Ethnical analysis within Bihor-Hajdú Bihar Euroregion, in: M. Brie, I. Horga, & S. Şipoş (Hrsg.), Ethnicity, confession and intercultural dialogue at the European Union's eastern border, 111-119, Newcastle: Cambridge Scholars Publications, nbn-resolving.org/urn:nbn:de:0168-ssoar-420546 [15.09.2023].

Tomiuc, Eugen (2001): Hungary: Status Law causing dispute with neighbors, Radio Free Europe, Stand 04.10.2001, www.rferl.org/a/1097612.html [18.01.2023].

Toso, Fiorenzo (2006): Lingue d'Europa. La pluralità linguistica dei Paesi europei fra passato e presente [Europäische Sprachen. Die Sprachenvielfalt der europäischen Staaten zwischen Vergangenheit und Gegenwart], Milano,:Baldi Castoldi Dalai.

Transylvania now, transylvanianow.com [04.02.2023].

Treib, Oliver (2015): Akteurszentrierter Institutionalismus, in: G. Wenzelburger, R. Zohlnhöfer (Hrsg.): Handbuch zur Policy-Forschung, Springer Fachmedien Wiesbaden, Stand Januar 2015, www.researchgate.net/publication/312674703_Akteurzentrierter_Institutionalismus [04.02.2023].

Ulrich, Peter; Scott, James W. (2021): Cross-Border Governance in europäischer Regionalkooperation, in: Dominik Gerst, Maria Klessmann, Hannes Krämer (Hrsg.): Grenzforschung. Handbuch für Wissenschaft und Studium, Border Studies. Cultures, Spaces, Orders Band 3, Baden-Baden: Nomos Verlag, 156-174.

Uniunea Culturală a Românilor din Ungaria [Die kulturelle Gesellschaft der Rumänen aus Ungarn] (o. D.): Organizații românești din Ungaria [Rumänische Organisationen aus Ungarn], romaniinungaria.blogspot.com/p/adrese-utile.html [20.01.2023].

Vajda, Adrienn (2017): Nemzetiségek jogai - Nemzetiségi Önkormányzatok, Országgyűlés hivatala [Rechte der Nationalitäten - Nationale ethnische Gemeinschaften, Büro der Nationalversammlung], Országgyűlés Hivatala [Büro des Parlamentes], Infójegyzet [Infonotiz] 2017/19, Stand 07.04.2017, www.parlament.hu/documents/10181/1202209/Infojegyzet_2017_19_nemzetisegi_onkormanyzatok.pdf/19350a97-ecef-4b87-ade5-06811626ba43 [18.01.2023].

Verseck, Keno (2014): Spannungen zwischen Ungarn und Rumänien, in Deutsche Welle, Stand 15.03.2014, www.dw.com/de/neue-ungarisch-rumänische-drohgebärden/a-17496504 [04.02.2023].

Verseck, Keno (2023): Orbans Sommerrede: Abschied von Europa, in Deutsche Welle, Stand 24.07.2023, www.dw.com/de/orbans-sommerrede-abschied-von-europa/a-66329433 [09.09.2023].

Vlaeminck, Sylvia (2004): A European strategy for linguistic diversity and language learning, in: Rüdiger Ahrens (Hrsg.): Europäische Sprachenpolitik, Anglistische Forschungen, Band 329, Heidelberg: Universitätsverlag Winter, 32-43.

Von Hassel, Kai Uwe (1985): 30 Jahre Bonn-Kopenhagener Erklärungen, in Deutscher Grenzverein (Hrsg.): Die Bonn Kopenhagener Erklärungen von 1955. Zur Entstehung eines Modells für nationale Minderheiten, Flensburg, Hausdruck des Deutschen Grenzvereins e. V., 15-39.

Wagner, Jens-Christian (2010): Kulturpolitik in der EU. Perspektiven aus der Sicht der Europäischen Kommission, in: Olaf Leiße (Hrsg.): Governance in Europa. Politikformen im Mehrebenensystem, Berlin: Logos Verlag, 165-185.

Weber, J. Peter (2007): Sprachenvielfalt und Fremdsprachenkenntnisse in Europa und Asien, in: Roswitha Fischer (Hrsg.): Herausforderungen der Sprachenvielfalt in der Europäischen Union. Beiträge und Diskussionen vom Symposium am 20./21. April 2006 an der Universität Regensburg, Baden-Baden: Nomos Verlag, 81-127.

Weber, Lea (2019): Startschuss zum deutsch-dänischen Freundschaftsjahr 2020, Visit Denmark, Stand 06.11.2019, www.visitdenmark.de/presse/pressemitteilungen/startschuss-zum-deutsch-daenischen-kulturellen-freundschaftsjahr-2020 [02.02.2023].

Weiss, Marlene (2011): Wie Europa den Roma helfen will, Süddeutsche Zeitung, Stand 25.06.2011, www.sueddeutsche.de/politik/diskriminierung-von-minderheiten-wie-europa-den-roma-helfen-will-1.1112086 [03.02.2023].

Wikimedia Commons (2008): Location of the historical Székely Land in Romania, commons.wikimedia.org/wiki/File:Tört_Székelyföld.png [17.01.2023].

Wikimedia Commons (2012): Kingdom of Denmark, administrative divisions – de – colored Stand 18.06.2012, de.wikipedia.org/wiki/Datei:Kingdom_of_Denmark,_administrative_divisions_-_de_-_colored_(zoom).svg [02.02.2023].

Wikimedia Commons (2012): Map of Trentino with language distribution based on census data from 2011, Stand 13.10.2012, commons.wikimedia.org/wiki/File:Language_distribution_Trentino_2011.png [01.02.2023].

Wikimedia Commons (2012): Süderjütland (Nord- und Südschleswig), Stand 28.05.2012, commons.wikimedia.org/wiki/File:Sønderjylland.png [02.02.2023].

Wikimedia Commons (2013): Language distribution in South Tyrol and Trentino, Stand 03.02.2013, commons.wikimedia.org/wiki/File:Language_distribution_in_South_Tyrol_and_Trentino_(2013).png [26.01.2023].

Wikimedia Commons (2016): Administrative borders in the old Duchy of Schleswig/ Slesvig, Stand 12.06.2016, commons.wikimedia.org/w/index.php?curid=49406195 [02.02.2023].

Wille, Christian; Leutloff-Grandits, Carolin; Bretschneider, Falk; Grimm-Hamen, Sylvie; Wagner, Hedwig (Hrsg.): Border Complexities and Logics of Dis/Order. Baden-Baden: Nomos Verlag, im Druck.

Yndigegn, Carsten (2020): The Europe without borders discourse and splitting European Identities, in: Christian Wille/Birte Nienaber (Hrsg.): Border Experiences in Europe. Everyday Life – Working Life – Communication – Languages; Border Studies. Culture, Spaces Volume 1, Baden-Baden: Nomos, 17–38.

Zeit Online (2018): Südtirol. Italien lehnt Pläne für doppelte Staatsbürgerschaft in Südtirol ab Stand 08.09.2018, www.zeit.de/politik/ausland/2018-09/suedtirol-oesterreich-italien-doppelte-staatsbuergerschaft-streit [04.02.2023].

Zentralrat Deutscher Sinti und Roma (2020): Stellungnahmen – Strategischer EU-Rahmen für Gleichstellung, Inklusion, und Partizipation von Sinti und Roma für 2020-2030, Stand 02.07.2020, zentralrat.sintiundroma.de/eu-strategie/ [03.02.2023].

Zimmer, Stefan (2002): Mehrsprachigkeit in Europa – Vergangenheit und Zukunft, in: Heinrich P. Kelz (Hrsg.): Die sprachliche Zukunft Europas. Mehrsprachigkeit und Sprachenpolitik, Baden-Baden: Nomos Verlag, 97-123.

FSC
www.fsc.org
MIX
Papier | Fördert gute Waldnutzung
FSC® C083411

Kolibri 360 GmbH
Ferdinand-Jühlke-Straße 7
99095 Erfurt, Deutschland
produktsicherheit@kolibri360.de